2024 高教版

严格依据管理类综合能力考试大纲编写

紧扣考纲全真模拟　扫除盲点考前突破　全面检测查漏补缺

本书适用于 2024 年考生

U0815443

MBA MPA MPAcc MEM
管理类综合能力高分突破
冲刺模拟 8 套卷

主编　王杰通　孙江媛　田然

中国教育出版传媒集团
高等教育出版社·北京

图书在版编目(CIP)数据

MBA MPA MPAcc MEM 管理类综合能力高分突破冲刺模拟 8 套卷 / 王杰通，孙江媛，田然主编. -- 北京 ：高等教育出版社，2023.9

ISBN 978-7-04-060923-3

Ⅰ. ①M… Ⅱ. ①王… ②孙… ③田… Ⅲ. ①管理学-研究生-入学考试-习题集 Ⅳ. ①C93-44

中国国家版本馆 CIP 数据核字(2023)第 140331 号

MBA MPA MPAcc MEM 管理类综合能力高分突破冲刺模拟 8 套卷
MBA MPA MPAcc MEM GUANLILEI ZONGHE NENGLI GAOFEN TUPO CHONGCI MONI 8 TAO JUAN

策划编辑 李晓翠　责任编辑 张耀明 雷旭波　封面设计 李小璐　版式设计 马 云
责任绘图 邓 超　责任校对 张 薇　责任印制 朱 琦

出版发行 高等教育出版社
社　　址 北京市西城区德外大街 4 号
邮政编码 100120
印　　刷 三河市吉祥印务有限公司
开　　本 787mm×1092mm 1/16
印　　张 15.75
字　　数 360 千字
购书热线 010-58581118
咨询电话 400-810-0598

网　　址 http://www.hep.edu.cn
　　　　 http://www.hep.com.cn
网上订购 http://www.hepmall.com.cn
　　　　 http://www.hepmall.com
　　　　 http://www.hepmall.cn

版　　次 2023 年 9 月第 1 版
印　　次 2023 年 9 月第 1 次印刷
定　　价 49.00 元

物 料 号 60923-00

目 录

答案速查

冲刺模拟 8 套卷(一)

1~5 AEEEB	6~10 EAADE	11~15 ABCBC	16~20 DECBD
21~25 DBCBB	26~30 CDACC	31~35 CDBEC	36~40 BAEEC
41~45 CDCCC	46~50 ACCED	51~55 BCEBD	56~57 略

冲刺模拟 8 套卷(二)

1~5 BEDCC	6~10 EAEDC	11~15 ACBAC	16~20 BABCC
21~25 BBEBB	26~30 CCBAC	31~35 BCADD	36~40 ADEBD
41~45 DEAEB	46~50 CBADC	51~55 ADBDC	56~57 略

冲刺模拟 8 套卷(三)

1~5 BACAA	6~10 EBDAE	11~15 BDBBB	16~20 CDEBB
21~25 DECAD	26~30 BBCDC	31~35 CAADA	36~40 BCADC
41~45 BBDBE	46~50 CACCB	51~55 ACBAA	56~57 略

冲刺模拟 8 套卷(四)

1~5 ADBEA	6~10 DCDCE	11~15 ABDEA	16~20 DABAB
21~25 AAECE	26~30 EAEDD	31~35 AADCD	36~40 DEDBD
41~45 DBEDE	46~50 CAACE	51~55 DCACB	56~57 略

冲刺模拟 8 套卷(五)

1~5 CEDBC	6~10 DAACC	11~15 CBCAB	16~20 BCDCA
21~25 CDCCD	26~30 BCBCA	31~35 ACCDA	36~40 CDBCA
41~45 ABABE	46~50 EEADD	51~55 CEECD	56~57 略

冲刺模拟 8 套卷(六)

1~5 ADEDD	6~10 CCEDB	11~15 DDACC	16~20 CECCA
21~25 DBCCA	26~30 DCAED	31~35 EBDDD	36~40 DBEDD
41~45 CAADE	46~50 ACCDC	51~55 DEBAC	56~57 略

冲刺模拟 8 套卷(七)

1~5 AADBB	6~10 ABADD	11~15 CDACB	16~20 CADCB
21~25 CDCEC	26~30 EBECD	31~35 CDAEE	36~40 CAEBA
41~45 BDBCD	46~50 BCCEA	51~55 BCECE	56~57 略

冲刺模拟 8 套卷(八)

1~5 ACBDC	6~10 BDACB	11~15 AAECA	16~20 CADDD
21~25 CCACB	26~30 DDCED	31~35 BECCA	36~40 DDBAB
41~45 CEEAD	46~50 ABECE	51~55 BDAAD	56~57 略

冲刺模拟8套卷(一)

一、问题求解:第1~15小题,每小题3分,共45分。下列每题给出的A、B、C、D、E五个选项中,只有一个选项是最符合题目要求的。

1. 已知数列$\{a_n\}$满足$a_1=1,a_2=2$,对于任意的正整数n都有$a_n\cdot a_{n+1}\neq 1$,$a_na_{n+1}a_{n+2}=a_n+a_{n+1}+a_{n+2}$,则$a_{2006}=$(　　).

A. 1　　B. 2　　C.3

D. 4　　E. 以上均不正确

2. 已知m,n是方程$x^2-x-1=0$的两个根,则$m^4+3n=$(　　).

A. 7　　B. 10　　C. 9

D. 11　　E. 5

3. 小学生数学竞赛,共20道题,有20分基础分,答对一题给3分,不答给1分,答错一题扣1分,若有1978人参加竞赛,则至少有(　　)人得分相同.

A. 41　　B. 42　　C. 43

D. 44　　E. 49

4. 在400 m的标准田径跑道上,甲跑10 m的时间乙只能跑8 m,二人匀速同时同向从A点起跑,甲跑到1 500 m的时候,乙距起点有(　　)m.

A. 200　　B. 150　　C. 100

D. 50　　E. 0

5. 甲、乙、丙3个试管中各盛有10 g、20 g、30 g水.把某种浓度的盐水10 g倒入甲管中,混合后取10 g倒入乙管中,再混合后从乙管中取出10 g倒入丙管中.现在丙管中的盐水的浓度为0.5%.则最早倒入甲管中的盐水浓度是(　　).

A. 11%　　B. 12%　　C. 13%

D. 14%　　E. 15%

6. 将棱长是m cm(m为整数)的正方体的若干面涂上红色,然后将其切割成棱长是1 cm的小正方体.至少有一面红色的小正方体个数和表面没有红色的小正方体个数的比为13∶12,此时m的最小值是(　　).

A. 1　　B. 2　　C. 3

D. 4　　E. 5

7. 已知关于x的方程$x^2+2px-(q^2-2)=0$无实根,则$p+q$的取值范围是(　　).

A. $(-2,2)$　　B. $(-1,2)$　　C. $(-2,2]$

D. $[-2,2)$　　E. $(-1,1)$

8. 方程$2|x|-k=kx-3$没有负数解,则k的取值范围是(　　).

A. $[-2,3]$　　B. $(2,3]$　　C. $[2,3]$

D. $[2,4)$　　E. $(-1,0)$

9. 在等差数列$\{a_n\}$中,它的前 n 项和记为 S_n,若 $S_{18}>0$,$S_{19}<0$,则 S_n 的最大值为(　　).

A. S_{12}　　B. S_{11}　　C. S_{10}

D. S_9　　E. S_8

10. 客车从甲地行驶到乙地需要 6 h,货车每小时行驶 36 km,现在客、货两车分别从甲、乙两地同时相向而行,相遇时客车与货车所行的路程比是 5 : 3.相遇后两车继续按原路行驶,货车到甲地共需(　　).

A. 11 h　　B. 12 h　　C. 13 h

D. 14 h　　E. 10 h

11. 如图所示,正方形 $ABCD$ 边长为 6 cm,$AE=\frac{1}{3}AC$,$CF=\frac{1}{3}BC$.三角形 DEF 的面积为(　　)cm^2.

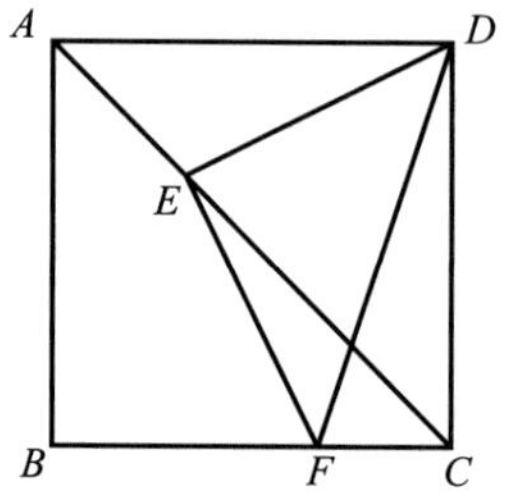

A. 10　　B. 12　　C. 13

D. 14　　E. 15

12. $P(x,y)$在由 y 轴和直线 $2x-y=0$ 与直线 $x+y=3$ 所围成的三角形区域上变动,则$(x-1)^2+y^2$的最小值为(　　).

A. $\frac{2}{5}$　　B. $\frac{4}{5}$　　C. $\sqrt{5}$

D. $\frac{2\sqrt{5}}{5}$　　E. $\frac{\sqrt{5}}{5}$

13. 如图,$\odot O_1$ 与 $\odot O_2$ 外切于点 A,两圆的一条外公切线与 $\odot O_1$ 相切于点 B,若 AB 与两圆的另一条外公切线平行,则 $\odot O_1$ 与 $\odot O_2$ 的半径之比为(　　).

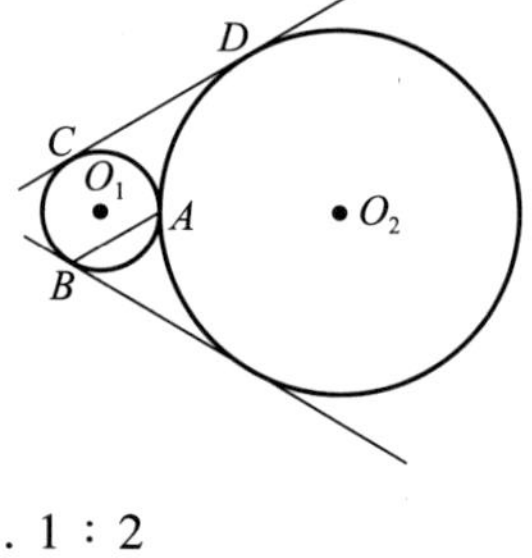

A. 2 : 5　　B. 1 : 2　　C. 1 : 3

D. 2 : 3　　E. 以上均不是

14. 某人去 A、B、C、D、E 这五个城市旅游,第 1 天去 A 市,第 7 天去 E 市,若他今天在某个城市,则第二天肯定去另一市.一共有(　　)种旅游方式.

A. 204　　B. 205　　C. 819

D. 820　　E. 809

15. 在$\angle AOB$的边OA上有 5 个点，边OB上有 6 个点，加上O点共 12 个点，以这 12 个点为顶点的三角形有（　　）个.

A. 125　　B. 136　　C. 165

D. 128　　E. 119

二、条件充分性判断：第 16~25 小题，每小题 3 分，共 30 分。要求判断每题给出的条件（1）和条件（2）能否充分支持题干所陈述的结论。A、B、C、D、E 五个选项为判断结果，只有一个选项是最符合题目要求的。

A. 条件（1）充分，但条件（2）不充分

B. 条件（2）充分，但条件（1）不充分

C. 条件（1）和（2）单独都不充分，但条件（1）和（2）联合起来充分

D. 条件（1）充分，条件（2）也充分

E. 条件（1）和（2）单独都不充分，条件（1）和（2）联合起来也不充分

16. 哥哥和弟弟进行百米赛跑，哥哥赢了弟弟 1 m，则哥哥依然获胜.

（1）第二次，哥哥在起跑线处退后 0.5 m 与弟弟比赛

（2）第二次，哥哥在起跑线处退后 1 m 与弟弟比赛

17. 已知a,b,c是三个实数，则$|a|+|b|+|c|$的最小值为 8.

（1）$a+b+c=2$

（2）$abc=4$

18. 关于x的不等式$(a-2)x^2+2(a-2)x-4<0$对一切实数x恒成立.

（1）$a>0$

（2）$a\leqslant 2$

19. 已知a,b是实数，有$a<b$.

（1）一元二次方程$ax^2+bx+b=a$有实数根的概率是 1

（2）a为最小的两位合数与最大的两位质数之积，b为最小的两位质数与最大两位合数之积

20. 已知a_n是等差数列，则有$S_{20}=200$.

（1）$a_6+a_{15}=20$

（2）$S_8=32,S_{12}=72$

21. $m=3$.

（1）圆$x^2+y^2+x-6y+m-3=0$与直线$2x+y-2=0$交于P,Q两点，O为原点，$OP\perp OQ$

（2）已知两点$A(1,2)$，$B(3,1)$到直线L的距离分别是$\sqrt{2}$，$\sqrt{5}-\sqrt{2}$，则满足条件的直线L共有m条

22. 若把一颗骰子连续抛掷 2 次，将得到的点数依次作为点Q的横、纵坐标，则$P=\dfrac{5}{18}$.

（1）点Q落在曲线$y=\sqrt{9-x^2}$与坐标轴所围成的封闭区域内部的概率是P

（2）点Q落在曲线$y=\sqrt{6x-x^2}$与坐标轴所围成的封闭区域内部的概率是P

23. 如下页图梯形 $ABCD$ 中 E 为 AC 与 BD 的交点，MN 过点 E 且平行于 AD，则 MN 的长度可以确定.

(1) 已知梯形的面积和高

(2) 已知梯形的上底与下底之差

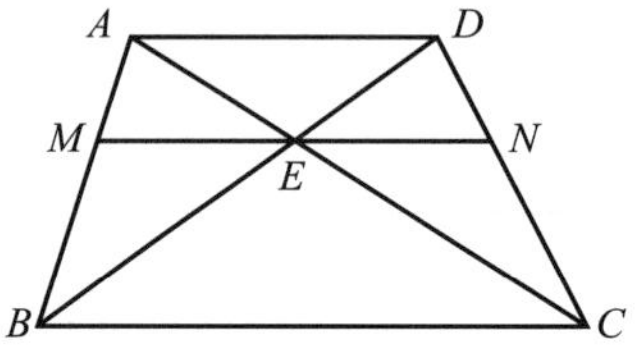

24. $N=30$.

(1) 从 10 名学生中选 3 名担任班干部，则甲、乙至少有一人入选，而丙没入选的不同分法种数是 N

(2) 将甲、乙、丙、丁四名学生分到三个不同的班，每个班至少分到一名学生，且甲、乙两名学生不能分到同一个班，则不同的分法种数为 N

25. 由直线 $y=x+1$ 上的点向圆 C 引切线，则该点到切点的线段长的最小值为 $\sqrt{17}$.

(1) 圆 C 的方程为 $x^2+y^2=1$

(2) 圆 C 的方程为 $(x-3)^2+(y+2)^2=1$

三、逻辑推理：第 26~55 小题，每小题 2 分，共 60 分。下列每题给出的 A、B、C、D、E 五个选项中，只有一个选项是最符合题目要求的。

26. 世界是丰富多彩的，多样性是人类文明的魅力所在，更是世界发展的活力和动力之源。文明没有高下、优劣之分，只有特色、地域之别，只有在交流和沟通中才能融合，在融合中才能进步或发展。为了人民而发展，发展才有意义；依靠人民而发展，发展才有动力。世界各国应该坚持以人民为中心，努力实现更高质量、更有效率、更加公平、更可持续、更为安全的发展。

根据以上信息，可以得出以下哪项？

A. 如果人类文明具有多样性，世界发展就会充满活力和动力。

B. 要想为了人民而发展文明的多样性，必须要依靠人民。

C. 没有交流和沟通的文明无法进步。

D. 我们应该加强合作，共同应对人类面临的各种挑战和全球性问题。

E. 能否保持文明的多样性决定世界是否丰富多彩。

27. 建立完善的企业管理制度是提高企业核心竞争力、推动企业发展的重要因素。自从前年 Y 公司引进了新的管理模式之后，公司的利润随之逐年上升。可见，只有引进新的管理模式，才能使 Y 公司利润稳步增长。

以下哪项如果为真，最能削弱上述论证？

A. 近两年全球经济发展速度较快，经济的整体形势大好。

B. S 公司并没有引进新的管理模式，近两年的经济效益也稳步增长。

C. 今年 Y 公司开始实行职工薪酬管理制度改革，极大地调动了公司员工的积极性。

D. 如果 Y 公司没有实行新的管理模式，近两年的经济效益会增长得更快。

E. 与 Y 公司相邻的 J 公司也引进了同样的管理模式，但是利润非但没有上升，反而降低了。

28. 杨大宝："中医讲提高抵抗力，重点在'正气存内，邪不可干'八个字。即让我们的'正气'变强，'邪气'进不来，我们就不会生病。"

华大宝："我同意。我们没有了生老病死的烦恼，心态就能更加平和，也能更健康。"

以下哪项最可能是华大宝认为杨大宝的断定所蕴涵的意思？

A. 除非没有生老病死的烦恼，否则一个人会生病。

B. 除非"正气"变强，"邪气"进不来，否则我们就会生病。

C. 如果心态平和，则可以没有生老病死的烦恼。

D. 只有心态更加平和，才能更健康。

E. 大多数没有生老病死烦恼的人心态都比较平和。

29. 某舰队甲、乙、丙、丁、戊、己6艘舰艇需要停靠，可供选择的有"神州""兴邦"两个港口，每艘舰艇只能停靠在一个港口。已知：

(1) 甲、乙不在同一个港口停靠；

(2) 如果乙在"兴邦"港口停靠，则丙和丁都在"神州"港口停靠；

(3) 如果丁在"神州"港口停靠，那么己在"兴邦"港口停靠。

如果甲和丁不在同一个港口停靠，则以下哪项一定为真？

A. 乙在"兴邦"港口停靠。　B. 丙在"神州"港口停靠。　C. 己在"兴邦"港口停靠。

D. 戊在"神州"港口停靠。　E. 己在"神州"港口停靠。

30. 太空探索是对宇宙中未知世界的探索，是人类未来发展的必然趋势。国际上许多国家正在为对未知星系和宇宙的探求而不断努力着，目前已取得显著成果。1969年美国的"阿波罗11号"宇宙飞船载着三名宇航员成功登上月球。2013年荷兰"Mars One"研究所推出了2023年让志愿者登陆火星、建立人类聚居地的计划。但张教授认为，对于出于科研目的的太空探索，下一个外太空的登陆目标应该是火星的卫星"火卫一"而不是火星。因为虽然飞行时间差不多，但完成登陆"火卫一"并开展科研工作所需的燃料，只是完成登陆火星并开展科研工作所需燃料的一半。

以下哪项如果为真，最能加强张教授的论证的说服力？

A. 火星到"火卫一"的距离，大于地球到月球的距离。

B. 登陆探测火星的设备，比登陆探测"火卫一"有更高的要求。

C. 航天器的总重量是基本确定的，为携带充足的燃料不得不舍弃很多重要的科研设备。

D. 由于火星引力比"火卫一"大得多，探测飞行器离开火星表面返回时要消耗比离开"火卫一"更多的燃料。

E. 探测"火卫一"所获得的信息，对于人类了解火星有直接的重要价值。

31. 某班级组织课外活动，准备按照同学们的姓氏进行分组。分组需要遵循以下规则：

(1) 凡姓氏为"张""王""李""赵"的同学分别各属一、二、三、四组；

(2) 凡姓氏为"周""吴""郑"的同学分别各属一、三、四组；

(3) 如果"孟实"不在一组，则"孙超"不在三组；

(4) 如果"张亮"在一组，则"孙超"在三组。

根据以上信息，如果按照一、二、三、四组的顺序，每组仅列两位同学的名字，则以下哪项是不可能的？

A. 孟实、张飞,王小、王聪,李思、吴悠,赵乐、郑宫。

B. 张亮、周好,王聪、王柳,刘陆、孙超,郑理、赵腊。

C. 周道、张飞,孟实、王聪,吴宁、刘陆,赵安、赵乐。

D. 周好、路飞,金菲、郝建,刘陆、吴悠,赵安、赵乐。

E. 周道、孟实,金菲、王聪,郝建、吴悠,赵乐、郑宫。

32. 哈佛医学院领衔的团队发现,活到 85~100 岁的人,比起只活到 80 岁以内的人,神经活跃度明显要低。科研团队对数百个大脑的活跃度进行了研究,实验结果表明 70~80 岁和 85~101 岁两组实验对象的大脑皮层神经活跃度明显不同。科学家由此认为,神经系统活跃度会影响寿命,神经系统活跃度越低,寿命越长。

以下哪项如果为真,最能形成对上述科研团队结论的反驳?

A. 该科研团队刚刚成立三年,成员的平均年龄仅 30 岁。

B. 该研究所研究的数百个大脑,都是“在认知上没有缺陷”的健康大脑。

C. 寿命比较长的人,往往心理素质比较好,神经系统活跃度较低。

D. 寿命长短只与人的心理状态有关,与神经系统是否活跃关系不大。

E. 人的寿命受体质、遗传因素、生活习惯、生活条件等多方面影响,个体的寿命长短相差悬殊。

33. 航空公司对甲、乙、丙三架飞机进行安全检验,检验它们的起落架和飞行尾翼,只有都通过检验的才能执行飞行任务。检验结果:起落架合格的有两架飞机,飞行尾翼合格的也有两架飞机。

根据上述检验结果,以下哪项一定为真?

A. 至少有一架飞机可以执行飞行任务。

B. 有可能甲、乙、丙都不能执行飞行任务。

C. 这些飞机要执行飞行任务还需通过其他的检验。

D. 甲一定是合格的,所以可以执行飞行任务。

E. 有两架飞机可以执行飞行任务。

34. 张同学在鱼缸中养了两条鱼,一条是非洲鲫鱼,另一条是美洲鲫鱼。某天,他在鱼缸中放了一面镜子,然后观察鱼的行为。非洲鲫鱼游到镜子前面后,长时间徘徊,显然被镜子中自己的影像吸引;而美洲鲫鱼游过镜子前时,几乎毫无反应。张同学由此得出结论:相对于美洲鲫鱼,非洲鲫鱼至少有了对自己影像的好奇心,要聪明不少。

以下哪项最可能是张同学所依赖的假设?

A. 好奇心是判定是否聪明的唯一标准。

B. 在争夺食物时,美洲鲫鱼常常输给非洲鲫鱼。

C. 在抢占输氧口附近的好位置时,非洲鲫鱼一般稳占上风。

D. 鱼缸中的环境非常适合这两种鲫鱼生活。

E. 相对于非洲鲫鱼,美洲鲫鱼具有不算太差的视力。

35. 甲、乙、丙、丁、戊五个同学坐在一张圆桌上吃饭,其中有两个是法律专业学生,有两个是文学专业学生,有一个是历史专业学生。已知两个法律专业的学生和两个文学专业的学生都坐在相邻位置,甲与丁同一个专业,丙坐在乙和一个文学专业的学生之间,戊和乙不相邻,丙和甲不相邻。

根据上述信息，可以得出以下哪项？

A. 甲是文学专业学生。　B. 乙是法律专业学生。　C. 丙是文学专业学生。

D. 戊是历史专业学生。　E. 丁是历史专业学生。

36. “二十四节气”是我国农耕社会生产生活的时间指南，反映了从春到冬一年四季的气温、降水、物候的周期性变化规律。A 国也有自己的节气，已知该国有甲、乙、丙、丁、戊这五个节气，同时还已知以下几点：

(1) 甲一定在夏季；

(2) 如果丁不在春季，那么戊在夏季；

(3) 如果乙、丙至少有一个在春季，则丁一定在秋季；

(4) 甲、戊至少有一个在冬季。

根据以上信息，以下哪项一定为假？

A. 甲和乙在夏季。　B. 乙和丁在春季。　C. 丙或丁在夏季。

D. 丁或戊在冬季。　E. 戊或乙在秋季。

37. 根据联合国的调查数据显示，甲国烟民的数量约为 3.5 亿人，居世界之首。而甲国的成年男性群体抽烟率在 50%以上，抽烟情况非常严重。然而，一方面，大家都知道抽烟对身体有害；另一方面，甲国烟草行业创造的利润和税收又是非常可观的。如果真的不顾一切禁烟的话，不仅吸烟者会有戒断症状，就连国家和各级地方的经济状况也都会出现“戒断症状”。所以，控烟在甲国只能是一个渐进的过程。

以下哪项如果为真，不能支持上述论断？

A. 甲国每年死于吸烟相关疾病的人数超过因艾滋病、结核病、疟疾所导致的死亡人数之和。

B. 如果对吸烟者突然强制戒烟，没有慢慢引导和鼓励戒烟的过程，吸烟者戒烟后有极高概率再次吸烟。

C. 每年烟草行业都会为甲国创造巨大的经济利润，这些利润基本上可以满足甲国的军事支出。

D. 当前实行全面禁烟执行难度大、成本高，难以达到预期的政策效果。

E. 历史上曾经进行过激进的戒烟行动，但是效果不佳，造成了社会的动荡不安。

38～39 题基于以下题干信息：

赵大宝、钱大宝、孙大宝、李大宝、周大宝、吴大宝 6 人坐在从左到右连续的 7 个座位上，每个座位只能坐一个人。这些座位按从左到右的顺序从 1 到 7 编号。安排座位时需遵循以下条件：

(1) 赵大宝和钱大宝之间的距离与孙大宝和李大宝之间的距离相同；

(2) 周大宝和吴大宝相邻，但左右位置不定；

(3) 最左边的那个座位不能是空的。

38. 若吴大宝、赵大宝和孙大宝依次在 5 号、6 号和 7 号座位，则下面哪项一定正确？

A. 钱大宝在 3 号座位。　B. 钱大宝在 2 号座位。　C. 周大宝在 2 号座位。

D. 李大宝在 1 号座位。　E. 李大宝在 2 号座位。

39. 若赵大宝和孙大宝分别在 1 号和 3 号座位，则空座位一定在几号座位？

A. 1 或 3。　B. 2 或 4。　C. 2 或 6。

D. 4 或 5。　　　　　　　　E. 5 或 7。

40. 随着各类自媒体平台的兴起和发展，各个品牌方若想获得流量及营业额，就必须要有为品牌宣传的 kol。kol 拥有准确的产品信息，并且对目标顾客的购买行为有较大的影响力。据某品牌营销部门统计，在上半年的品牌营销活动中，有 VAVA 参与宣传的活动期间，商品购买率高达 76.5%，只有 23.5%的消费者未进行购买；而在没有 VAVA 参与宣传的活动期间，商品购买率只有 46.7%，未进行购买的消费者比例高达 53.3%。营销部门由此得出结论：VAVA 是该品牌的 kol。
以下哪项如果为真，最能质疑营销部门的结论？
A. 下半年如果 VAVA 继续参与宣传活动，商品购买率不会再保持较高的水平。
B. 该品牌总监表示：促销渠道有很多种，没有 kol 我们也能增加购买率。
C. 在上半年的品牌营销活动中，发现 VAVA 并不具有准确的产品信息。
D. 在上半年的品牌营销活动中，发现 VAVA 拥有竞品的准确产品信息。
E. 该公司每次品牌营销活动都会采用各种方式促销，以提高商品购买率。

41. 亲贤臣，远小人，此先汉所以兴隆也；亲小人，远贤臣，此后汉所以倾颓也。先帝在时，每与臣论此事，未尝不叹息痛恨于桓、灵也。侍中、尚书、长史、参军，此悉贞良死节之臣，愿陛下亲之信之，则汉室之隆，可计日而待也。
以下哪项如果为真，最能削弱上述论证？
A. 如果亲贤臣，远小人，那么先汉就不会倾颓。
B. 如果亲小人，远贤臣，那么先汉就不会兴隆。
C. 有时先帝与臣论此事，并未叹息痛恨于桓、灵。
D. 若陛下不亲贞良死节之臣，那么汉室不会兴隆。
E. 陛下并没有亲近信任侍中、尚书、长史、参军等贞良死节之臣。

42. S 公司开会讨论推广活动方案。王经理提出：既要重点推广手机，也要推广电脑；赵经理认为：只有重点推广空调，才能推广电脑；李经理主张：如果要重点推广手机和电脑，那么也要推广空调。经过充分讨论，在上述三位经理的意见中，公司最后只采纳了其中一位的意见。
根据以上陈述，下列哪项符合公司的决定？
A. 重点推广空调和电脑，但是不推广手机。
B. 重点推广手机和空调，但是不推广电脑。
C. 重点推广空调，但是不推广手机和电脑。
D. 重点推广电脑和手机，但是不推广空调。
E. 空调、电脑和手机都推广。

43. 在化学教学中，教师在讲解温度对弱电解质电离度的影响规律时，进行了如下演示实验：将 0.01 mol/L 的醋酸溶液 25 mL 装入烧杯，用测定溶液导电性装置，做三次不同温度时醋酸溶液导电性强弱的实验。结果如下：0℃时，通电，灯泡钨丝发红、暗淡；50℃时，通电，灯泡比较明亮；100℃时，通电，灯泡明亮。教师由此归纳：温度升高是灯泡越来越亮的原因。
以下哪项与上述推理方式最为相似？
A. 在两块都施了氮肥的麦地上，其中一块浇水，另一块施钙肥，结果两块地的产量都增高了。这样我们可以得到结论：施肥和浇水都可以提高产量。

B. 在两个管理条件完全相同的温室里，种着相同品种的马铃薯，其中一个温室是静止无风的，另一个温室里却吹着微风。实验结果发现，受微风吹拂的比无风吹拂的马铃薯增产15%。因此得出结论：微风会使马铃薯增产。

C. 地球磁场发生磁暴的周期经常与太阳黑子的周期一致。随着太阳黑子数目的增加，磁暴的强度增大。当太阳黑子的数目减少时，磁暴的强度降低。科学家由此推测，太阳黑子的出现可能是磁暴的原因。

D. 在一块麦地上既施氮肥，又浇水，又施钙肥，结果产量都增高；而在另一块麦地上只浇水、施钙肥，产量不变。这样我们可以得到结论：施氮肥是产量增高的原因。

E. 甲报告说，他家里的人发生呕吐、昏迷现象；乙也报告说，他家里的人发生呕吐、昏迷现象；丙、丁等也做了同样的报告。我们发现，这些住户的居住条件各不相同，饮食也不同，中毒者的年龄、健康情况也不同，但有一个情况是共同的，他们同饮一口井的水。那么我们可以得到结论：井水可能是引起这些住户呕吐、昏迷的原因。

44~45 题基于以下题干信息：

某餐厅在准备食材，有牛肉、羊肉、鸡肉三种肉类和娃娃菜、黄瓜、西红柿三种蔬菜可供选择。餐厅每天总是选择其中的三种食材，而且选择食材遵循以下规则：

（1）选择的食材不能都是肉类。

（2）假如选择的仅有一种蔬菜，那一定是西红柿。

（3）鸡肉和黄瓜不能同时选择。

44. 以下哪项如果为真，则所选食材中一定有娃娃菜？

A. 选择了黄瓜。

B. 没有选择黄瓜。

C. 选择鸡肉作为唯一的肉类。

D. 选择了西红柿。

E. 选择的食材中要么包括牛肉，要么包括羊肉。

45. 如果西红柿供货渠道出了问题，无法采购，则以下哪种食材也一定不能选择？

A. 牛肉。　B. 羊肉。　C. 鸡肉。

D. 娃娃菜。　E. 黄瓜。

46. 张老师要从七名队员中挑选两名中锋和两名后卫参加全市大学生篮球赛，这七名队员中有四名中锋：赵大宝、钱大宝、孙大宝、李大宝，另三人是后卫：周大宝、吴大宝、郑大宝。挑选时需要遵循的条件如下：

（1）赵大宝和吴大宝不能同时入选；

（2）李大宝和郑大宝不能同时入选；

（3）要么钱大宝入选，要么郑大宝入选。

根据以上信息，以下哪项一定为真？

A. 周大宝入选。　B. 吴大宝入选。　C. 吴大宝没有入选。

D. 赵大宝入选。　E. 李大宝没有入选。

47. 近日，某国的科学家们正在尝试用粒子加速器治疗癌症。他们将包括脑胶质瘤细胞在内的几种肿瘤细胞培养物放置在模拟人类头部的有机玻璃器皿中，再把这个“人头”放在粒子加速器的作用范围内。科学家们首先在肿瘤细胞内聚集足够量的硼 -10,然后再用中子束照射肿瘤部位,使肿瘤细胞内部发生核反应,肿瘤细胞随之死亡。

以下哪项如果为真,最能支持实验的成功?

A. 中子束对肿瘤细胞的作用,有别于健康细胞。

B. 脑胶质肿瘤类癌症用其他治疗方式无法治愈。

C. 只有肿瘤细胞会在中子束的作用之下死亡。

D. 中子束能摧毁包括脑细胞在内的人体细胞。

E. 重离子加速器被认为是目前治疗癌症的最好手段,它具备了对肿瘤杀伤力大,而对人体健康组织损伤小的优势,对恶性肿瘤具有显著疗效。

48. 有三个用黑布蒙着的笼子,每个笼子里面装了两只猫,分别是两只黑猫、两只白猫、一只黑猫一只白猫,从外面无法看到笼子里面的情况。每个笼子都贴上了标明内容的标签,但所有的标签都贴错了。要求:打开一个笼子,但只能取出一只猫来,看过之后把所有的标签都纠正过来。

根据上述信息,打开哪个笼子可以将标签都纠正过来?

A. 标有两只黑猫的笼子。

B. 标有两只白猫的笼子。

C. 标有一只黑猫一只白猫的笼子。

D. 打开哪个笼子都不行。

E. 以上答案都不对。

49. 有些双子座的人喜欢无理取闹,喜欢无理取闹的人都不是多愁善感的,所以,有些多愁善感的人不是双子座的人。

以下哪项能够说明上述推理不成立?

A. 驾驶车辆都需要驾驶执照,有些人没有驾驶执照,所以,有些人不能驾驶车辆。

B. 所有正义的行为都是具有社会价值的,有些违法行为不具有社会价值,所以,有些正义的行为不是违法行为。

C. 所有青年人都是缺乏社会经验的,有些大学生不缺乏社会经验,所以,有些大学生不是青年人。

D. 泰国人都是亚洲人,新加坡人也是亚洲人,所以,泰国人是新加坡人。

E. 所有女护士都不是女青年,有些女性是女护士,所以,有些女青年不是女性。

50. “国家反诈中心”App 是一款具备诈骗预警、快速举报诈骗功能的软件,软件里面还有丰富的防诈骗知识,通过学习这些知识可以有效避免各种网络诈骗的发生,提高每个用户的防诈骗能力,用户还可以随时向平台举报各种诈骗信息,减少不必要的财产损失。陈警官指出:并非所有心地善良的人都不可能被骗子盯上,而且,并非所有心地善良的人都可能欺骗别人。

如果陈警官说的话为真,那么以下哪项一定为真?

A. 所有心地善良的人必然不会被骗子盯上,有的心地善良的人不可能不欺骗别人。

B. 一些心地善良的人可能被骗子盯上,有的心地善良的人可能不欺骗别人。

C. 一些心地善良的人必然被骗子盯上,有的心地善良的人不可能欺骗别人。

D. 一些心地善良的人可能被骗子盯上,有的心地善良的人不可能欺骗别人。

E. 所有心地善良的人可能不会被骗子盯上,有的心地善良的人一定不欺骗别人。

51. 某次传统艺术表演中,组织者准备从皮影戏、号子、快板、口技、清音这 5 项艺术形式中挑选几

项做汇报演出。考虑到不同艺术项目之间的关系,挑选必须符合以下要求:

(1) 如果皮影戏不入选,那么清音和快板都入选;

(2) 如果号子入选,则口技也入选;

(3) 要么快板入选,要么清音入选;

(4) 如果口技入选,那么清音不会入选;

(5) 清音入选,当且仅当皮影戏入选。

根据以上信息,可以推出以下哪项?

A. 皮影戏不入选。 B. 号子不入选。 C. 快板入选。

D. 口技入选。 E. 清音不入选。

52. 奢侈品与单纯的优质商品定价逻辑不同。优质商品的高价格来自高产品质量与性能,而奢侈品的高价格更多来自无形价值,如历史意义、文化价值、地位象征。奢侈品品牌在定价时最重要的因素通常是消费群体的市场期望值。在奢侈品的主要原产地欧洲,定价往往最低。在消费者心理较为成熟的美国市场,通常会把价格稍微提高一些。而在亚洲市场,奢侈品品牌的定价是最高的。

以下哪项最能解释奢侈品品牌在亚洲市场定价最高这一现象?

A.亚洲距离奢侈品品牌的原产地比较远,物流成本较高。

B. 亚洲地区的店铺租金及人工工资、销售提成等经营成本相对较高。

C. 亚洲市场的消费者对奢侈品品牌怀有过高的期望值。

D. 亚洲市场拥有比欧洲、美国市场更为庞大的奢侈品消费群体,并且亚洲人民收入普遍较高。

E. 奢侈品消费的目的并不仅仅是为了获得直接的物质满足与享受,而在更大程度上是为了获得一种社会心理上的满足。

53. 张教授:法律的制定和实施应当有助于提高整个社会的道德水准。法律规范自然不同于道德规范,但立法和执法不应当排斥考虑道德因素。

李研究员:您的陈述会导致一种不正确的见解,因此我不完全赞同。法律的功能是建立强有力的社会秩序,这是社会成员和谐共处、社会机器良性运转的基本条件。对于一部能体现此种功能的法律来说,任何一点实施上的偏差都会削弱它的此种功能。在中外法律审判中都不乏这样的实例,由于顾及道德上的考虑,法庭审判或多或少偏离法律的标准。这是应当反对和避免的现象,而不是应当肯定的现象。

以下哪项最可能是两人争论的焦点问题?

A. 法律的制定和实施是否应当有助于提高整个社会的道德水准。

B. 一部能体现其社会功能的法律是否有助于提高社会的道德水准。

C. 实施中的偏差是否一定会削弱法律的社会功能。

D. 法律规范和道德规范的区别在哪里。

E. 在法律的实施中考虑道德因素是否会弱化法律的功能。

54~55 题基于以下题干信息:

在一次医务工作者表彰大会上,4位医护人员姜大宝、苏大宝、孟大宝、孙大宝相遇,他们来自东城、西城、南城、北城4所不同的医院,擅长的工作各不相同,分别是抽血、输液、化验和心理疏导之一。今年,他们都曾参与了若干次会诊,有人参与了1次,有人参与了2次,有人参与了3次。

已知：

（1）孟大宝擅长的工作是抽血；

（2）苏大宝来自东城医院；

（3）擅长心理疏导的医护人员进行的会诊数是 1 次，恰好比来自东城医院的医护人员少 1 次；

（4）来自北城医院的医护人员进行的会诊数比孙大宝少 2 次。

54. 根据以上信息，以下哪项是一定正确的？

A. 姜大宝来自西城医院。

B. 姜大宝擅长的工作是心理疏导。

C. 姜大宝擅长的工作是化验。

D. 姜大宝擅长的工作是输液。

E. 姜大宝来自南城医院。

55. 如果擅长输液的医护人员进行的会诊次数比来自西城医院的医护人员少 1 次，并且姜大宝进行的会诊次数和来自南城医院的医护人员进行的会诊次数中有一个是 2 次。

根据以上信息，以下哪项是一定正确的？

A. 孟大宝参与了 3 次会诊。　B. 孟大宝来自东城医院。　C. 孟大宝来自西城医院。

D. 孙大宝来自西城医院。　E. 孙大宝来自南城医院。

四、写作：第 56~57 小题，共 65 分。其中论证有效性分析 30 分，论说文 35 分。

56. 论证有效性分析：分析下述论证中存在的缺陷和漏洞，选择若干要点，写一篇 600 字左右的文章，对该论证的有效性进行分析和评论。（论证有效性分析的一般要点是：概念特别是核心概念的界定和使用是否准确并前后一致，有无各种明显的逻辑错误，论证的论据是否成立并支持结论，结论成立的条件是否充分，等等。）

日前，科技日报的一则报道引发了不少关注。报道称，我国限塑令实施 11 年，废塑料不减反增。并有报告指出，在调查的 979 家提供塑料袋的门店中，遵守“限塑令”所有规定的商家，仅占 3.7%。由此可见，十多年以来，“限塑令”的遵守情况并不乐观。要实现全面限塑还有很长的路要走。

为什么过去十多年限塑令效果不理想呢？究其原因，一是限塑令中各项约束和规定，能被监督和执行的场所相当局限；二是塑料“太好用”，成本低，要改变群众使用塑料袋购物的观念难度大；有人认为，购物时要么使用塑料袋购物，要么就会“无袋可用”，就不会有良好的购物体验。

针对以上两大原因，可以有以下解决办法：第一，必须加大各执行场所监督力度，因为只要监督到位，商家就会遵守“限塑令”的相关规定，“限塑令”就能真正地发挥作用；第二，通过塑料“高价”让民众转变观念，激发环保意识。因为价格是决定民众是否消费的唯一因素，所以提高了塑料购物袋的价格，人们在购物时便不会选择塑料购物袋了。因此，塑料购物袋使用量就会减少，“限塑”的目的就达到了，垃圾也大幅减少，环境污染问题从而就解决了。

尽管过去十多年“限塑令”效果不理想，但是经过努力，实现全面限塑是指日可待的。北京率先推出了“史上最强”限塑令，强制落实限制塑料的使用，这表明全国实行“限塑”也是完全可行的。

57. 论说文：根据下述材料，写一篇 700 字左右的论说文，题目自拟。

2020 年 6 月 23 日 9 时 43 分，北斗三号最后一颗全球组网卫星在西昌卫星发射中心点火升空。这意味着中国人掌握核心技术的卫星导航系统,终于打赢了全球星座部署的收官之战。正如北斗一号卫星总指挥李祖洪所说,“北斗的研制,是中国人自己干出来的。‘巨人’对我们技术封锁,不让我们站在肩膀上,唯一的办法就是自己成为巨人。”

冲刺模拟8套卷（一）答案及解析

一、问题求解

1.【答案】 A

【考点】 周期性数列

【解析】 计算出前几项可得到这样一个数列1,2,3,1,2,3,1,2,3,…,发现这是一个周期为3的数列,所以 $a_{2006}=a_{3\times668+2}=a_2=2$.

2.【答案】 E

【考点】 韦达定理

【解析】 $m^4+3n=(m+1)^2+3n=3m+2+3n=3+2=5$,选E.

3.【答案】 E

【考点】 抽屉原理

【解析】 设答对的题目有 a 道,不答的有 b 道,则答错的有 $(20-a-b)$ 道,总分为 S,则

$$S=20+3a+b-(20-a-b),$$

整理得 $S=2(2a+b)$,则 S 必为偶数.

所以当20道题目全答对时,S 取最大值 $20+60=80$(分).

所以 a,b 的取值范围分别为 $0\leqslant a\leqslant20$、$0\leqslant b\leqslant20$,且 $0\leqslant a+b\leqslant20$,

所以 $0\leqslant2a+b\leqslant40$,则 $0\leqslant2(2a+b)\leqslant80$.

因此 $0\leqslant S\leqslant80$,由于 S 为偶数,故 S 的可能取值有41个,则根据抽屉原理

$1978\div41=48\cdots\cdots10$,故至少有 $48+1=49$ 人得分相同.

4.【答案】 E

【考点】 圆形追及

【解析】 当甲跑1 500 m时,乙跑1 200 m,由于400 m一圈,所以乙回到起点,选E.

5.【答案】 B

【考点】 浓度问题

【解析】 混合后甲、乙、丙3个试管中应有的盐水分别是20 g、30 g、40 g.根据题意,可求出丙管中盐的质量.又因为丙管中原来只有30 g的水,它的盐是从乙管里取出的10 g盐水中的.由此可求出乙管里30 g盐水中盐的质量.而乙管里的盐又是从甲管里取出的10 g盐水中的,由此可求出甲管里20 g盐水中盐的质量.而甲管里的盐是某种浓度的盐水中的盐,这样就可得到最初倒入甲管中盐水的浓度.

丙管中盐的质量:$(30+10)\times0.5\%=0.2$(g),

倒入乙管后,乙管中盐的质量:$0.2\times[(20+10)\div10]=0.6$(g),

倒入甲管,甲管中盐的质量:$0.6\times[(10+10)\div10]=1.2$(g),

$1.2\div10=12\%$.

6.【答案】 E

【考点】 正方体

【解析】 切割成棱长是 1 cm 的小正方体共有 m^3 个,由于其中至少有一面是红色的小正方体与表面没有红色的小正方体个数之比为 13 : 12,而 13+12=25,所以小正方体的总数是 25 的倍数,即 m^3 是 25 的倍数,那么 m 是 5 的倍数.

当 $m=5$ 时,要使得至少有一面的小正方体有 65 个,可以将原正方体的正面、上面和下面涂色,此时至少一面涂红色的小正方体有 5×5+5×4×2=65 个,外表没有红色的小正方体有 125−65=60 个,个数比恰好是 13 : 12,符合题意.因此,m 的最小值是 5.

7.【答案】 A

【考点】 判别式

【解析】 方程 $x^2+2px-(q^2-2)=0$ 的判别式小于 0,得到 $p^2+q^2<2$,

$\frac{(p+q)^2}{2}\leqslant p^2+q^2<2$,所以 $(p+q)^2<4$.所以选 A.

8.【答案】 A

【考点】 数形结合

【解析】 本题采取特值验证法,当 $k=0$ 时候无解,所以选 A.

9.【答案】 D

【考点】 数列最值

【解析】 根据 S_n 的特点,得到对称轴的位置在 8 和 9.5 之间,所以当 $n=9$ 时 S_n 最大,所以选 D.

10.【答案】 E

【考点】 比例与行程问题

【解析】 36÷3×5=60(km/h),60×6÷36=10(h).所以货车到甲地共需 10 h.

11.【答案】 A

【考点】 共角定理

【解析】 由已知 $AE=\frac{1}{3}AC$,可得 $CE=\frac{2}{3}AC$.根据“共角定理”可得 $S_{\triangle CEF}:S_{\triangle ABC}=(CF\times CE):(CB\times AC)=(1\times2):(3\times3)=2:9$;而 $S_{\triangle ABC}=6\times6\div2=18(\text{cm}^2)$;所以 $S_{\triangle CEF}=4\ \text{cm}^2$;同理得 $S_{\triangle CDE}:S_{\triangle ACD}=2:3$,$S_{\triangle CDE}=18\div3\times2=12(\text{cm}^2)$,$S_{\triangle CDF}=6\ \text{cm}^2$,故 $S_{\triangle DEF}=S_{\triangle CEF}+S_{\triangle DEC}-S_{\triangle DFC}=4+12-6=10\ (\text{cm}^2)$.

12.【答案】 B

【考点】 解析几何

【解析】 如右图所示,题干的三角形区域如图中阴影部分.

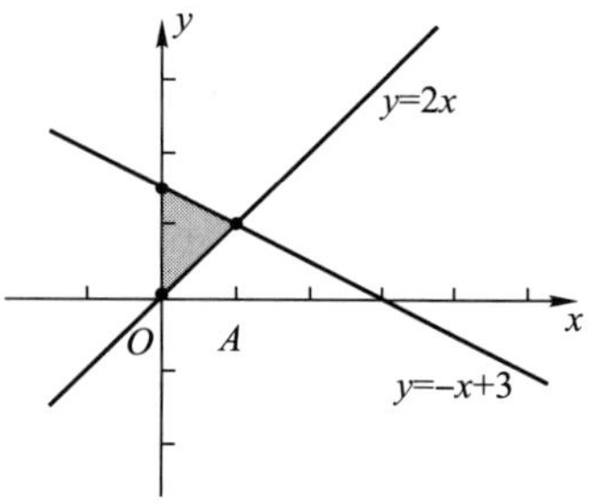

要求 $(x-1)^2+y^2$ 的最小值,即求点 $A(1,0)$ 到图中阴影部分中的点的最短距离的平方,观察得,$d=\frac{|2-0|}{\sqrt{2^2+(-1)^2}}=\frac{2}{\sqrt{5}}$,则 $(x-1)^2+y^2$ 的最小值为 $d^2=\frac{4}{5}$.

13.【答案】 C

【考点】 勾股定理

【解析】

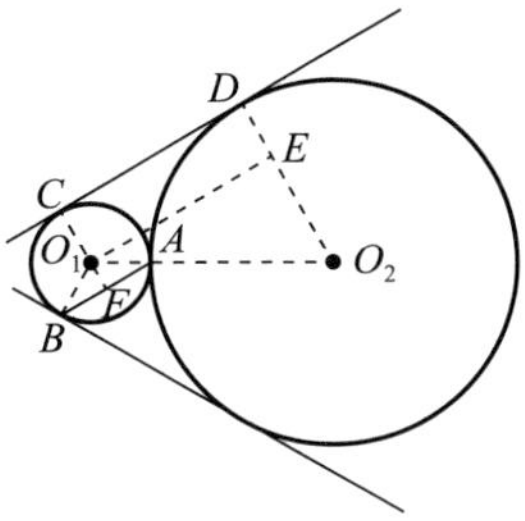

如图，设$\odot O_1$，$\odot O_2$的半径分别为r,R，连接O_1C,O_1O_2,O_2D,O_1B，过O_1作$O_1E\perp O_2D$于E，由$AB/\!/CD$，$CO_1\perp CD$，得$CO_1\perp AB$，因为$O_1B=O_1A$，所以$\angle BO_1F=\angle AO_1F$，所以$\angle CO_1B=\angle CO_1A$，又由对称性知$\angle CO_1A=\angle BO_1A=\angle AO_1B=120°$.故$\angle O_2O_1E=120°-90°=30°$.所以$R+r=2(R-r)$，则$R=3r$，故选C.

14.【答案】 B

【考点】 传球公式

【解析】 5个城市游7天，辗转6次，第7天到达某一城市平均可有$4^6/5=4096/5=819.2$（种）方法，最接近的整数（四舍五入）为819，是最后一天到E市的方法数.

注意：本题用到了传球公式：N个人传M次球，$X=\dfrac{(N-1)^M}{N}$，则

（1）最接近X的整数为最后传给他人的方法数.

（2）第二接近X的整数为最后传给自己的方法数.

15.【答案】 C

【考点】 对立面

【解析】 先算总的方法：12个点 也就是$C_{12}^3=220$.再减去共线的三点，有$C_6^3+C_7^3=20+35=55$（个）.所以就是$220-55=165$（个）.答案选C.

二、条件充分性判断

16.【答案】 D

【考点】 行程问题

【解析】 对于条件(2)哥哥跑100 m需要的时间等于弟弟跑99 m需要的时间.第二次，哥哥在-1 m处起跑，弟弟在0 m处起跑，两人将在第99 m处追平.在剩下的1 m里，哥哥超过了弟弟并获得胜利.条件(1)显然充分.

17.【答案】 E

【考点】 最值问题

【解析】 两条件单独显然不充分.考虑联合，取$a=4,b=c=-1$，同时满足条件(1)和条件(2)，但$|a|+|b|+|c|=6$，因此$|a|+|b|+|c|$的最小值不为8，不充分.

18.【答案】 C

【考点】 恒成立

【解析】 解集是全体实数，当$a=2$时，不等式成立，当$a\neq2$时，不等式恒成立，则$a<2,\Delta<0$，得$-2<a<2$，因此两条件联合充分，选C.

19.【答案】 B

【考点】 质数与合数

【解析】 对于条件(1)取反例即可,对于条件(2),$a=97\times10$,$b=11\times99$,所以选 B.

20.【答案】 D

【考点】 等差数列

【解析】 由条件(1),$S_{20}=10(a_6+a_{15})=200$,充分.对于条件(2)可以根据等差数列的性质知道也充分.所以选 D.

21.【答案】 D

【考点】 位置关系

【解析】 由条件(1),得到圆心$\left(-\frac{1}{2},3\right)$在直线上,说明 PQ 为直径,直径对的圆周角是$\frac{\pi}{2}$,所以原点(0,0)在圆上,得到 $m=3$,充分.对于条件(2)显然也是充分的,所以选 D.

22.【答案】 B

【考点】 古典概型与解析几何综合问题

【解析】 一颗骰子连续抛掷 2 次,将得到的点数依次作为点 Q 的横、纵坐标,总方法数为$N=6\times6=36$(种).

在条件(1)的情况下,曲线 $y=\sqrt{9-x^2}$ 与坐标轴所围成的封闭区域内部要满足条件 $0<y<\sqrt{9-x^2}$,当 $x=1$ 时,$y=1,2$.当 $x=2$ 时,$y=1,2$.满足条件的共有 $N_1=4$(种)情况,则满足此条件的概率为 $P=\frac{4}{36}=\frac{1}{9}$.

在条件(2)中,点 Q 落在曲线 $y=\sqrt{6x-x^2}$ 与坐标轴所围成的封闭区域内部需要满足条件 $0<y<\sqrt{9-(x-3)^2}$.

当 $x=1$ 时,$y=1,2$;

当 $x=2$ 时,$y=1,2$;

当 $x=3$ 时,$y=1,2$;

当 $x=4$ 时,$y=1,2$;

当 $x=5$ 时,$y=1,2$.

满足条件的共有 10 种情况,满足此条件的概率为 $P=\frac{10}{36}=\frac{5}{18}$.

条件(2)充分,选 B.

23.【答案】 C

【考点】 颈线公式

【解析】 条件(1)与(2)显然单独不充分,两条件联合起来根据梯形颈线公式 $MN=\frac{2}{\frac{1}{a}+\frac{1}{b}}$,其中 a,b 为梯形的上底与下底,可以推出结果.选 C.

24.【答案】 B

【考点】 排列组合

【解析】 条件(1)一类是甲、乙两人只去一个的选法数为 42,另一类是甲和乙都去的选法数是 7,所以共有 49 种方法.条件(2)四名学生中有两名学生分在一个班的种数是 6,顺序是 6,而甲、乙被分到同一个班有 P_3^3 种,答案是 30,所以选 B.

25.【答案】 B

【考点】 解析几何中的最值

【解析】

对于(1),$x^2+y^2=1$(如下图所示)与直线相交,

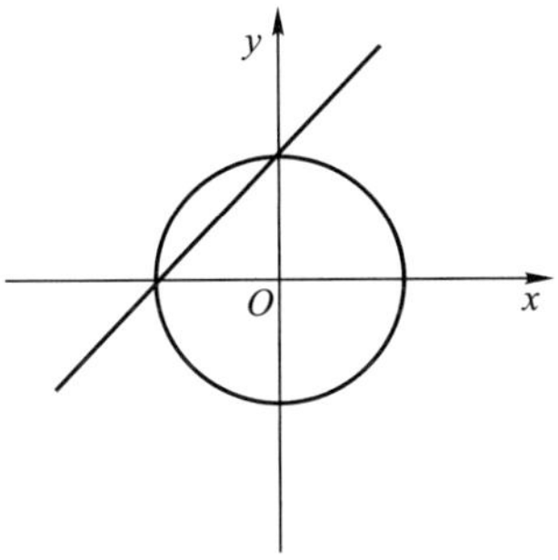

所以所求线段的最小值为 0,所以条件(1)不充分.

对于(2),如下图所示.研究$\triangle ACP$ 即可,$CA\perp AP$,

$PA=\sqrt{CP^2-1}$(关于 CP 的增函数).

CP 越大,PA 越大;CP 越小,PA 越小.

当 CP 垂直于 $y=x+1$ 时,CP 最小,

此时 $CP=\dfrac{|3+2+1|}{\sqrt{2}}=\dfrac{6}{2}\sqrt{2}=3\sqrt{2}$,

则 $PA=\sqrt{17}$,条件(2)充分,选 B.

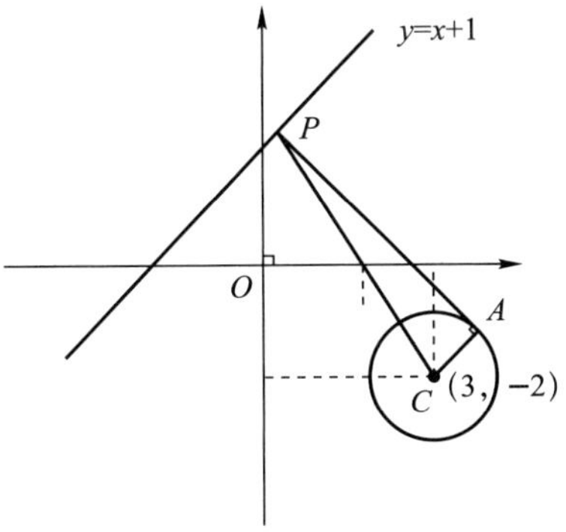

三、逻辑推理

26.【答案】 C

【考点】 假言命题 联言、选言命题

【命题方向】 形式逻辑 正向推理

【解析】 题干信息:

(1) 活力动力→多样性;

(2) 进步 ∨ 发展→融合→交流沟通 = ¬交流沟通→¬融合→¬进步 ∧ ¬发展;

(3) 发展有意义→为了人民而发展;

(4) 发展有动力→依靠人民而发展。

C 选项:¬交流沟通→¬进步,由(2)可以推出,正确。

A 选项:不符合规则,与(1)逻辑关系不一致,排除;B、D 选项:无中生有,题干中未出现"为了人民而发展文明的多样性""全球性问题"等信息,排除;E 选项:无中生有,多样性↔丰富多彩,题干中未出现此逻辑关系,排除。

故正确答案为 C 选项。

27.**【答案】** D

【考点】 两大论证形式

【命题方向】 论证推理　削弱、质疑、反驳

【解析】 论据:Y 公司引进了新的管理模式之后,公司的利润逐年上升;

结论:只有引进新的管理模式,才能使 Y 公司利润稳步增长。

D 选项:没有更好,如果 Y 公司没有实行新的管理模式,近两年的经济效益会增长得更快,说明实行新的管理模式反而限制了 Y 公司经济效益稳步增长,可以削弱,正确;

A 选项:力度较弱,该项指出可能是因为经济整体形势好,使得 Y 公司利润增长,但经济形势对 Y 公司的影响不明确,排除;

B 选项:主语错误,该项讨论的是"S 公司",与题干讨论的 Y 公司无关,无法削弱,排除;

C 选项:力度较弱,指出可能是因为员工积极性高了,使得 Y 公司经济效益增长,但题干中 Y 公司是从前年开始经济效益增长,并不是今年才开始增长,并且薪酬制度改革是否属于新管理模式的一部分呢?未知,排除;

E 选项:主语错误,"J 公司"与题干讨论的 Y 公司无关,无法削弱,排除。

故正确答案为 D 选项。

28.**【答案】** A

【考点】 假言命题

【命题方向】 形式逻辑　支持假设

【解析】 题干信息:

(1) 杨大宝:"正气"变强,"邪气"进不来→不会生病;

(2) 华大宝:没有了生老病死的烦恼→心态更加平和,更健康。

杨大宝的断定为"不会生病",但华大宝论证的前提是"没有了生老病死的烦恼",所以华大宝是将杨大宝所说的"不会生病"理解为"没有了生老病死的烦恼",逻辑关系为:

(3) ¬生病→¬生老病死的烦恼。

A 选项:生老病死的烦恼→生病,是(3)的等价逆否命题,正确。

其他选项均与(3)的逻辑关系不一致,排除。

故正确答案为 A 选项。

29.**【答案】** C

【考点】 无确定信息破解法

【命题方向】 综合推理　分组

【解析】 根据甲≠乙，甲≠丁，可知乙、丁在同一个港口停靠，结合(2)，如果乙在“兴邦”港口停靠，则丁在“神州”港口停靠，与题干信息矛盾，可知乙在“神州”港口停靠。所以，甲不在“神州”港口停靠，则甲在“兴邦”港口停靠，丁在“神州”港口停靠。

结合(3)可知，己在“兴邦”港口停靠。

故正确答案为 C 选项。

30.【答案】 C

【考点】 两大论证形式

【命题方向】 论证推理　支持、加强

【解析】 论据：完成登陆“火卫一”并开展科研工作所需的燃料，只是完成登陆火星并开展科研工作所需燃料的一半；

结论：对于出于科研目的的太空探索，下一个外太空的登陆目标应该是火星的卫星“火卫一”而不是火星。

C 选项：题干论证是“出于科研目的的太空探索”，登陆“火卫一”所需燃料较少，所以登陆目标应为“火卫一”，C 选项建立起联系，表明燃料少，重量小，就可以携带更多的科研设备，从而完成科学研究，支持题干论证，正确；

A、B 选项：无关选项，题干论证与地球到月球的距离、设备的要求无关，排除；

D 选项：题干论据中已经指出登陆火星所需燃料更多，此项只是在解释论据，对张教授的论证没有影响；

E 选项：无关选项，只是表明对“火卫一”的探测能够对“了解火星”有重要价值，但是无法建立起与“燃料”的关系，排除。

故正确答案为 C 选项。

31.【答案】 C

【考点】 假言命题

【命题方向】 形式逻辑　真假判定

【解析】 题干信息：

(3)¬孟实一组→¬孙超三组；

(4)张亮一组→孙超三组。

由(1)和(4)可知，姓氏为“张”的在一组，所以“张亮”在一组，可得“孙超”在三组，再结合(3)可知，“孟实”在一组。而 C 选项“孟实”在二组，这是不可能的。

故正确答案为 C 选项。

32.【答案】 D

【考点】 两大论证形式

【命题方向】 论证推理　削弱、质疑、反驳

【解析】 因：神经系统活跃度越低；果：寿命越长。

D 选项：割裂因果，直接表明寿命与神经系统的活跃度无关，可以削弱；

A 选项：诉诸人身，团队和人员年轻不代表研究成果不可靠，排除；

B 选项：无关选项，题干论证未涉及“认知缺陷”，排除；

C 选项:有因有果支持,表明神经系统活跃度与寿命之间有关联,排除;

E 选项:无关选项,未涉及“神经系统活跃度”与“寿命”之间的关系,排除。

故正确答案为 D 选项。

33.【答案】 B

【考点】 假言命题

【命题方向】 形式逻辑 正向推理

【解析】 题干信息:(1) 飞行任务→起落架∧飞行尾翼;(2) 两架飞机起落架合格,两架飞机飞行尾翼合格。

由逻辑关系(1)可知,即使起落架和飞行尾翼都合格,也无法推出可以执行飞行任务,所以有可能甲、乙和丙都不能执行飞行任务。

故正确答案为 B 选项。

34.【答案】 E

【考点】 两大论证形式

【命题方向】 论证推理 假设、前提

【解析】 论据:非洲鲫鱼被镜子中自己的影像吸引,美洲鲫鱼游过镜子前几乎毫无反应;

结论:非洲鲫鱼比美洲鲫鱼聪明。

E 选项:如果 E 选项的假设不成立,美洲鲫鱼视力比较差,根本就没有看到自己的影像,那么题干的论证就无法成立了,所以这是必须要假设的。

A 选项:假设过强,“唯一”过于绝对,只需要可以从好奇心判断是否聪明即可,不需要假设是“唯一”标准。而且 A 选项只与结论有关,与论据没有关系,排除。

故正确答案为 E 选项。

35.【答案】 C

【考点】 无确定信息破解法

【命题方向】 综合推理 排序

【解析】 由相同专业的学生坐在一起,可以得出图 1,历史专业学生可以在圆桌左边或右边。下面以左边为例进行分析:

根据丙坐在乙和一个文学专业的学生之间,假设乙是历史专业的,那么丙是文学专业的。又因为甲和丁同一个专业,所以甲和丁都是法律专业的,戊是另一个文学专业的。于是可得图 2。

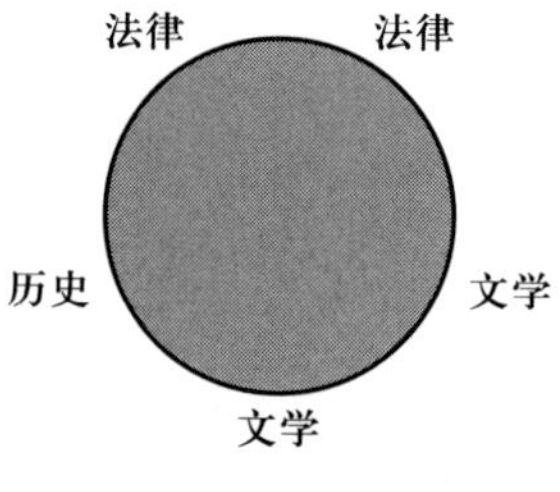

图 1

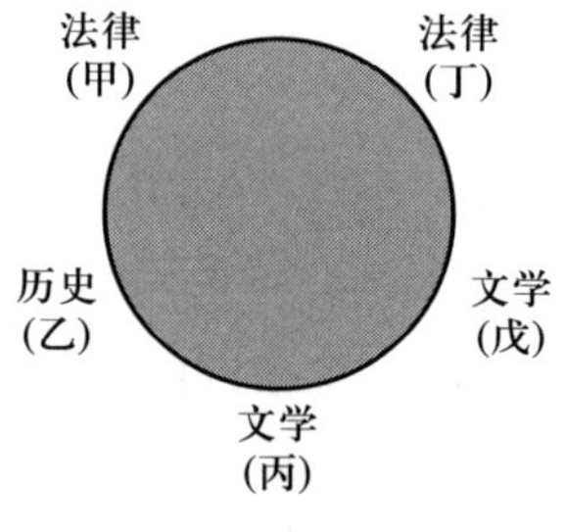

图 2

此时完全符合题干信息，并且答案唯一，只有C选项正确。

故正确答案为C选项。

36.【答案】 B

【考点】 假言命题

【命题方向】 形式逻辑　正推题型

【解析】 题干信息：由(1)甲在夏，结合(4)可得戊在冬，然后由(2)可得丁在春，再由(3)可得乙和丙都不在春。

故正确答案为B选项。

37.【答案】 A

【考点】 两大论证形式

【命题方向】 论证推理　支持、加强

【解析】 论据：甲国吸烟人数多，如果不顾一切禁烟，对吸烟者、国家和各级地方的经济状况都会产生影响；

结论：控烟在甲国只能是一个渐进的过程。

A选项：无关选项，表明吸烟对人造成的伤害和负面影响非常严重，与题干论证过程无关，无法支持；

B选项：补充正面论据，说明戒烟需要慢慢引导，进而说明控烟应该是一个渐进的过程，可以支持，排除；

C选项：补充正面论据，说明烟草税收占比大，即国家税收也部分依赖于烟草产业，可以支持，排除；

D选项：补充正面论据，说明控烟只能是一个渐进的过程，可以支持，排除；

E选项：补充正面论据，说明采取激进的戒烟行动效果不佳，进而说明控烟应该是渐进的过程，可以支持，排除。

故正确答案为A选项。

38.【答案】 E

【考点】 确定信息推理

【命题方向】 综合推理　综合题组(排序)

【解析】 由条件(2)，周大宝一定在4号座位，再由条件(1)和(3)可知空座位是3号，钱大宝在1号座位，李大宝在2号座位。

故正确答案为E选项。

39.【答案】 E

【考点】 确定信息推理

【命题方向】 综合推理　综合题组(排序)

【解析】 由于赵大宝、孙大宝间隔一个位置，由条件(1)知钱大宝和李大宝也一定间隔一个位置，而周大宝、吴大宝要占两个相邻的位置，所以，钱大宝、李大宝的位置只能依次为2、4号。又考虑到周大宝、吴大宝是相邻的，所以周大宝、吴大宝只能坐在5、6或6、7号座位，那么空座位就是5或7号座位。

故正确答案为E选项。

40.【答案】 C

【考点】 概念、定义

【命题方向】 形式逻辑　加分题型

【解析】 kol:拥有准确的产品信息且对目标顾客的购买行为有较大的影响力。

VAVA 参与的营销,商品购买率达 76.5%,VAVA 没参与的营销,商品购买率只有 46.7%,由此得出 VAVA 是该品牌的 kol。要质疑这个结论,也就是要说明 VAVA 不符合 kol 的定义。从数据看,VAVA 对目标顾客的购买行为具备影响力,那么如果 VAVA 不能拥有准确的产品信息,就可以质疑该结论。

故正确答案为 C 选项。

41.【答案】 C

【考点】 假言命题

【命题方向】 形式逻辑　真假判定

【解析】 题干信息:“每与臣论此事,未尝不叹息痛恨于桓、灵也”的意思是“每逢跟我谈论这些事情,没有一次不对桓、灵二帝的做法感到痛心遗憾的”,“没有一次不”即“都”,显然与 C 选项为矛盾关系。

故正确答案为 C 选项。

42.【答案】 D

【考点】 稳赢分析法

【命题方向】 综合推理　真话假话题

【解析】

第一步: 简化信息	(1) 王:手机 ∧ 电脑; (2) 赵:电脑→空调 = ¬电脑 ∨ 空调; (3) 李:手机 ∧ 电脑→空调 = ¬(手机 ∧ 电脑) ∨ 空调 = ¬手机 ∨ ¬电脑 ∨ 空调。
第二步: 找到关系	未出现矛盾或反对关系,转换思路,进行假设+归谬。
第三步: 假设归谬	若“¬电脑”为真,那么赵和李都真,不符合只有一真,所以真实情况为“电脑”; 若“空调”为真,那么赵和李都真,不符合只有一真,所以真实情况为“¬空调”。
第四步: 选出答案	由真实情况是:电脑 ∧ ¬空调,可排除选项 A、B、C、E。 故正确答案为 D 选项。

43.【答案】 C

【考点】 论证评价

【命题方向】 论证推理　论证方式及漏洞

【解析】 本题考查穆勒五法的相似推理方式,随着温度升高,灯泡越来越亮。题干的论证方式为共变法。

C 选项:共变法,随着太阳黑子数目增加,磁暴的强度增大,与题干相似,正确;

A 选项：无方法，“浇水”和“施肥”都是变量，无法得出结论，排除；

B 选项：求异法，两个实验进行左右对照，吹微风与不吹微风时，马铃薯产量不同，与题干不一致，排除；

D 选项：求异法，两块地的差异是是否施氮肥，结果在产量上有差异，与题干不一致，排除；

E 选项：求同法，在居住条件、饮食、年龄、健康状况等因素均不同，只有同饮一口井的水这一因素相同的情况下，出现同样的结果——呕吐、昏迷，说明井水是引起这些住户呕吐、昏迷的原因，与题干不一致，排除。

故正确答案为 C 选项。

44.【答案】 C

【考点】 确定信息推理

【命题方向】 综合推理　综合题组（分组）

【解析】 如果鸡肉作为唯一的肉类被选择，则根据题意（食材要选择三种），还要选择两种蔬菜。根据条件（3），从鸡肉被选择可推出不能选择黄瓜。这样，剩下的两种蔬菜：娃娃菜和西红柿都要被选择，所以食材必须选择娃娃菜。

故正确答案为 C 选项。

45.【答案】 C

【考点】 确定信息推理

【命题方向】 综合推理　综合题组（分组）

【解析】 如果西红柿不能选择，则根据条件（2）可推出选择的蔬菜不止一种，即娃娃菜和黄瓜都要被选择。再根据条件（3），从黄瓜被选择就可推出不能选择鸡肉。

故正确答案为 C 选项。

46.【答案】 A

【考点】 无确定信息破解法

【命题方向】 综合推理　综合题组（分组）

【解析】 题干信息：

中锋（四选二）：赵大宝、钱大宝、孙大宝、李大宝；

后卫（三选二）：周大宝、吴大宝、郑大宝；

（1）赵大宝和吴大宝不能同时入选；

（2）李大宝和郑大宝不能同时入选；

（3）钱大宝、郑大宝二选一。

题目中关于郑大宝的限制条件较多，可以从其入手分析：

假设郑大宝入选，则李大宝不入选，钱大宝不入选，所以赵大宝和孙大宝入选，吴大宝不入选，周大宝入选；

假设郑大宝不入选，则钱大宝入选，周大宝和吴大宝入选，所以赵大宝不入选。

从上述分析可知，无论郑大宝是否入选，周大宝都入选。

分析结果如下表所示：

	赵大宝	钱大宝	孙大宝	李大宝	周大宝	吴大宝	郑大宝
郑大宝入选	√	×	√	×	√	×	√
郑大宝不入选	×	√			√	√	×

故正确答案为 A 选项。

47.【答案】 C

【考点】 十大论证模型

【命题方向】 论证推理 支持、加强

【解析】 方法:用中子束照射肿瘤部位;

目的:使肿瘤细胞内部发生核反应,肿瘤细胞随之死亡。

本题为方法目的模型。A 和 C 选项均表明中子束可以对肿瘤细胞起到作用,但 A 选项只是说有作用,未明确具体作用。C 选项更加明确,说明中子束确实会导致肿瘤细胞的死亡,并且不伤及其他细胞,可以支持。

故正确答案为 C 选项。

48.【答案】 C

【考点】 稳赢分析法

【命题方向】 综合推理 匹配

【解析】 A、B 选项地位相当,可以排除。假设打开标有一只黑猫一只白猫的笼子,根据题干条件,如果取出的猫是黑猫,则该笼子应为两只黑猫,标有两只白猫的笼子应为一只黑猫一只白猫,标有两只黑猫的笼子应为两只白猫,所有的标签都能纠正过来。同理,如果取出的是白猫,也能纠正三个笼子的标签。

故正确答案为 C 选项。

49.【答案】 E

【考点】 三段论

【命题方向】 形式逻辑 结构相似

【解析】 题干信息:有些 双子座(有些 C)→无理取闹(B),

无理取闹(B)→¬多愁善感(¬A),

所以,有些 多愁善感(有些 A)→¬双子座(¬C)。

E 选项:与题干推理结构相似,而且结论“有些女青年不是女性”荒谬,可以说明题干推理不成立,正确;

A、B、C、D 选项:与题干推理结构不相似,排除。

故正确答案为 E 选项。

50.【答案】 D

【考点】 模态命题 直言命题

【命题方向】 形式逻辑 加分题型

【解析】 (1) 并非所有心地善良的人都不可能被骗子盯上。

提词:并非 都不可能

等价转换:并非 都不可能=有的 不不可能=有的 可能=一些 可能

B 和 D 选项的前半句正确。

(2) 并非所有心地善良的人都可能欺骗别人。

提词:并非 都可能

等价转换:并非 都可能=有的 不可能

C 和 D 选项的后半句正确。

故正确答案为 D 选项。

51.**【答案】** B

【考点】 无确定信息破解法

【命题方向】 综合推理 分组

【解析】 由条件(1)(5),若皮影戏不入选,则会出现矛盾的结果,所以皮影戏一定入选,结合(5)可知清音也入选,结合条件(3)知快板不入选,再结合条件(4)(2)的逆否命题,可知口技和号子都不入选。

故正确答案为 B 选项。

52.**【答案】** C

【考点】 论证评价

【命题方向】 论证推理 解释

【解析】 解释对象:奢侈品品牌在亚洲市场定价最高。

此题一定要注意相关性,千万不要脱离题干靠想象。

题干中明确指出,奢侈品品牌在定价时最重要的因素通常是消费群体的市场期望值,所以亚洲市场定价高,也要从消费者期望值这方面来解释,物流、经营成本、消费者收入等因素均为无关信息。

故正确答案为 C 选项。

53.**【答案】** E

【考点】 论证评价

【命题方向】 论证推理 焦点

【解析】 张教授:法律的制定和实施不应当排斥考虑道德因素。

李研究员:法律审判中如果顾及道德会偏离法律标准,弱化法律功能,所以法律的制定和实施应当排斥道德因素。

由此可知,二人争论的焦点是在法律的实施中考虑道德因素是否会弱化法律的功能,E 选项正确。其他选项均未涉及法律实施中涉及道德的问题。

故正确答案为 E 选项。

54.**【答案】** B

【考点】 稳赢分析法

【命题方向】 综合推理 综合题组(匹配)

【解析】 由(3)可知,擅长心理疏导的医护人员的会诊次数是 1 次,来自东城医院的医护人员的会诊次数是 2 次,结合(2)可知苏大宝的会诊次数是 2 次。

由(4)可知,来自北城医院的医护人员的会诊次数为 1 次,孙大宝的会诊次数为 3 次。

所以擅长心理疏导的不是苏大宝,也不是孙大宝。

又由(1)可知,孟大宝擅长的是抽血,不是心理疏导。

所以可得:擅长心理疏导的是姜大宝。

故正确答案为 B 选项。

55.**【答案】** D

【考点】 稳赢分析法

【命题方向】 综合推理　综合题组(匹配)

【解析】 由 54 题的分析可知,姜大宝擅长心理疏导,会诊次数为 1 次,所以来自南城医院的医护人员的会诊次数为 2 次,此时,来自东城医院的医护人员会诊 2 次,来自南城医院的医护人员会诊 2 次,来自北城医院的医护人员会诊 1 次,那么来自西城医院的医护人员会诊 3 次。由此可推出孙大宝来自西城医院。

故正确答案为 D 选项。

四、写作

56. 论证有效性分析

【参考答案】

1. 非此即彼:购物时即使没有塑料袋用,就会"无袋可用"吗? 未必,完全可以用纸袋、布袋等环保购物袋替代塑料袋的使用。

2. 条件不充分:加大各个场所的监督力度未必就能让商家都遵守"限塑令",除了监督以外,还需要有相应健全的处罚机制以提高违反规定的成本和完善的替代塑料购物袋使用的方案等,多措并举才能让"限塑令"被很好地遵守。

3. 论据不成立:价格未必是唯一因素,消费者还会考虑是否方便等其他因素。即使一定范围内提高塑料袋的价格,人们未必不愿意花钱用塑料袋图个"省事"。

4. 滑坡谬误:"限塑"不仅仅是限制塑料购物袋的使用,还有限制一次性塑料餐具、塑料薄膜等,因此即使减少塑料购物袋的使用,未必就能达到全面"限塑"的目的。况且,即使"限塑"的目的达到,垃圾也未必大幅减少,塑料垃圾只是垃圾中的一类,垃圾大幅减少与否还取决于其他种类垃圾的数量。因此,就更不能以此推断出环境污染就此得到解决。这一系列的连续推断都不能确保成立。

5. 前后矛盾:文章第一段结尾讲"要实现全面限塑还有很长的路要走",而此处却说实现全面限塑指日可待。"限塑令"究竟何时能发挥真正的作用? 文章显然前后矛盾。

6. 以偏概全:北京率先推出"史上最强限塑令"不代表全国各地都有条件实行该政策,各个地方发展情况不同,不能够一概而论。

【参考范文】

一篇失之偏颇的论证

原文通过一系列论述,试图得出全国实行"限塑令"完全可行的结论。然而该论证存在诸多不足之处,现分析如下:

首先,购物时即使没有塑料袋用,就会"无袋可用"吗? 未必,购物时有无塑料袋可用不是非此即彼的关系。购物时完全可以用纸袋、布袋等环保购物袋替代塑料袋的使用。

其次,加大各个场所的监督力度推不出商家就都会遵守"限塑令"。除了监督以外,作者显然忽略了其他条件。实现"限塑"还需要有相应健全的处罚机制以提高违反规定的成本和完善的替代塑料购物袋使用的方案等，多措并举才能让“限塑令”被很好地遵守。

再次，减少塑料购物袋的使用推不出达到了全面“限塑”的目的，也推不出垃圾大幅减少，解决环境污染。“限塑”不仅仅是限制塑料购物袋的使用，还有限制一次性塑料餐具、塑料薄膜等，因此即使减少塑料购物袋的使用，未必就能达到全面“限塑”的目的。况且，即使“限塑”的目的达到，垃圾也未必大幅减少，塑料垃圾只是垃圾中的一类，其他种类垃圾的数量未必减少。因此，也就更不能以此推断出环境污染就此得到解决。这一系列的连续推断都不能确保成立。

最后，北京率先推出“史上最强限塑令”不代表全国各地都有条件实行该政策，各个地方发展情况不同，不能够一概而论，作者此处显然以偏概全。

综上所述，原论证存在诸多不妥之处，想得到令人信服的结论，还需要更加严谨的论证。

57. 论说文

【参考范文】

大力推动核心技术自主创新

当前，我国的发展仍处于重要的战略机遇期，面对一些关键核心技术依赖进口、容易被别人“卡脖子”的严峻挑战，我们必须依靠自主创新，把话语权牢牢掌握在自己手里。

从 5G 诞生到北斗发射，从遥不可及到自主在握，自主创新的意义不仅仅是技术进步带来的科技红利，更是一个国家站在世界舞台上的安全感。真正的核心技术是花钱买不来、市场换不到的。所以，我们必须大力推动核心技术自主创新。

自主研发北斗卫星，不仅摆脱了部分关键核心技术受制于人的不利局面，也为我们生活的方方面面带来了便利。同时，自主创新也是我们国家和企业的核心竞争力。在国际竞争日趋激烈的今天，我们必须通过自主创新拥有独特的竞争优势。有核心技术不一定赢，但没有核心技术一定输。樱桃好吃树难栽，自主创新并非易事，需要我们从多个方面付诸行动。

首先，应该团结内部力量，利用外部资源。现如今科技的研发已不再是少数人的单打独斗，而常常是跨学科、跨领域、跨组织的团结协作。因此，既要团结内部力量，又要充分利用外部资源。

其次，做到重点突破、有的放矢。自主创新需要把握主要矛盾，实现重点领域的创新性突破，尤其是卡脖子的关键领域、掣肘之处，需要集中科研力量，把好钢用在刀刃上。

再次，营造宽容的研究氛围。在自主创新的道路上，难免有曲折和失败。因此在信念上，应该坚持最终目标；在氛围上，应该容许合理试错；在方法上，需要注重合理变通。

最后，也需要注重知识产权的保护，解决创新研发主体的后顾之忧，让创新者愿意创新。

掌握自己的核心技术，才能在国际竞争中充分掌握话语权，掌握科技发展的命门。北斗卫星是一个标志性事件，这条路还需要坚定而持续地走下去。

冲刺模拟8套卷（二）

一、问题求解：第1~15小题，每小题3分，共45分。下列每题给出的A、B、C、D、E五个选项中，只有一个选项是最符合题目要求的。

1. 如图是一个边长100 m的正方形，甲、乙两人同时从A点出发，甲逆时针每分钟行75 m，乙顺时针每分钟行45 m.两人第一次在AB边（不包括A，B两点）上相遇，是出发后的第（　　）次相遇.

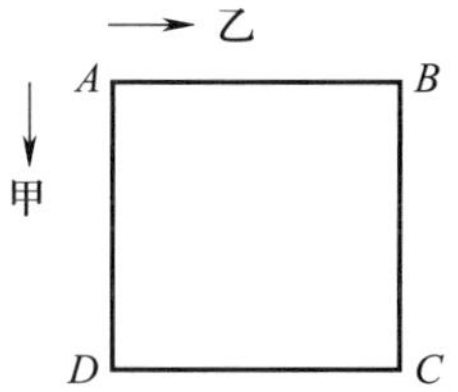

A. 2　　B. 3　　C. 4　　D. 5　　E. 6

2. 等式$|3x+5|=|2x-1|+|x+6|$成立，则实数x的取值范围是（　　）.

A. $-6\leqslant x\leqslant\frac{1}{2}$　　B. $x\geqslant\frac{1}{2}$或$x\leqslant-\frac{5}{3}$　　C. $x\leqslant-\frac{1}{3}$或$x\geqslant\frac{1}{2}$

D. $x\geqslant-\frac{5}{3}$或$x\leqslant-6$　　E. $x\geqslant\frac{1}{2}$或$x\leqslant-6$

3. 已知$x:y:z=1:2:3$，则$\frac{2x^3+5x^2y-z^3}{-3x^2z-xy^2}=$（　　）.

A. $\frac{15}{11}$　　B. $\frac{13}{11}$　　C. $\frac{11}{13}$　　D. $\frac{15}{13}$　　E. $\frac{13}{15}$

4. 设实数a，b，c是三角形的三条边长，且$a^3+b^3=a^2b+ab^2$，$a:c=1:\sqrt{2}$，则这个三角形是（　　）.

A. 等边三角形　　B. 等腰且非直角三角形　　C. 等腰直角三角形

D. 钝角三角形　　E. 三边互不相等的三角形

5. 若$4x+y+10z=169$，$3x+y+7z=126$，则$x+y+z$的值为（　　）.

A. 20　　B. 30　　C. 40　　D. 50　　E. 60

6. 光明小学五年级课外活动有体育、音乐、书法三个小组，参加的人数分别是54，46，36.同时参加体育小组和音乐小组的有4人，同时参加体育小组和书法小组的有7人，同时参加音乐小组和书法小组的有10人，三组都参加的有2人.光明小学五年级参加课外活动的一共有（　　）人.

A. 130　　B. 140　　C. 150

D. 180　　E. 117

7. 已知 $x\in\mathbf{R}$,若关于 x 的方程 $x^2+x+\left|a-\frac{1}{4}\right|+|a|=0$ 有实数根,则 a 的取值范围为(　　).

A. $0\leqslant a\leqslant\frac{1}{4}$　　B. $a\geqslant1$　　C. $0\leqslant a\leqslant1$

D. $a\leqslant1$　　E. $a\geqslant\frac{1}{4}$

8. 设 x 为实数,则 $y=x^2-x+\frac{1}{x}-3$ 的最小值为(　　).

A. -1　　B. 3　　C. 4

D. 5　　E. -2

9. 某企业对应聘人员进行英语考试,试题由 50 道选择题组成,评分规则为:每道题的答案选对得 3 分,不选得 0 分,选错扣 1 分,已知某人有 5 道题未做,得了 103 分,则这人选错的题数为(　　).

A. 5　　B. 6　　C. 7

D. 8　　E. 9

10. 关于 x,y 的方程 $x^2+xy+2y^2=29$ 的整数解 (x,y) 的组数为(　　).

A. 2　　B. 3　　C. 4

D. 5　　E. 无穷多

11. 某公司每天至少要运送 180 t 货物,公司有 8 辆载重为 6 t 的 A 型卡车和 4 辆载重为 10 t 的 B 型卡车,A 型卡车每天可往返 4 次,B 型卡车每天可往返 3 次,A 型卡车每天花费 320 元,B 型卡车每天花费 504 元,若最多可以调用 10 辆车,则该公司每天花费最少为(　　)元.

A. 2 560　　B. 2 800　　C. 3 500

D. 4 000　　E. 4 800

12. 某足球赛,共有 24 个队参加,它们先分成六个小组进行单循环赛,决出 16 强,这 16 个队按照确定的程序进行淘汰赛,最后决出冠、亚军和第三、四名.则总共需要安排(　　)场比赛.

A. 48　　B. 51　　C. 52

D. 54　　E. 44

13. 数列 $\{a_n\}$ 的通项公式为 $a_n=2n-7(n\in\mathbf{N})$,则 $|a_1|+|a_2|+\cdots+|a_{15}|=$(　　).

A. 127　　B. 153　　C. 164

D. 175　　E. 183

14. 如图所示,正方形 $ABCD$ 边长为 8 cm,E 是 AD 的中点,F 是 CE 的中点,G 是 BF 的中点,则三角形 ABG 的面积是(　　)cm^2.

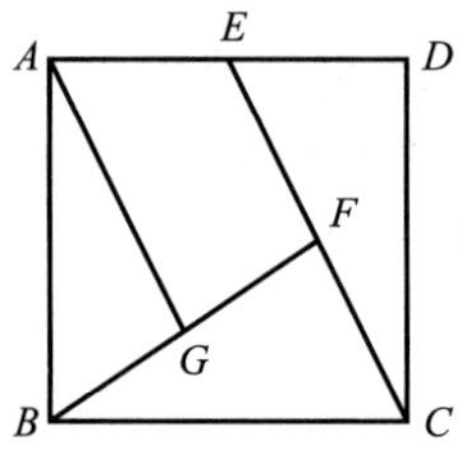

A. 12　　B. 13　　C. 14

D. 15　　E. 16

15. 已知正三棱柱 $ABC-A_1B_1C_1$ 中，底面积为$\frac{3\sqrt{3}}{4}$，一个侧面的周长为 $6\sqrt{3}$，则正三棱柱 $ABC-A_1B_1C_1$ 外接球的表面积为（　　）.

A. 4π　　B. 8π　　C. 16π

D. 32π　　E. 48π

二、条件充分性判断：第 16~25 小题，每小题 3 分，共 30 分。要求判断每题给出的条件（1）和条件（2）能否充分支持题干所陈述的结论。A、B、C、D、E 五个选项为判断结果，只有一个选项是最符合题目要求的。

A. 条件（1）充分，但条件（2）不充分

B. 条件（2）充分，但条件（1）不充分

C. 条件（1）和（2）单独都不充分，但条件（1）和（2）联合起来充分

D. 条件（1）充分，条件（2）也充分

E. 条件（1）和（2）单独都不充分，条件（1）和（2）联合起来也不充分

16. 现有男运动员 6 名，女运动员 4 名，其中男、女队长各 1 人，选派 5 人外出比赛，则共有 191 种选派方法.

（1）队长至少有 1 人参加

（2）既要有队长，又要有女运动员

17. 某人有一串钥匙，但忘记了开房门的是哪把，只好逐把试开，则此人不超过 3 次便能开房门的概率是 0.9.

（1）共有 5 把钥匙，其中有 2 把房门钥匙

（2）共有 8 把钥匙，其中有 3 把房门钥匙

18. 已知圆 $O_1:(x-a)^2+(y+1)^2=1$ 与圆 $O_2:(x-b)^2+(y+2)^2=r^2(r>0)$，则能确定 $a+b+r$ 的值.

（1）圆 O_1 与圆 O_2 相切

（2）圆 O_1 与圆 O_2 关于直线 $y=x$ 对称

19. 能确定圆 C 的半径.

（1）圆 C 与直线 $x+y-2=0$ 相切

（2）圆 C 与直线 $x+y+2=0$ 相切

20. 对任意正整数 n，数列 $\{a_n\}$ 满足 $(a_{n+1}+a_n)(a_{n+1}-a_n-3)=0$，则能确定数列 $\{a_n\}$.

（1）数列 $\{a_n\}$ 是一个等比数列

（2）数列 $\{a_n\}$ 的首项 $a_1=3$

21. $\frac{1}{3}\leqslant P\leqslant 1$.

（1）从集合 $\{0,1,2,3,5,7,11\}$ 中任取 3 个元素分别作为方程 $Ax+By+C=0$ 中的 A、B、C.所得直线恰好经过坐标原点的概率是 P

（2）抛一枚均匀硬币两次，至少一次正面向上的概率为 P

22. 从 0,1,2,…,9 这 10 个数字中任取 5 个不同的数字，不同的取法有 126 种.

(1) 正好 2 个奇数,3 个偶数

(2) 至多有 2 个奇数

23. 某老师要将若干本书奖励给优秀学生,若每人 5 本,则有 1 本没有送出;若希望每人 7 本,则恰有一人所得的书多于 1 本但不够 7 本,则能确定优秀学生的人数.

(1) 书的总数不到 20 本

(2) 书的总数多于 10 本

24. 甲每天早上 7:00 出发步行 2 400 m 前往上班地点,按计划速度走了一半路程后,提高了速度,最后提前 150 s 走完,则甲原计划 7:30 走完,

(1) 速度提高了 8 m/min

(2) 速度提高了 16 m/min

25. $M=60$.

(1) 数据 x_1,x_2,x_3,x_4,x_5 的平均数是 5,则 $12x_1+1,12x_2+1,12x_3+1,12x_4+1,12x_5+1$ 的平均数为 M

(2) 现从一组数据中,随机取出 5 个样本 $7,8,9,x,y$,它们的平均数是 8,标准差是$\sqrt{2}$,则 xy 的值为 M

三、逻辑推理:第 26~55 小题,每小题 2 分,共 60 分。下列每题给出的 A、B、C、D、E 五个选项中,只有一个选项是最符合题目要求的。

26. 在当前经济环境和减税降费大背景下,消费税改革将坚持总体税负基本稳定的原则有序推进。此次改革将消费税收入中的增量部分下划地方,可以在一定程度上缓解地方的财政压力。无法保证税负的稳定,就无法支持消费市场,从而影响经济发展和产业升级。要保证税负的稳定,就必须完善消费税相关制度,建立健全地方税收体系。

如果题干断定为真,则可以推出以下哪项?

A. 不可能既保证了税负稳定,又支持了消费市场。

B. 只有保证税负稳定,才会影响经济发展和产业升级。

C. 如果不能完善消费税相关制度,建立健全地方税收体系,就会影响经济发展和产业升级。

D. 要处理好税收立法和税制改革的关系,做到在法治轨道上改革,于法有据。

E. 要想影响经济发展和产业升级,就必须保证税负稳定。

27. 氢燃料电池就是采用氢气作为燃料的电池。它可以理解为水电解成氢气和氧气的逆反应,因此反应过程既清洁,又高效。不少研究者认为应大力发展氢燃料电池。

以下除哪项外,都能够支持上述结论?

A. 氢燃料电池只会产生水和热,对环境无污染。

B. 氢燃料电池运行安静,噪声大约只有 55 dB,相当于人们正常交谈的水平。这使得氢燃料电池适合于室内安装,或用于在室外对噪声有限制的地方。

C. 氢燃料电池使用过程中不可或缺的反应催化剂——铂,属于稀有贵金属,成本极高。

D. 氢燃料电池的发电效率可以达到 50%以上,高于目前的传统电池。

E. 氢燃料电池可以在 3~5 min 快速给电池灌满燃料,用于汽车时续航里程更远。

28. 特氟龙是聚四氟乙烯的别称,用这种材料制作的产品一般统称作"不粘涂层",是不粘锅和水管内层的理想涂料。有研究表明,特氟龙在常态下是无毒的,但当特氟龙烹调器具在温度达

到 260℃之后便开始变质，并且在 350℃之上开始分解，会产生有毒气体，损害人体健康，因此有人认为用不粘锅做出的饭菜“有毒”。

以下哪项如果为真，最能质疑上述观点？

A. 使用煎、炒、炸等烹饪方式时，锅的温度一般都在 300℃以上，水煮的菜也很容易达到 200℃以上。

B. 有特氟龙涂层的不粘锅，其工作温度最高为 180℃。

C. 不粘锅在干烧时所产生的气体的毒性，较烹煮一般食用油所产生的气体的毒性低。

D. 特氟龙材料还被应用到医疗、冶金等领域中。

E. 从电饭煲发明以来，还没有发现因为电饭煲做出“毒米饭”的报告。

29. 甲、乙、丙、丁四位观众正在观看一场跑步比赛，张、王、李、赵、刘五名选手中至少有一名可以晋级。关于五名选手的晋级情况，四位观众有如下猜测：

甲：如果刘晋级，则赵也能晋级；

乙：如果赵晋级，那么王也能晋级；

丙：如果张或李晋级，则王也晋级；

丁：如果李晋级，则赵或刘能晋级。

事实上，除了丙之外，其他人都猜对了。

根据上述信息，可知晋级下一轮的是谁？

A. 张。　　B. 王。　　C. 李。

D. 赵。　　E. 刘。

30. 地震波主要分为两种，一种是表面波，另一种是实体波。实体波在地球内部传递，又分成 P 波和 S 波两种。P 波为一种纵波，在所有地震波中，前进速度最快，也最早抵达。有专家提出可以根据 P 波和 S 波之间的时间差，赶在破坏性地震波（S 波）到达受影响地区之前，在异地接收到 P 波，计算出震级、震中位置等信息，使用现代化通信手段向该地区发出预警。然而从事此类工作的科学家们却发现，地震预警很难起到理想的作用。

要得到上述结论，最可能需要补充以下哪个前提？

A. 地震预测一定要指出未来地震发生的时间、大小、位置（与概率），缺一不可。

B. 目前全世界仅有一个公认的地震预测成功案例：1975 年 7.3 级海城地震。

C. 地震越大，P 波与 S 波之间的间隔越短，人们很可能在地震波到达之后才能收到预警信息。

D. 发生较大地震时，人们先感到上下颠簸，而后才有很强的水平晃动，这种晃动是由 S 波造成的。

E. 到目前为止，人类还不知道造成地震的确切原因，也不知道地壳的情况。

31. 很长一段时间，营养学家普遍认为青少年发育迟缓是因为摄入的食品中缺乏维生素 B。在神经系统、大脑细胞形成过程中缺乏维生素 B 可能会留下一些缺陷，例如幼儿发烧时容易导致高热惊厥、抽筋、缺钙等身体的不适。因此青少年成长计划署将保证青少年维生素 B 的摄入作为重要事务进行推进。但是王教授通过深入研究发现，营养学家的认识存在错误。

以下除哪项外，均能支持上述王教授的观点？

A. 有些孩子发育迟缓并不是由缺乏维生素导致的，而是由缺乏蛋白质导致的。

B. 维生素 B 是所有人体组织必不可少的营养素，是食物释放能量促进生长发育的关键。

C. 有调查表明，有些生长发育正常的青少年摄入的食品中并没有维生素 B。

D. 营养学家对人类维生素 B 需求的研究是基于动物实验，而对动物研究会夸大人类对维生素 B 的需求。

E. 全身性营养不良、缺钙才是导致发育迟缓的决定性因素。

32. 西虹市为了让市民拥有健康的体魄，在 2020 年 1 月和 6 月先后建了两个体育馆，5 月底共办理市民健身卡 6 万余张，到 12 月底共办理市民健身卡 11 万张。次年，西虹市又在高新区建设了第三个体育馆，于 2021 年 8 月开放，截至 2021 年底，全市共计办理市民健身卡 18 万余张。市政府由此认为，该举措是有实效的，因为在短短的两年间，光顾体育馆的市民增加了近两倍。

以下哪项如果为真，最能削弱上述结论？

A. 体育馆要不断购置新健身器材，维护成本也很高，这会影响该市其他文体设施建设。

B. 该市有两所体育院校，许多在校生也办理了这 3 个体育馆的健身卡。

C. 很多办理了第一个体育馆健身卡的市民又办理了另外两个体育馆的健身卡。

D. 该市新区建设发展迅速，4 年间很多外来人口大量涌入新区。

E. 虽然光顾体育馆的市民增加了，但是大多数市民只是为了洗澡，并没有进行健身。

33. 某投资人拟在甲、乙、丙、丁、戊 5 个领域中选择一个或几个进行投资，需要满足如下要求：

(1) 如果不投资丁，就投资丙；如果投资丙，就不投资丁；

(2) 如果甲或乙有高风险，就不能既投资丁又投资戊；

(3) 如果丙有高风险，那么就不投资丁；

(4) 如果投资戊，就要投资乙和丁；

(5) 上述 5 个领域当中没有高风险的都要投资。

根据上述要求，以下哪项所列的是该投资人可能的投资组合？

A. 甲、乙、丙。　　B. 甲、丁、戊。　　C. 乙、丙、戊。

D. 丙、丁、戊。　　E. 乙、丙、丁。

34. 最近 S 餐厅出现了一个问题：对于那些在用餐之后没有离开的顾客，餐厅除了等待别无他法，因此 S 餐厅向用餐完毕 1 小时仍未离开的顾客收取一定的费用。然而结果显示，收取费用后用餐完毕不离开的顾客数量并未因此减少，反而增加了。

以下哪项如果为真，最能解释上述看似矛盾的结果？

A. 收费标准太低，对来此用餐的顾客没有太大的约束力。

B. 有个别顾客对收费行为不满，有时会故意以不离开餐厅的行为来抗议。

C. 有些顾客利用餐厅的环境拍照或拍视频，常常用餐完毕却不离开。

D. 收费后，更多的顾客认为即使用餐完毕不离开也不必愧疚，只要付费即可。

E. 顾客很开心能在优美的环境中用餐。

35. 在环球影城的所有项目中，与《哈利·波特禁忌之旅》比起来，波大宝更爱玩《哈利·波特的魔法世界》，而他最爱玩的项目是《侏罗纪世界——激流勇进》，最不爱玩的是《水世界》。与《哈利·波特禁忌之旅》相比，波大宝更不爱玩《功夫熊猫》。

以下除哪项外，均可由上述陈述推出？

A. 比起《金刚历险》，波大宝更爱玩《侏罗纪世界——激流勇进》。

B. 比起《功夫熊猫》，波大宝更不爱玩《水世界》。

C. 比起《功夫熊猫》，波大宝更爱玩《哈利·波特的魔法世界》。

D. 比起《哈利·波特禁忌之旅》，波大宝更爱玩《变形金刚过山车》。

E. 比起《萌转过山车》，波大宝更不爱玩《水世界》。

36. 甲醛是无色易溶的刺激性气体，可经呼吸道吸收，其水溶液"福尔马林"可经消化道吸收。长期接触低剂量甲醛可引起慢性呼吸道疾病、女性月经紊乱、妊娠综合征，引起新生儿体质降低、染色体异常，甚至引起血癌。某一基因在吸入甲醛时会被化学物质所刺激，并使细胞在新陈代谢这些化学物质时产生癌变。然而，那些该基因还未被刺激的甲醛吸入者患血癌的危险却与其他的甲醛吸入者一样高。

如果以上的论述为真，最有可能得出以下哪项结论？

A. 甲醛吸入时化学物质对基因的刺激并非是导致甲醛吸入者患血癌的唯一原因。

B. 不吸入甲醛的人与这一基因未被刺激的甲醛吸入者患血癌的危险一样大。

C. 该基因被刺激的甲醛吸入者患血癌的危险大于其他的甲醛吸入者。

D. 该基因更容易被甲醛中的化学物质而非其他化学物质所刺激。

E. 没有这个基因的甲醛吸入者患血癌的危险较小。

37. 尼莫软件股份有限公司由甲、乙、丙、丁四个子公司组成。在总公司的利润方案下，每个子公司承担的利润份额与每年该子公司员工所占尼莫软件股份有限公司总员工数的份额相等。但是去年该公司的财务报告却显示，甲公司在员工数量增加的同时向总公司上缴利润的比例却下降了。

如果上述陈述为真，财务报告还能够说明以下哪项？

A. 在四个子公司中，甲公司的员工数量最少。

B. 甲公司员工增长的比例比前一年小。

C. 乙、丙、丁三个公司员工增长的比例都超过了甲公司员工增长的比例。

D. 甲公司员工增长的比例至少比其他三个子公司中的一个小。

E. 在四个子公司中，甲公司的员工增长数是最小的。

38. 普通感冒是免疫力较低造成的，一般无需治疗可以自愈。暴发性心肌炎也具有胸闷、乏力等感冒的症状，但病情恶化快，死亡率高。由于暴发性心肌炎的症状和普通感冒相似，因此，在就诊治疗时，暴发性心肌炎这种病特别危险。

以下哪项最可能是上述论证所假设的？

A. 暴发性心肌炎是心肌炎中最严重和最特殊的类型，主要特点是发病急骤，病情进展极为迅速。

B. 暴发性心肌炎患者的心肌细胞被病毒攻击后，会导致心肌变性、坏死，从而丧失收缩功能，无法泵血，其后果比普通感冒严重得多。

C. 暴发性心肌炎可以发生于任何年龄、任何季节，男女发病率没有差异。

D. 专业医生表示，如果感冒症状出现后3周内，病情不见好转，要立刻到医院诊治。

E. 普通感冒和暴发性心肌炎的治疗方案是不同的。

39~40题基于以下题干信息：

“十一”小长假,井大宝、黎大宝、卡大宝、文大宝一行 4 人自驾游。汽车前排坐两人(一人当司机),后排也坐两人。4 人各穿了不同颜色的衣服:白色、黄色、红色、黑色,职业也各不相同:老师、医生、程序员、会计师。已知:

(1) 卡大宝的职业是会计师;

(2) 黎大宝穿的是白色衣服;

(3) 穿着红色衣服的程序员与文大宝分两排斜向而坐。

39. 如果卡大宝坐在司机斜后方,则可以得出以下哪项?

A. 井大宝是司机。 B. 黎大宝是司机。 C. 卡大宝是司机。

D. 文大宝是司机。 E. 卡大宝穿红色衣服。

40. 如果穿着红色衣服的坐在前排,则以下除了哪项均可能为真?

A. 井大宝是司机。 B. 黎大宝是司机。 C. 卡大宝是司机。

D. 文大宝是司机。 E. 穿白色衣服的坐在前排。

41. 青少年的身体素质决定其学习能力。在 A 市举行的中学生运动会上,各校学生在长跑、游泳和乒乓球等运动项目中充分展示自己,释放着青春的活力。比赛结果是新亚中学在各项比赛中都包揽前三名。李教授认为,该结果意味着新亚中学的学生在学习方面会有更加优异的表现。

以下哪项如果为真,最能支持李教授的观点?

A. 新亚中学特别注意对学生全方位的培养,该校学生在各个方面都会有更出色的表现。

B. 在其他运动会中,A 市学生总体成绩最好,而新亚中学的学生又是 A 市最好的。

C. 学习能力的核心驱动力是好奇心,新亚中学非常重视对学生好奇心的培养。

D. 这次运动会项目设置合理,能很好地反映该校学生的身体素质。

E. 新亚中学的学生在各项比赛中均包揽前五名。

42. 某个地区一家医院有三个科室:内科、外科和骨科,这三个科室在一周中有一天是一起出诊的。已知:

(1) 这三个科室一周都出诊四天;

(2) 星期日都休息;

(3) 任一科室都不会连续三天出诊;

(4) 有人连续做了六天的观察,结果如下:第 1 天骨科关门,第 2 天内科关门,第 3 天外科关门,第 4 天内科关门,第 5 天骨科关门,第 6 天外科关门。

问:哪一天三个科室一起出诊?

A. 星期一。 B. 星期二。 C. 星期三。

D. 星期四。 E. 星期五。

43. 孙大宝和孟大宝去饭店就餐,该饭店点餐有如下要求:

(1) 牛排和烤肉至少点一种;

(2) 比萨饼、牛排和黑森林蛋糕至多点两种;

(3) 烤肉、黑森林蛋糕、咖啡至少点两种;

(4) 烤肉和比萨饼至多点一种。

根据上述要求,可以得出以下哪项?

A. 黑森林蛋糕、比萨饼至多点一种。

B. 上述五种餐品至多点三种。

C. 上述五种餐品至少点三种。

D. 黑森林蛋糕和牛排至少点一种。

E. 一定要点咖啡。

44. 今年，东方外语学院某班同学需要选修小语种，已知：

（1）如果超过 50%的学生选修了德语，则$\frac{1}{4}$以上的学生会选修意大利语；

（2）所有选修希腊语的学生都选修了波兰语；

（3）如果有些选修希腊语的学生也选修了葡萄牙语，则有超过$\frac{2}{3}$的学生会选修德语；

（4）由于师资问题，瑞典语和意大利语在今年无人可以选修，但该班有一些人选修了希腊语。

根据以上信息，以下哪项一定为假？

A. 该班 20%的学生选修了德语。

B. 该班 30%的学生选修了希腊语。

C. 该班 20%的学生选修了葡萄牙语。

D. 该班所有选修了葡萄牙语的同学都选修了波兰语。

E. 该班所有选修了波兰语的同学都选修了葡萄牙语。

45. 马大宝本周有一次约会，但他忘了约会的具体日期，于是询问了宿舍的同学。五个室友的回答分别如下：

庄大宝：是星期六或者星期日。

白大宝：是星期二、星期四或星期六中的一天。

柴大宝：不对，是星期一。

向大宝：是星期一、星期三、星期五或星期日中的一天。

文大宝：是星期五。

如果这五个人中只有一个人说对了，那么马大宝约会的日子可能是以下哪天？

A. 星期一。　　B. 星期三。　　C. 星期五。

D. 星期六。　　E. 星期日。

46. 由于临近考试，甲、乙、丙、丁、戊 5 个学员群里的同学们通宵学习，共有张、王、李、赵、刘 5 位老师值班答疑，每个群恰好有 3 位老师值班。已知：

（1）张和王不在同一个群值班，而且没有人同时在 5 个群值班；

（2）如果王和李至少有 1 人在丁群值班，那么他们会一起在甲群值班；

（3）如果赵在丁群值班，那么李、赵、刘都会在戊群值班；

（4）如果张、王、李中至少有 2 人在甲群值班，那么他们 3 人也会在乙群值班。

根据上述信息，可以得出以下哪项？

A. 张在丙群值班。　　B. 王在甲群值班。　　C. 李在乙群值班。

D. 赵在丙群值班。　　E. 刘在乙群值班。

47. 某地区每年春季杨树发芽的时间早晚，取决于两个因素：一个因素是日照，另一个因素是气温。该地区每年春季的日照量几乎是恒定的，因此，该地区每年春季杨树发芽时间变化的原因，主要在于气温。

以下哪项推理的结构与题干的最为类似？

A. 研究生专业外语课的内容是，要么翻译一篇 1 万字以上的论文，要么选修 1 学分的专业外语课程。哲学系的研究生都愿意翻译外语论文，因此，哲学系没有学生会选修专业外语课。

B. 在垃圾掩埋场，对所处理垃圾的收费，依据的是两个标准，一个是体积，另一个是重量。因此，如果一个掩埋场在同一天对两批体积相同的垃圾收费不同的话，则其中一批垃圾的收费肯定是根据重量来确定的。

C. 在某地，刮东风就会下雨，刮西风就会干旱。此地从不刮别的方向的风。由于此地正在下雨，所以此地一定在刮东风。

D. 根据不同的规模，超市雇用的保安可以是一个、两个或三个。因此，如果哪个超市雇用了三个保安，它肯定是个大超市。

E. 声音大容易被听到，音调高也容易被听到，尤其是既声音大又音调高时肯定能被听到。因此，如果有人扯破嗓门还没被听到，说明他或者声音并不大，或者音调并不高。

48. 某会议邀请了甲、乙、丙三名专家参加，分别来自科研部、教育部、国防部之一。已知：

(1) 只有甲来自国防部，乙才来自科研部或教育部；

(2) 除非丙来自教育部，否则来自国防部的不是甲；

(3) 如果乙来自国防部，那么甲不来自教育部；

(4) 甲不来自国防部，除非丙来自科研部。

根据以上信息，以下哪项一定为真？

A. 甲来自科研部。　　B. 甲来自教育部。　　C. 甲来自国防部。

D. 乙来自教育部。　　E. 丙来自科研部。

49. 研究人员把受试者分成两组：第一组做半个小时自己的事情，但不从事会导致说谎行为的事；第二组被要求偷溜出去再回来，并且在测试时说谎。之后，研究人员会让受试者戴上特制电极，以记录被询问时的眨眼频率。结果发现，第一组眨眼频率会微微上升，但第二组的眨眼频率先是下降，然后大幅上升至一般频率的 10 倍。由此可见：通过观察一个人的眨眼频率，可判断他是否在说谎。

对以下哪项问题的回答，几乎不会对此项研究的结论构成质疑？

A. 第一组和第二组受试者在心理素质方面有很大差异吗？

B. 第二组受试者是被授意说假话，而不是自己要说假话，由此得出的说假话与眨眼之间的关联可靠吗？

C. 用于第一组和第二组的仪器设备是否存在差异？

D. 说假话和说真话是否会导致心跳加速、血压升高？

E. 第一组和第二组除了上述提到的差异外，还有别的什么差异吗？

50. 每年秋、冬季，心梗猝死的新闻屡见不鲜，不少人是因为急性心梗而猝然离世，鲜活的生命戛然而止，实在是令人唏嘘不已。对于心梗，治疗原则为尽快使心脏正常供血，恢复心肌血液灌注，但难点在于当心肌梗死灶的微循环障碍发生时，血液灌注已经不能到达梗死灶的心肌细胞,使患者处于危险境地。最近,李教授团队首次发现人体组织液循环网络的解剖学结构,有望为心梗诊治提供新视角。有专家由此断言,人体组织液循环网络的发现能提升心梗治疗成功率,让更多患者脱离危险,恢复健康。

以下哪项如果为真,最能支持上述专家所做出的论断?

A. 绘制出人体组织液循环网络可以实现针对特定器官的靶向药物治疗,从而避免全身给药对其他组织器官的不利影响。

B. 组织液不仅在局部扩散,而且能够像血液、淋巴液一样全身流动。

C. 组织液可以通过组织液循环网络参与心肌细胞的新陈代谢,携带着药物到达处于各种状态的所有细胞,以恢复供血。

D. 李教授团队发现,通过心外按压的方法可以让组织液在死亡后的人体中重新开始流动。

E. 硝酸甘油为血管扩张剂,是常用的治疗药物,主要用来扩张冠状动脉,增加冠状动脉血流量以及增加静脉容量,降低回心血量,使左室舒张末压和肺血管压降低。

51. 2019年世界园艺博览会在中国北京市延庆区举行,此次博览会积极营造一个“让园艺融入自然、让自然感动心灵、让人类与自然和谐共生”的山水大花园。郭大宝决定前往观赏。前一天晚上,他特别上网查看了各位网友对相关热门场馆选择的建议,其中最吸引他的有三条:

(1)如果参观国际馆,就不参观中国馆;

(2)参观中国馆当且仅当参观植物馆;

(3)生活体验馆和中国馆都要参观。

实际上,郭大宝没有接受上述三条建议中的任何一条。

根据以上信息,关于郭大宝参观的场馆,以下哪项描述是正确的?

A. 参观了国际馆、中国馆,没有参观生活体验馆、植物馆。

B. 参观了国际馆、中国馆、生活体验馆,但没有参观植物馆。

C. 国际馆、中国馆、生活体验馆、植物馆都参观了。

D. 没有参观国际馆,参观了中国馆和生活体验馆,也参观了植物馆。

E. 没有参观中国馆,参观了国际馆、生活体验馆、植物馆。

52. 妈妈对小宝说:“如果你不好好学习,就上不了好高中,上不了好大学,找不到好工作,难道你想这辈子一事无成吗?”

以下哪项论证中的错误和上述最为相似?

A. 赵大宝对孟大宝说:“如果你怀疑‘地心说’那就不对了,因为亚里士多德就是这么认为的。”

B. 一个瘦子问胖子:“你为什么长得胖?”胖子回答:“因为我吃得多。”瘦子又问胖子:“你为什么吃得多?”胖子回答:“因为我长得胖。”

C. 刘大宝对孙大宝说:“如果还没有观测到外星生物的记录,就没有观测到外星人的记录,无法证明有外星人,所以没有外星人。”

D. 姜大宝认为:“动物实验有损对生命的尊重,如果不尊重生命,就会纵容暴力,社会将沦为战场,这将是文明的末日。”

E. 王大宝不认为自己可能会考上,也不认为自己一定考不上。

53. 因某种原因,甲、乙两人现面临 A、B 两种方案的选择。如果两人都选择 A 方案,则甲得到 5 万元奖金,而乙得到 2 万元奖金;如果甲选择 A 方案,乙选择 B 方案,则甲、乙均得到 4 万元奖金;如果甲选择 B 方案,乙选择 A 方案,则甲得到 6 万元奖金,乙得到 1 万元奖金;如果甲、乙均选择 B 方案,则各得到 3 万元奖金。假定甲、乙两人都按照自己得到最多奖金这一利益最大化标准来进行算计和行动,都明白上述的利益得失情况,两人的选择不分先后。

根据上述信息,可以得出以下哪项?

A. 甲选择 B 方案,乙选择 B 方案。

B. 甲选择 A 方案,乙选择 B 方案。

C. 甲选择 A 方案,乙选择 A 方案。

D. 甲选择 B 方案,乙选择 A 方案。

E. 以上答案都不对。

54~55 题基于以下题干信息:

张、王、李、赵、刘 5 人是好朋友,快考试了,他们需要《数学》《逻辑》《写作》《单词》《阅读》这 5 本参考书,但是都买回来有些浪费,于是他们决定每人买 1 本,读完之后相互交换。这 5 本书的厚度和他们阅读的速度差不多,因此 5 人总是同时换书。经数次交换后,5 个人每人都读完了这 5 本参考书。

现已知:

(1) 张最后读的书是王读的第 2 本书;

(2) 李最后读的书是王读的第 4 本书;

(3) 李读的第 2 本书张在一开始就读了;

(4) 赵最后读的书是李读的第 3 本书;

(5) 王读的第 4 本书是刘读的第 3 本书。

54. 根据以上信息,如果张读书的顺序是《单词》《阅读》《数学》《逻辑》《写作》,那么以下哪项是李阅读的第 3 本书?

A.《单词》。　　B.《阅读》。　　C.《数学》。

D.《逻辑》。　　E.《写作》。

55. 如果赵读的第 3 本书是李一开始读的那一本,那么以下哪项为真?

A. 张读的第 1 本书是赵读的第 3 本书。

B. 王读的第 1 本书是刘读的第 3 本书。

C. 李读的第 1 本书是刘读的第 4 本书。

D. 赵读的第 1 本书是王读的第 5 本书。

E. 刘读的第 1 本书是赵读的第 4 本书。

四、写作:第 56~57 小题,共 65 分。其中论证有效性分析 30 分,论说文 35 分。

56. 论证有效性分析:分析下述论证中存在的缺陷和漏洞,选择若干要点,写一篇 600 字左右的文章,对该论证的有效性进行分析和评论。(论证有效性分析的一般要点是:概念特别是核心概念的界定和使用是否准确并前后一致,有无各种明显的逻辑错误,论证的论据是否成立并支持结论,结论成立的条件是否充分,等等。)

第七次全国人口普查数据显示,我国城市化率已经达到 63.89%,上海、北京等地区城市化率已经高达90%。随着城市化的进一步发展，许多问题亦逐渐显现出来，但是总体而言，城市化发展对社会而言是有百利而无一害的。

首先，城市化发展，或者说城市化的进程给我们带来了经济繁荣，使我国城市的经济实力得到显著提升。目前我国的北京、上海人均GDP已经达到15~17万元，城市总GDP达到万亿元级别，这反映出我国各个城市都具备较强的经济实力。

其次，城市化发展实际上就是农业人口转化为城市人口。如果城市人口少，那么相对劳动力就少，城市就得不到良好的建设。相反地，如果城市人口增加那么创造的经济总量就会提高，城乡居民收入差距就会缩小，从而就能提高居民城市生活的幸福感。

有人担心快速的城市化会导致农村土地荒废、城市人口拥挤等问题，其实很好解决。只要合理安排规划城市和乡村用地，就能解决上述问题。

最后，欧美等发达国家也经历了快速城市化过程，也并没有产生严重的问题，所以中国的城市化快速发展是没有问题的。那些所谓的担忧只是一种偏见，中国也能快速实现城市化，并且不用过虑各种问题。

总而言之，全球快速城市化是必然的发展趋势，城市化发展只会带来好处，有百利而无一害，即使有什么问题也能在发展过程中被自然地解决。

57. 论说文：根据下述材料，写一篇700字左右的论说文，题目自拟。

共享单车是一个新兴的骑行方式，近年来，在解决出行“最后一公里”、缓解城市交通压力等方面发挥了重要作用，但也出现了诸多新问题，如加剧交通混乱、占用公共空间、押金监管真空等，都与不规则生长的共享单车脱不开关系。

冲刺模拟8套卷（二）答案及解析

一、问题求解

1.【答案】 B

【考点】 追及问题

【解析】 $100\times4=400(\text{m})$，$400\div(75+45)=400\div120=\dfrac{10}{3}(\text{min})$，则 $45\times\dfrac{10}{3}=150(\text{m})$，$150\times2=300(\text{m})$，$150\times3=450(\text{m})$，第一次相遇在 BC 边，第二次相遇在 D 点，第三次相遇在 AB 边.

2.【答案】 E

【考点】 绝对值

【解析】 $|3x+5|=|2x-1+x+6|$，

根据三角不等式有 $|a|-|b|\leqslant|a+b|\leqslant|a|+|b|$，

则 $|3x+5|\leqslant|2x-1|+|x+6|$.

而根据题干中 $|3x+5|=|2x-1|+|x+6|$，即三角不等式中取到等号，则应满足

$$(2x-1)\cdot(x+6)\geqslant0\Rightarrow x\geqslant\frac{1}{2}\text{或 }x\leqslant-6.$$

3.【答案】 D

【考点】 比与比例

【解析】 令 $x=1$，$y=2$，$z=3$，则

$\dfrac{2x^3+5x^2y-z^3}{-3x^2z-xy^2}=\dfrac{2+5\times2-27}{-3\times1\times3-1\times4}=\dfrac{15}{13}$，故选 D.

4.【答案】 C

【考点】 判断三角形形状

【解析】 $a^3+b^3=a^2b+ab^2$，即 $(a+b)(a^2+b^2-ab)=ab(a+b)$，则 $a^2+b^2-2ab=0$，故 $a=b$，$a:b:c=1:1:\sqrt{2}$，从而这是一个等腰直角三角形，选 C.

5.【答案】 C

【考点】 整式的计算

【解析】 因为 $4x+y+10z=169$，$3x+y+7z=126$，可得 $x+3z=43$，代入关系式可得 $x+y+z+2(x+3z)=126\Rightarrow x+y+z=126-86=40$.

6.【答案】 E

【考点】 集合问题

【解析】 根据容斥原理，参加课外活动的共有 $54+46+36-(4+7+10)+2=117$(人).

7.【答案】 A

【考点】 判别式

【解析】 方程有实数根，则 $\Delta\geqslant0$，即 $1-4\left(\left|a-\dfrac{1}{4}\right|+|a|\right)\geqslant0\Leftrightarrow\left|a-\dfrac{1}{4}\right|+|a|\leqslant\dfrac{1}{4}$，

结合平底锅模型可知，解集为 $0 \leqslant a \leqslant \frac{1}{4}$.

8.【答案】 E

【考点】 最值问题

【解析】 由于此函数只有一个未知数，容易想到配方法，但要注意只有一个完全平方式完不成，因此要考虑用两个平方完全平方式，并使两个完全平方式中的 x 取值相同.由于 $y=x^2-2x+1+x+\frac{1}{x}-2-2=(x-1)^2+\left(\sqrt{x}-\frac{1}{\sqrt{x}}\right)^2-2$，要求 y 的最小值，必须有 $x-1=0$，且 $\sqrt{x}-\frac{1}{\sqrt{x}}=0$，解得 $x=1$.

于是当 $x=1$ 时，$y=x^2-x+\frac{1}{x}-3$ 的最小值是 -2.

9.【答案】 D

【考点】 不定方程

【解析】 设选对 x 题，选错 y 题，则有

$$\begin{cases} x+y=45, \\ 3x+(-1)\cdot y=103 \end{cases} \Rightarrow x=37, y=8$$，所以应选 D.

10.【答案】 C

【考点】 方程的整数解

【解析】 可将原方程视为关于 x 的二次方程，将其变形为

$$x^2+yx+(2y^2-29)=0.$$

由于该方程有整数根，则判别式 $\Delta \geqslant 0$，且是完全平方数.

由 $$\Delta=y^2-4(2y^2-29)=-7y^2+116 \geqslant 0,$$

解得 $y^2 \leqslant \frac{116}{7} \approx 16.57$.于是

y^2	0	1	4	9	16
Δ	116	109	88	53	4

显然，只有 $y^2=16$ 时，$\Delta=4$ 是完全平方数，符合要求.

当 $y=4$ 时，原方程为 $x^2+4x+3=0$，此时 $x_1=-1, x_2=-3$；

当 $y=-4$ 时，原方程为 $x^2-4x+3=0$，此时 $x_3=1, x_4=3$.

所以，原方程的整数解为

$$\begin{cases} x_1=-1, \\ y_1=4; \end{cases} \quad \begin{cases} x_2=-3, \\ y_2=4; \end{cases} \quad \begin{cases} x_3=1, \\ y_3=-4; \end{cases} \quad \begin{cases} x_4=3, \\ y_4=-4. \end{cases}$$

11.【答案】 A

【考点】 最优化问题

【解析】 设用 A 型卡车 x 辆，B 型卡车 y 辆，根据题意知

$$\begin{cases}0\leqslant x\leqslant 8,\\0\leqslant y\leqslant 4,\\x+y\leqslant 10,\\24x+30y\geqslant 180\end{cases}\Rightarrow\begin{cases}0\leqslant x\leqslant 8,\\0\leqslant y\leqslant 4,\\x+y\leqslant 10,\\4x+5y\geqslant 30,\end{cases}$$ 目标函数为 $z=320x+504y$.

由数形结合知，当 $x=8$，$y=0$ 时 z 取得最小值，此时 $z=8\times 320=2\ 560$（元）.

综上所述，答案选择 A.

12.【答案】 C

【考点】 循环赛

【解析】 分成六个小组，每组 4 个队单循环需要 $6C_4^2=36$（场）比赛；16 强的队伍决出冠、亚军和第三、四名需要 16 场比赛，共 $36+16=52$（场）比赛，选 C.

13.【答案】 B

【考点】 一般数列

【解析】 $a_1=-5$，$a_n-a_{n-1}=2n-7-[2(n-1)-7]=2(n\geqslant 2)$，所以 $\{a_n\}$ 是首项为 -5，公差为 2 的等差数列. $|a_1|+|a_2|+\cdots+|a_{15}|=-a_1-a_2-a_3+a_4+\cdots+a_{15}=153$.

14.【答案】 A

【考点】 正方形

【解析】 连接 AF、EG.

因为 $S_{\triangle BCF}=S_{\triangle CDE}=\frac{1}{4}\times 8^2=16(\text{cm}^2)$，根据“当两个三角形有一个角相等或互补时，这两个三角形的面积比等于夹这个角的两边长度的乘积比”得 $S_{\triangle AEF}=8\ \text{cm}^2$，$S_{\triangle EFG}=8\ \text{cm}^2$，因此 $S_{ABFE}=32\ \text{cm}^2$，$S_{\triangle ABF}=24\ \text{cm}^2$，所以 $S_{\triangle ABG}=12\ \text{cm}^2$.

15.【答案】 C

【考点】 正三棱柱

【解析】 如图所示，设底面边长为 a，则底面面积为 $\frac{\sqrt{3}}{4}a^2=\frac{3\sqrt{3}}{4}$，所以 $a=\sqrt{3}$. 又一个侧面的周长为 $6\sqrt{3}$，所以 $AA_1=2\sqrt{3}$. 设 E，D 分别为上、下底面的中心，连接 DE，设 DE 的中点为 O，则点 O 即为正三棱柱 $ABC-A_1B_1C_1$ 的外接球的球心，连接 OA_1，A_1E，则 $OE=\sqrt{3}$，$A_1E=\sqrt{3}\times\frac{\sqrt{3}}{2}\times\frac{2}{3}=1$. 在直角三角形 OEA_1 中，$OA_1=\sqrt{1^2+(\sqrt{3})^2}=2$，即外接球的半径 $R=2$，所以外接球的表面积 $S=4\pi R^2=16\pi$，故选 C.

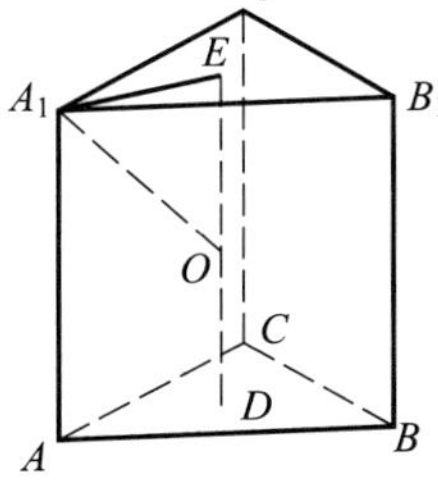

二、条件充分性判断

16.【答案】 B

【考点】 加法原理

【解析】 按照含不含女队长分类进行.

第一类:含女队长.从剩余 9 人中任取 4 人,有$C_9^4=126$(种)方法.

第二类:不含女队长.则男队长必选,然后按照含女队员的个数分类:

(1) 恰含 1 个女队员:$C_3^1C_5^3=30$.

(2) 恰含 2 个女队员:$C_3^2C_5^2=30$.

(3) 恰含 3 个女队员:$C_3^3C_5^1=5$.

最终方法为 126+65=191(种).

17.【答案】 A

【考点】 独立事件

【解析】 条件(1),分以下 3 种情况进行讨论:

(1) 1 次便能开房门:$P_1=\frac{2}{5}$;

(2) 2 次才能开房门:$P_2=\frac{3}{5}\times\frac{2}{4}=\frac{3}{10}$;

(3) 3 次才能开房门:$P_3=\frac{3}{5}\times\frac{2}{4}\times\frac{2}{3}=\frac{1}{5}$.

故此人不超过 3 次便能开房门的概率为 $P=P_1+P_2+P_3=\frac{2}{5}+\frac{3}{10}+\frac{1}{5}=0.9$.所以条件(1)充分.

条件(2),分以下 3 种情况进行讨论:

(1) 1 次便能开房门:$P_1=\frac{3}{8}$;

(2) 2 次才能开房门:$P_2=\frac{5}{8}\times\frac{3}{7}=\frac{15}{56}$;

(3) 3 次才能开房门:$P_3=\frac{5}{8}\times\frac{4}{7}\times\frac{3}{6}=\frac{5}{28}$.

故此人不超过 3 次便能开房门的概率为 $P=P_1+P_2+P_3=\frac{3}{8}+\frac{15}{56}+\frac{5}{28}=\frac{23}{28}$.所以条件(2)不充分.

综上,答案为 A.

18.【答案】 B

【考点】 两圆位置关系、对称

【解析】 对于条件(1),两圆相切,可以是外切也可以是内切两种情况,无法确定 $a+b+r$ 的值,故条件(1)不充分.

对于条件(2),圆 O_1 与圆 O_2 关于直线 $y=x$ 对称,则两圆的圆心关于直线 $y=x$ 对称得到 $a=-2$,

$b=-1$,两圆的半径相等得到 $r=1$,能确定 $a+b+r$ 的值,故条件(2)充分.

19.【答案】 C

【考点】 直线与圆的位置关系

【解析】 条件(1)和条件(2)单独不充分,考虑两条件联合,则圆 C 是介于平行直线 $x+y-2=0$ 和 $x+y+2=0$ 的相切圆,圆 C 的位置不是固定的,但是可以确定圆 C 的大小,从而能确定圆 C 的半径,即两条件联合充分.

20.【答案】 C

【考点】 等比数列

【解析】 对于条件(1),$a_n=(-1)^n$ 满足题意,$a_n=(-2)^n$ 也满足题意,故数列 $\{a_n\}$ 不能确定.对于条件(2),则可能是 $a_{n+1}+a_n=0$(此时为等比数列),也可能是 $a_{n+1}-a_n-3=0$(此时为等差数列),所以单独也不充分.

考虑联合,$(a_{n+1}+a_n)(a_{n+1}-a_n-3)=0$ 知 $a_{n+1}+a_n=0$ 或 $a_{n+1}-a_n-3=0$.

(1) 若 $a_{n+1}+a_n=0$,则 $a_1q^n+a_1q^{n-1}=0$,即 $a_1q^{n-1}(q+1)=0\Rightarrow q=-1$,则 $a_n=3\cdot(-1)^n$;

(2) 若 $a_{n+1}-a_n-3=0$,则 $a_{n+1}-a_n=3$;从而 $\{a_n\}$ 既是等差数列,又是等比数列,而既成等差数列又成等比数列只有非零常数列,与 $a_{n+1}-a_n=3$(公差为 3)矛盾;

从而满足题意的数列只有一个($a_n=3\cdot(-1)^n$,$n=1,2,3,\cdots$),可见联合充分,故选 C.

21.【答案】 B

【考点】 古典概率

【解析】 对于条件(1)若直线方程 $Ax+By+C=0$ 经过坐标原点,则 $C=0$,那么 A,B 任意取两个即可,有 $P_6^2=30$, $P=\dfrac{P_6^2}{P_7^3}=\dfrac{1}{7}$,所以条件(1)不充分;对于条件(2)$P=1-\left(1-\dfrac{1}{2}\right)^2=\dfrac{3}{4}$,条件(2)充分.选 B.

22.【答案】 B

【考点】 数字问题

【解析】 由于奇数 5 个,偶数 5 个.

对于条件(1),任取 5 个不同的数字,其中 2 个奇数,3 个偶数,则不同的取法有 $C_5^2\times C_5^3=100$(种),不充分.

对于条件(2),

第一类:0 个奇数,则有 5 个偶数,则有 $C_5^5=1$.

第二类:1 个奇数,则有 4 个偶数,则有 $C_5^1\times C_5^4=25$.

第三类:2 个奇数,则有 3 个偶数,则有 $C_5^2\times C_5^3=100$.

所以任取 5 个不同的数字,其中至多有 2 个奇数,不同的取法有 $1+25+100=126$(种),充分.

23.【答案】 E

【考点】 不等式

【解析】 设有优秀学生 x 人,则共有 $5x+1$ 本书,根据题意有 $7(x-1)<5x+1<7x$,则 $1\leqslant x\leqslant 3$,由条件(1),$5x+1<20$,则 $x\leqslant 3$,不能确定 x 的值,由条件(2),$5x+1>10$,则 $x\geqslant 2$,不能确定 x 的值.

两条件联合,可以得到 $2\leqslant x\leqslant 3$,则也不能确定 x 的值.

24.【答案】 B

【考点】 路程问题

【解析】 提前 2.5 min 走完的原因是后 1 200 m 提高了速度，设原速度是 v (m/min)，提速 x (m/min)，则 $\frac{1\ 200}{v}-\frac{1\ 200}{v+x}=2.5$；甲计划 7:30 走完，等价于原速度是 $v=\frac{2\ 400}{30}=80$ (m/min).

25.【答案】 B

【考点】 数据分析

【解析】 条件(1)：$\frac{(12x_1+1)+(12x_2+1)+(12x_3+1)+(12x_4+1)+(12x_5+1)}{5}=12\times\frac{x_1+x_2+x_3+x_4+x_5}{5}+1=61$，所以条件(1)不充分.

条件(2)：由题可知，$\begin{cases}\frac{7+8+9+x+y}{5}=8,\\ \sqrt{\frac{(7-8)^2+(8-8)^2+(9-8)^2+(x-8)^2+(y-8)^2}{5}}=\sqrt{2},\end{cases}$

解得 $\begin{cases}x+y=16,\\ x^2+y^2=136,\end{cases}$ $xy=\frac{(x+y)^2-(x^2+y^2)}{2}=60$，所以条件(2)充分.

三、逻辑推理

26.【答案】 C

【考点】 假言命题　联言、选言命题

【命题方向】 形式逻辑　正向推理

【解析】 题干信息：

(1) ¬保证税负稳定→¬支持消费市场 → 影响经济发展和产业升级；

(2) 保证税负稳定 → 完善制度∧建立健全体系。

传递可得：

(3) ¬(完善制度∧建立健全体系) → ¬保证税负稳定 → ¬支持消费市场 → 影响经济发展和产业升级。

C 选项：符合规则，¬(完善制度∧建立健全体系)→影响经济发展和产业升级，符合逻辑关系(3)，正确；

A 选项：不符合规则，¬(保证税负稳定∧支持消费市场)= ¬保证税负稳定∨¬支持消费市场=保证税负稳定→¬支持消费市场，与(1)逻辑关系不一致，排除；

B 选项：不符合规则，影响经济发展和产业升级→税负稳定，不符合逻辑关系(3)，排除；

D 选项：与题干内容无关，排除；

E 选项：不符合规则，影响经济发展和产业升级 → 保证税负稳定，不符合逻辑关系(3)，排除。

故正确答案为 C 选项。

27.【答案】 C

【考点】 两大论证形式

【命题方向】 论证推理　支持、加强

【解析】 论据：氢燃料电池既清洁，又高效；

结论：应大力发展氢燃料电池。

C 选项：提出反面论据，说明氢燃料电池使用成本高，无法支持；

A 选项：补充正面论据，说明氢燃料电池环保无污染，可以支持；

B 选项：补充正面论据，说明氢燃料电池噪声小，可以支持；

D 选项：补充正面论据，说明氢燃料电池发电效率高，可以支持；

E 选项：补充正面论据，说明氢燃料电池充电快，续航远，可以支持。

故正确答案为 C 选项。

28.【答案】 B

【考点】 两大论证形式

【命题方向】 论证推理 削弱、质疑、反驳

【解析】 论据：有研究表明，超过 260℃高温作用下特氟龙会变质，甚至有毒；

结论：用不粘锅做出的饭菜“有毒”。

B 选项：他因削弱，表明有特氟龙涂层的不粘锅工作温度最高为 180℃，没有达到 260℃，所以不会生成有毒物质，即不会做出有毒饭菜，可以削弱，正确；

A 选项：补充正面论据，表明特氟龙容易混到食物中，支持了题干的观点，排除；

C 选项：无效比较，题干论证与“食用油所产生的气体的毒性”无关，排除；

D 选项：无关选项，特氟龙材料能够应用的领域，与不粘锅做出的饭菜是否有毒无关，无法削弱，排除；

E 选项：诉诸无知，没有“报告”不等于没有“情况”，无法削弱，排除。

故正确答案为 B 选项。

29.【答案】 A

【考点】 假言命题 联言、选言命题

【命题方向】 形式逻辑 正向推理

【解析】 题干信息：(1) 甲：刘→赵；(2) 乙：赵→王；(3) 丙：张 ∨ 李→王；(4) 丁：李→赵 ∨ 刘。

根据题干知道丙说的话为假，所以真实情况为：(张 ∨ 李) ∧ ¬王。由“¬王”结合(2)可得：¬赵；结合(1)可得：¬刘；由“¬赵”和“¬刘”结合(4)可得：¬李；由“¬李”结合“张 ∨ 李”可得：张。可知晋级的是张。

故正确答案为 A 选项。

30.【答案】 C

【考点】 两大论证形式

【命题方向】 论证推理 假设、前提

【解析】 论据：根据 P 波和 S 波之间的时间差进行地震预警；

结论：地震预警很难起到理想的作用。

C 选项：建立联系，地震越大，P 波与 S 波之间的间隔越短，留给人们预警的时间就越短，人们并没有多少时间为大地震做好准备，而且人们很可能在地震波到达之后才能收到预警信息，说明地震预警很难起到作用，可以建立起论据与结论之间的关系，正确；

A 选项：无关选项，与题干中陈述的预警方法无关，排除；

B 选项:无关选项,与题干论证过程无关,排除;

D 选项:无关选项,指出 S 波对人们造成的影响,未提及是否有时间为大地震做好准备,排除;

E 选项:无关选项,未涉及地震预警的信息,排除。

故正确答案为 C 选项。

31.【答案】 B

【考点】 两大论证形式

【命题方向】 论证推理 支持、加强

【解析】 营养学家:要保证青少年维生素 B 的摄入。

王教授:不需要保证青少年维生素 B 的摄入。

B 选项:表明维生素 B 对于生长发育确实非常重要,要保证摄入,无法支持王教授的观点。

A、C、D、E 选项:未体现出摄入维生素 B 的必要性,支持了王教授的观点。

故正确答案为 B 选项。

32.【答案】 C

【考点】 两大论证形式

【命题方向】 论证推理 削弱、质疑、反驳

【解析】 论据:两个体育馆共办健身卡 11 万张,三个体育馆共办健身卡 18 万余张;

结论:建设体育馆增加了光顾体育馆健身的市民人数。

C 选项:他因削弱,表明存在大量重复办证的情况,所以虽然健身卡的数量增加很多,但实际上光顾体育馆的市民数量可能并不多,可以削弱。

E 选项:易错项,即使大多数市民是为了洗澡,例如 60%的办卡用户是来洗澡,但是只要市民基数大了,原来 100 人中 40 人健身,现在 1 000 人中 400 人健身,那么健身人数依然在增多,所以无法削弱。

故正确答案为 C 选项。

33.【答案】 A

【考点】 无确定信息破解法

【命题方向】 综合推理 分组

【解析】 题干信息:(1) 丙 $\dot{\vee}$ 丁;(2) 甲高 $\vee$ 乙高 $\rightarrow\neg$丁 $\vee\neg$戊;(3) 丙高 $\rightarrow\neg$丁;(4) 戊 $\rightarrow$ 乙 $\wedge$ 丁;(5) $\neg$高 $\rightarrow$ 投资。

题干中丁的相关信息最多,所以从丁开始进行推理。若投资丁,结合条件(3)可得丙没有高风险,结合条件(5)可得投资丙,与条件(1)矛盾,假设不成立,所以不投资丁,排除 B、D、E 选项。由不投资丁结合(4)可得:不投资戊,排除 C 选项。

故正确答案为 A 选项。

34.【答案】 D

【考点】 论证评价

【命题方向】 论证推理 解释

【解析】 解释对象:通过收取费用的方式让用餐完毕的顾客离开餐厅,但是收费后不离开餐厅的顾客数量不减反增。

D 选项:可以解释,说明餐厅收费后将这种行为合理化,更多的顾客心安理得地不离开餐厅,

可以解释为什么用餐完毕不离开的顾客不减反增，正确；

A 选项：无法解释，收费低对顾客无影响，可以解释为什么人数没有减少，但是无法解释为什么人数增加，排除；

B 选项：无法解释，"个别"力度较弱，而且无法解释清楚为什么不离开餐厅的顾客数量增加了，排除；

C、E 选项：解释对象有误，解释了有些顾客用餐完毕不离开的原因，与题干收费无关，排除。

故正确答案为 D 选项。

35.【答案】 D

【考点】 关系命题

【命题方向】 形式逻辑　加分题型

【解析】 题干信息：《侏罗纪世界——激流勇进》(最喜欢)>《哈利·波特的魔法世界》>《哈利·波特禁忌之旅》>《功夫熊猫》>《水世界》(最不喜欢)。

D 选项：《哈利·波特禁忌之旅》与《变形金刚过山车》关系不明确，无法由题干信息推出。

故正确答案为 D 选项。

36.【答案】 A

【考点】 论证评价

【命题方向】 论证推理　结论

【解析】 根据题干的论述，某一基因在吸入甲醛时若被刺激就有可能使甲醛吸入者产生癌变，可是该基因未被刺激的甲醛吸入者并未因此而降低癌变的危险性。因此根据题干的论述可以得出结论：导致甲醛吸入者产生癌变的不只是某一基因受到刺激这一个因素。

故正确答案为 A 选项。

37.【答案】 D

【考点】 论证评价

【命题方向】 论证推理　结论

【解析】 题干信息：子公司承担的利润份额与子公司员工占总员工数的份额相等。甲公司员工数量增加，但是甲公司上缴利润的比例却下降了。

D 选项：可以推出，如果甲公司员工增长的比例比其他三个子公司都大，那么其占总员工数的份额应该上升，现在所占份额下降，就说明甲公司员工增长的比例不比其他三个子公司都大，也就是至少比其他三个子公司中的一个小，正确；

A 选项：无法推出，题干探讨的是"份额""比例"，与甲公司员工数这一"绝对数量"无关，排除；

B 选项：无法推出，题干信息是将甲公司与总公司的人数进行比较，而不是甲公司自身前后两年的比较，排除；

C 选项：无法推出，从题干信息只能得出总公司的员工数量增长比例大于甲公司，但无法得出乙、丙、丁三个子公司的增长比例都超过甲公司，排除；

E 选项：无法推出，从题干信息无法得出甲公司的员工增长数最小，只能得出其增长比例小于总公司。

故正确答案为 D 选项。

38.【答案】 E

【考点】 两大论证形式

【命题方向】 论证推理　假设、前提

【解析】 论据:普通感冒和暴发性心肌炎都具有感冒的病征,二者症状相似;

结论:就诊治疗时,暴发性心肌炎这种病特别危险。

E 选项:表明暴发性心肌炎和普通感冒在临床表现上虽然相似,但是两者的治疗方案是不同的。由于临床表现相似,将暴发性心肌炎误诊为普通感冒的情况对于患者来说可能是致命的,因此在就诊治疗时对于暴发性心肌炎患者来说是很危险的,该项是必须假设的条件。

A 选项:表明暴发性心肌炎的病理特点,支持论据的信息,但无法由此得出结论,排除;

B 选项:表明暴发性心肌炎患者的后果相比普通感冒程度更为严重,不是题干必须假设的,排除;

C 选项:表明暴发性心肌炎在患病的人群分布、季节性、年龄这些方面不存在差异,不是题干必须假设的,排除;

D 选项:与题干论证无关,排除。

故正确答案为 E 选项。

39.【答案】 B

【考点】 稳赢分析法

【命题方向】 综合推理　综合题组(匹配)

【解析】 由(2)可知,井大宝不穿白色衣服,由(1)可知,井大宝不是会计师,再由(3)可得:井大宝是程序员,穿红色衣服。

结合卡大宝在司机斜后方的方位信息,可知卡大宝与司机斜向而坐,而文大宝与井大宝斜向而坐,所以司机只能是黎大宝。

故正确答案为 B 选项。

40.【答案】 D

【考点】 稳赢分析法

【命题方向】 综合推理　综合题组(匹配)

【解析】 由(3)可知,井大宝穿红色衣服,并且与文大宝斜向而坐,所以如果井大宝坐在前排,那么文大宝不可能是司机。

故正确答案为 D 选项。

41.【答案】 D

【考点】 两大论证形式

【命题方向】 论证推理　支持、加强

【解析】 论据:青少年的身体素质决定其学习能力;新亚中学在运动会上的比赛结果很好。

结论:新亚中学的学生在学习方面会有更加优异的表现。

D 选项:建立联系,表明新亚中学的学生在运动会上表现优秀,则身体素质好,从而学习能力优,正确。

A、B、E 选项:相关性弱,无法建立起论据与结论之间的关系。

C 选项:相关性弱,与论据中新亚中学在运动会上的成绩很好无关,排除。

故正确答案为D选项。

42.【答案】 E

【考点】 稳赢分析法

【命题方向】 综合推理 匹配

【解析】 结合题干信息并作表(见下表),出诊用“√”表示,不出诊用“×”表示:

(1) 每个科室每周出诊四天,休息三天,所以每一行4个√,3个×;

(2) 星期日都休息,星期日三个科室都是×;

(3) 任一科室不会连续三天都是√;

(4) 第1天骨科×,第2天内科×,第3天外科×,第4天内科×,第5天骨科×,第6天外科×。

综合(1)(2)(3)(4)及题干信息(一周内有一天三个科室都是√),可作表如下:

	第1天	第2天	第3天	第4天	第5天	第6天	第7天
内科	√②	×(4)	√②	×(4)			√①
外科			×(4)	√③	√③	×(4)	√①
骨科	×(4)				×(4)	√④	√①

解题思路:

① 由题干可知,一周内有一天三个科室一起出诊,而前6天均有科室休息,所以这一天应是第7天;

② 由(3)可知,任一科室不会连续三天都是√,而内科第7天是√,所以其第5天和第6天一定有一天是×,以保证条件(1),于是可知第1天和第3天是√;

③ 由(3)可知,任一科室不会连续三天都是√,而外科第7天是√,所以其第1天和第2天一定有一天是×,以保证条件(1),于是可知第4天和第5天是√;

④ 由(3)可知,任一科室不会连续三天都是√,所以骨科第2天、第3天和第4天有一天是×,则其第6天是√;

⑤ 观察上表可知,除了第2天之外,其他天都至少有一个科室出诊,所以第2天应该是星期日,于是可推知第7天是星期五,这一天三个科室一起出诊。

故正确答案为E选项。

43.【答案】 A

【考点】 无确定信息破解法

【命题方向】 综合推理 分组

【解析】 题干信息:观察发现,题干无确定信息,并且无数量限制;再观察发现,烤肉出现频率最高,故从此假设。假设选择烤肉,根据(4)可推知不选择比萨饼;若不选烤肉,根据(3)可推知选择黑森林蛋糕、咖啡,根据(1)可推知选择牛排,再根据(2)推知不选比萨饼。综上,烤肉→¬比萨饼,¬烤肉→¬比萨饼,可推知一定不选比萨饼。

故正确答案为A选项。

44.【答案】 E

【考点】 假言命题 直言命题

【命题方向】 形式逻辑 真假判定

【解析】 (1) 选德语>50% →选意大利语>25%;

(2) 选希腊语→选波兰语;

(3) (有些选希腊语→葡萄牙语)→选德语>$\frac{2}{3}$;

(4) ¬选瑞典语∧¬选意大利语;

(5) 有些人→选希腊语。

由(1)(4)结合可推出:选德语≤50%,再根据(3)可推出选希腊语→¬选葡萄牙语,结合(2)(5)可推出,有些选波兰语→¬选葡萄牙语,与选项 E 选波兰语→选葡萄牙语构成矛盾关系。

故正确答案为 E 选项。

45.【答案】 B

【考点】 稳赢分析法

【命题方向】 综合推理 真话假话题

【解析】

第一步: 简化信息	(1) 六∨日; (2) 二∨四∨六; (3) 一; (4) 一∨三∨五∨日; (5) 五。
第二步: 找到关系	(2)和(4)是矛盾关系,肯定一真一假。
第三步: 推知其他	题干已知只有一真,所以(1)(3)(5)一定为假。
第四步: 得出答案	由(1)为假可知,不是星期六和星期日,排除 D、E 选项; 由(3)为假可知,不是星期一,排除 A 选项; 由(5)为假可知,不是星期五,排除 C 选项。 故正确答案为 B 选项。

46.【答案】 C

【考点】 确定信息推理

【命题方向】 综合推理 匹配

【解析】 根据题干条件(1)可知:张和王不可能都在乙群值班,所以结合(4)逆否可知张、王、李至多有 1 人在甲群值班。由王和李不可能一起在甲群值班,结合(2)可知:王和李都不在丁群值班。又因为每个群有 3 位老师值班,所以可知在丁群值班的老师是张、赵、刘。

再结合(3)可知,李、赵、刘在戊群值班,根据(1)可知,没有人会同时在 5 个群值班,且张、王不在同一个群值班,所以可推知李一定在乙群、丙群值班。

故正确答案为 C 选项。

47.【答案】 B

【考点】 论证评价

【命题方向】 论证推理 论证方式及漏洞

【解析】 题干中推理的结构是:A和B决定C,A不变,所以B决定C。这是剩余法的论证方式。逐一考察五个选项,可发现选项B的推理结构为:体积和重量两个因素决定垃圾收费,因为体积相同,所以重量决定垃圾收费,与题干的论证方式最为类似。

故正确答案为B选项。

48.【答案】 A

【考点】 无确定信息破解法

【命题方向】 综合推理 匹配

【解析】 题干信息:

(1) 乙 科研∨乙 教育→甲 国防;

(2) ¬丙 教育→¬甲 国防;

(3) 乙 国防→¬甲 教育;

(4) ¬丙 科研→¬甲 国防。

由(2)可得:甲 国防→丙 教育;由(4)可得:甲 国防→丙 科研。

所以,如果甲来自国防部,那么丙既来自教育部,又来自科研部,出现了矛盾,因此可知:¬甲 国防;由“¬甲 国防”结合(1)可得:¬乙 科研∧¬乙 教育,所以可知:乙 国防;由“乙 国防”结合(3)可得:¬甲 教育;由“¬甲 国防”和“¬甲 教育”可得:甲 科研。

故正确答案为A选项。

49.【答案】 D

【考点】 论证评价

【命题方向】 论证推理 论证方式及漏洞

【解析】 题干是对照实验,第一组未说谎,眨眼频率微微上升;第二组说谎,眨眼频率先下降,然后大幅上升。于是得出结论:观察一个人的眨眼频率可以判断是否说谎。

D选项:无关信息,心跳加速、血压升高都不是题干论证的相关现象;

A选项:是否有他差,如果两组受试者在心理素质方面差异很大,那么实验结果就会出现偏差;

B选项:提出他因,如果是被授意说假话,那么实验结果就会出现偏差;

C选项:是否有他差,如果两组实验的仪器设备不同,那么实验结果就会出现偏差;

E选项:是否有他差,如果两个组还有其他差异,那么眨眼可能并不是说谎的判定依据。

故正确答案为D选项。

50.【答案】 C

【考点】 十大论证模型

【命题方向】 论证推理 支持、加强

【解析】 问题:血液灌注已经不能到达梗死灶的心肌细胞,使患者处于危险境地。方法:可以利用人体组织液循环网络。

支持思路:方法可以解决问题,即组织液可以带着药物达到梗死灶的心肌细胞,从而恢复供血使患者脱离危险。

A、B、D、E选项均与人体组织液循环网络和解决血液无法达到梗阻细胞的问题无关。

故正确答案为 C 选项。

51.【答案】 A

【考点】 假言命题　联言、选言命题

【命题方向】 形式逻辑　真假判定

【解析】 题干信息：

(1) 国际馆→¬中国馆；

(2) 中国馆↔植物馆；

(3) 生活体验馆∧中国馆。

"没有接受上述三条建议中的任何一条"，所以找以上三个命题的矛盾命题即可；

(1) 的矛盾命题：国际馆∧中国馆；

(2) 的矛盾命题：中国馆$\dot{\vee}$植物馆，结合(1)的矛盾命题可知参观了中国馆，所以不参观植物馆；

(3) 的矛盾命题：¬生活体验馆∨¬中国馆，结合(1)的矛盾命题可知，参观了中国馆，所以没有参观生活体验馆。

故正确答案为 A 选项。

52.【答案】 D

【考点】 论证评价

【命题方向】 论证推理　论证方式及漏洞

【解析】 题干漏洞：滑坡谬误(将一系列"可能性"说成"必然性"，从而出现一个不可接受的后果，以此进行论证)。

A 选项：诉诸权威，亚里士多德的观点并不一定为真，排除；

B 选项：循环论证，长得胖是因为吃得多，吃得多是因为长得胖，排除；

C 选项：诉诸无知，无法证明有外星人，不代表就没有外星人，排除；

D 选项：滑坡谬误，从"动物实验"到"文明的末日"，将一系列"可能性"推理为"必然性"，进而得到不可接受的结论，排除；

E 选项：模棱两可，"可能"和"一定不"是矛盾关系，必须二选一，不可以两个都不选，排除。

故正确答案为 D 选项。

53.【答案】 B

【考点】 稳赢分析法

【命题方向】 综合推理　数字相关

【解析】 如果甲选择 A 方案，那么乙选择 B 方案利益最大(甲 A 乙 A 时，乙得到 2 万元；甲 A 乙 B 时，乙得到 4 万元)。如果甲选择 B 方案，乙仍然是选择 B 方案利益最大(甲 B 乙 A 时，乙得到 1 万元；甲 B 乙 B 时，乙得到 3 万元)。所以乙一定会选择 B 方案。

如果乙选择 B 方案，则甲选择 A 方案利益最大(乙 B 甲 A 时，甲得到 4 万元；乙 B 甲 B 时，甲得到 3 万元)。

故正确答案为 B 选项。

54.【答案】 D

【考点】 稳赢分析法

【命题方向】 综合推理　综合题组(匹配)

【解析】 由题干信息可得以下表格：

	第 1 本	第 2 本	第 3 本	第 4 本	第 5 本
张	《单词》	《阅读》	《数学》	《逻辑》	《写作》
王		《写作》①		▲《阅读》	
李		《单词》②	●《逻辑》		▲《阅读》
赵					●《逻辑》
刘			▲《阅读》		

① 由条件(1)，张最后读的书是王读的第 2 本书，因此，王读的第 2 本书为《写作》。

② 由条件(3)，李读的第 2 本书张在一开始就读了，因此，李读的第 2 本书为《单词》。

③ 条件(2)和条件(5)同时提到了王读的第 4 本书：李最后读的书是王读的第 4 本书，王读的第 4 本书是刘读的第 3 本书，因此，三个▲代表同一本书。刘的▲不能是《数学》，王的▲不能是《逻辑》和《写作》，李的▲不能是《单词》和《写作》，因此，▲只能是《阅读》。

④ 由条件(4)，赵最后读的书是李读的第 3 本书，因此，两个●代表同一本书。李的●不能是《单词》《阅读》和《数学》，赵的●不能是《写作》，因此，●只能是《逻辑》。

故正确答案为 D 选项。

55.【答案】 C

【考点】 稳赢分析法

【命题方向】 综合推理 综合题组（匹配）

【解析】 由上一问可得如下表格信息：

	第 1 本	第 2 本	第 3 本	第 4 本	第 5 本
张	《单词》	《阅读》	《数学》	《逻辑》	《写作》
王		《写作》		《阅读》	
李	■	《单词》	《逻辑》		《阅读》
赵			■		《逻辑》
刘			《阅读》		

已知赵读的第 3 本书是李一开始读的那一本，假设为■，由李可知■不可能是《单词》《逻辑》《阅读》，由赵可知■不可能是《数学》，所以■是《写作》。

根据数独思想可将表中所有信息推出，结果如下：

	第 1 本	第 2 本	第 3 本	第 4 本	第 5 本
张	《单词》	《阅读》	《数学》	《逻辑》	《写作》
王	《逻辑》	《写作》	《单词》	《阅读》	《数学》
李	《写作》	《单词》	《逻辑》	《数学》	《阅读》
赵	《阅读》	《数学》	《写作》	《单词》	《逻辑》
刘	《数学》	《逻辑》	《阅读》	《写作》	《单词》

验证选项：

A 选项：张读的第 1 本书是《单词》，赵读的第 3 本书是《写作》，排除；

B 选项：王读的第 1 本书是《逻辑》，刘读的第 3 本书是《阅读》，排除；

C 选项：李读的第 1 本书是《写作》，刘读的第 4 本书也是《写作》，正确；

D 选项：赵读的第 1 本书是《阅读》，王读的第 5 本书是《数学》，排除；

E 选项：刘读的第 1 本书是《数学》，赵读的第 4 本书是《单词》，排除。

故正确答案为 C 选项。

四、写作

56. 论证有效性分析

【参考答案】

1. 以偏概全：北京、上海两座城市的 GDP 和人均 GDP 的情况无法代表全国其他城市的情况。其他城市的经济发展状况未必能达到北京、上海的经济实力。

2. 推断不出：相对劳动力的多少取决于劳动人口占城市人口的比例，而不单纯看城市人口绝对数量。因此，城市人口少不代表相对劳动力少，不能得出城市得不到良好建设的结论。

3. 滑坡谬误：城市人口数量增加未必经济总量增加。经济总量的增加取决于每个人的生产效率和创造价值的增加，如果效率低下，没有实现增收，那么经济总量未必会增加。而且即使经济总量增加了，也不代表城乡居民收入差距就会缩小，可能依旧存在贫富两极分化现象。缩小城乡差异取决于完善的发展体制和有效的市场机制。所以，无法得出城市生活幸福感得到提升的结论。这个连续推断都不必然成立。

4. 条件不充分：城市化导致的土地荒废问题不是只要合理规划用地就能解决的，还需要合理分配劳动力、优化农耕技术、提高生产力等多措并举才能有效缓解城市化带来的问题。

5. 类比不当：欧美等发达国家的环境、经济发展水平及人民观念等诸多因素都与我国有差异。因此这些国家的城市化进程未必适用于我国国情，不能简单类比。

6. 前后矛盾：前文说“城市化发展只会带来好处，有百利而无一害”，后文却又说“即使有什么问题”，这两个陈述存在矛盾。因为如果城市化确实只有好处、没有坏处，那么就不存在“即使有问题”一说，两者无法同时存在，自相矛盾。

【参考范文】

城市化真的有百利而无一害吗

原文通过一系列论述，试图得出“城市化有百利而无一害”的结论。然而该论证存在诸多不足之处，分析如下：

首先，北京、上海两座城市“富可敌国”推不出我国各个城市都具备较强的经济实力。这两座城市的经济情况无法代表全国城市的情况，未必每个城市都能达到北京、上海那样雄厚的经济实力。作者此处显然以偏概全。

其次，城市人口少推不出相对劳动力就少。相对劳动力的多少取决于劳动力人口占城市人口的比例。因此，城市人口少不代表相对劳动力少，不能得出城市得不到良好建设的结论。

再次，城市化导致的土地荒废问题不是只要合理规划用地就能解决的，还需要合理分配劳动力、优化农耕技术、提高生产力等多措并举才能有效缓解城市化带来的问题。

此外，欧美等发达国家的环境、经济发展水平及人民观念等诸多因素都与我国有差异。因此，这些国家的城市化进程未必适用于我国国情，不能简单类比。

最后，前文说“城市化发展只会带来好处，百利无一害”，后文却又说“即使有什么问题”，这两个陈述存在矛盾。如果城市化确实只有好处、没有坏处，那么就不存在“即使有问题”一说，两者无法同时存在，显然自相矛盾。

综上所述，原文论证还存在诸多不足之处，想要得到“城市化有百利而无一害”的结论还需要进一步有效论证。

57. 论说文

【参考范文】

共治才能共享

共享单车为我们带来了方便，减少了污染，但同时也带来了问题：破坏损毁、乱停乱放，更有个别人据为己有，变成“私享单车”。共享单车的健康发展离不开全社会的共同治理。

新兴的共享经济惠及诸多方面，可为何乱象百出？首先是个人方面，少数用户公共意识不足，对公共物品和秩序自觉维护意识淡薄，形成公共秩序管理真空。其次是企业产品设计方面，缺少对用户的管理激励机制，使得用户无意识、无动力参与秩序维护。最后是企业运营不够完善，急于抢占市场而忽略对运营的把控，造成车辆投放密度与使用效率之间不均衡。

这些都是新兴事物发展中出现的问题，可以靠更好地发展解决。新事物的出现总有一个完善的过程，需要我们有开放的心态、包容的眼光和积极的行动。应该看到，共享单车的积极意义巨大：缓解交通拥堵、减少环境污染、方便城市出行。所以，应该通过积极有效的管理手段，把共享单车的优点放大，缺点解决。这需要相关各方的通力配合。

首先，企业应加快完善管理制度，建立诚信用车的奖励机制和不当用车、无序停车的惩罚机制，加强产品创新，解决共享单车易损、易耗问题；其次，政府部门应不断适应新形势、新业态发展，扶持与规范并重，强化押金强制托管要求和对疏于管理的单车企业的约谈和惩戒，甚至是对于乱停乱放、故意损毁单车的个人的处罚，放大警示效应。最后，全社会应加快普及共享文化，爱护共享物品。

发展和治理相结合，共享单车冲击着城市传统公共出行模式，更考验着公民的诚信素质水平以及城市管理的治理水平。共享单车能不能继续走下去、还能走多远，靠的不是某一方面的作为，而是各方共同的努力。

冲刺模拟 8 套卷（三）

一、问题求解：第 1～15 小题，每小题 3 分，共 45 分。下列每题给出的 A、B、C、D、E 五个选项中，只有一个选项是最符合题目要求的。

1. 如图，一个小球从 A 点沿制定的轨道下落，在每个交叉口都有向左或向右两种机会均等的结果，小球最终到达 H 点的概率是（　　）.

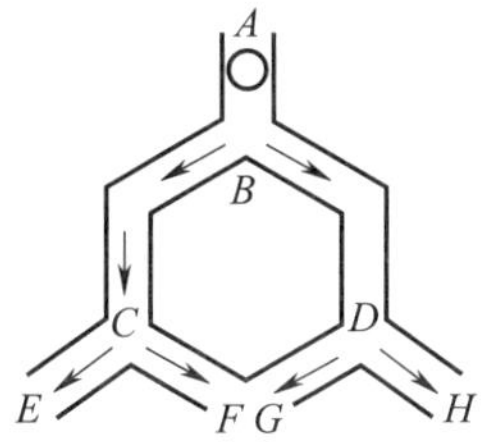

A. $\frac{1}{3}$　　B. $\frac{1}{4}$　　C. $\frac{1}{5}$

D. $\frac{1}{6}$　　E. $\frac{1}{7}$

2. a,b 是均小于 10 的自然数，且 a 与 b 之比 $\frac{a}{b}$ 是一个既约真分数，而 b 的倒数等于 $\frac{b+1}{9a+2}$，则 $\frac{a}{b}$ 是（　　）.

A. $\frac{6}{7}$　　B. $\frac{7}{8}$　　C. $\frac{5}{7}$

D. $\frac{5}{6}$　　E. $\frac{5}{8}$

3. 某公司搞了一次募捐活动，他们用募捐所得的钱购买了甲、乙、丙三种商品，这三种商品的单价分别为 30 元，15 元和 10 元，已知购得的甲商品与乙商品的数量之比为 5∶6，乙商品与丙商品的数量之比为 4∶11，且购买丙商品比购买甲商品多花了 210 元，则三种商品的总数为（　　）.

A. 300　　B. 420　　C. 385

D. 450　　E. 600

4. $y=\frac{6x^2-12x+10}{x^2-2x+2}$ 的最小值为（　　）.

A. 4　　B. 5　　C. 6

D. 7　　E. 8

5. 某公共汽车线路上共有 15 个站（包括起点站和终点站），在每个站上车的人中，恰好在以后各站分别下车一位乘客，使行驶过程中每位乘客均有座位，则车上至少备有（　　）个座位供乘客使用.

A. 56　　B. 54　　C. 55

D. 58　　E. 51

6. $\left(2+\frac{1}{x^2}\right)(x+1)^6$ 的展开式中含 x^2 项的系数为(　　).

A. 40　　B. 41　　C. 42

D. 43　　E. 45

7. 将一个能被 4 整除的三位数 $\overline{ABC}$ 逆序排列之后得到一个新的三位数 $\overline{CBA}$,已知 $\overline{CBA}$ 是 45 的倍数,那么 $\overline{ABC}$ 最小可以是(　　).

A. 540　　B. 504　　C. 405

D. 450　　E. 425

8. 有一群小孩,他们中任意 5 个孩子年龄之和比 50 少,所有孩子的年龄之和是 202,则这群孩子至少有(　　)个.

A. 18　　B. 19　　C. 21

D. 22　　E. 23

9. 如图,有一个水平放置的透明无盖的正方体容器,容器高 8 cm,将一个球放在容器口,再向容器注水,当球面恰好接触水面时测得水深为 6 cm,如不计容器的厚度,则球的体积为(　　).

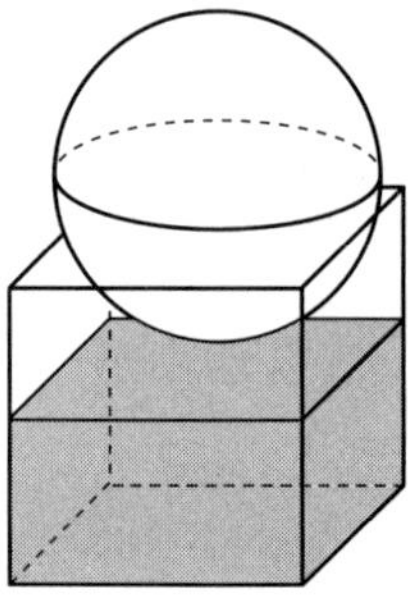

A. $\frac{500\pi}{3}$ cm^3　　B. $\frac{866\pi}{3}$ cm^3

C. $\frac{1\,372\pi}{3}$ cm^3　　D. $\frac{2\,048\pi}{3}$ cm^3

E. 以上都不是

10. 如果 a,b,c 是正数,且满足 $a+b+c=9$, $\frac{1}{a+b}+\frac{1}{b+c}+\frac{1}{c+a}=\frac{10}{9}$,那么 $\frac{a}{b+c}+\frac{b}{c+a}+\frac{c}{a+b}$ 的值为(　　).

A. 3　　B. 4　　C. 5

D. 6　　E. 7

11. 若 $(1+\sqrt{2})^4=a+b\sqrt{2}$,其中 a,b 都是有理数,则 $a+b=$(　　).

A. 33　　B. 29　　C. 23

D. 19　　E. 20

12. 如图,在 $\triangle ABC$ 中,延长 AB 至 D,使 $BD=AB$,延长 BC 至 E,使 $CE=\frac{1}{2}BC$,F 是 AC 的中点,若 $\triangle ABC$ 的面积是 2,则 $\triangle DEF$ 的面积是(　　).

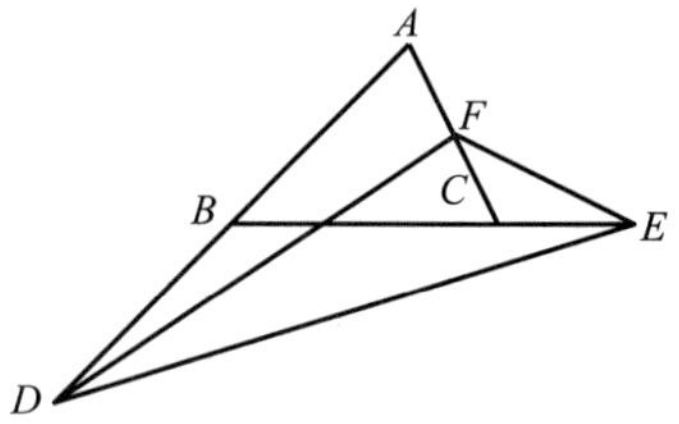

A. 4　　B. 4.1

C. 2.5　　D. 3.5

E. 4.5

13. 已知 $a=\sqrt{2}-1,b=2\sqrt{2}-\sqrt{6},c=\sqrt{6}-2$，则 a,b,c 的关系是（　　）.

A. $a<b<c$　　B. $b<a<c$　　C. $c<b<a$

D. $c<a<b$　　E. $a<c<b$

14. 在 1,2,3,…,40 这些自然数中任取两个不同的数，使得取出的两数之和是 4 的倍数，则有（　　）种不同的取法.

A. 180　　B. 190　　C. 200

D. 100　　E. 160

15. 两对夫妇各带一个小孩乘坐有 6 个座位的游览车，游览车每排只有 1 个座位，为安全起见，车的首尾两座一定要坐两位爸爸；两个小孩一定要排在一起，那么，这 6 人的排座方法有（　　）种.

A. 18　　B. 24　　C. 20

D. 10　　E. 16

二、条件充分性判断：第 16～25 小题，每小题 3 分，共 30 分。要求判断每题给出的条件（1）和条件（2）能否充分支持题干所陈述的结论。A、B、C、D、E 五个选项为判断结果，只有一个选项是最符合题目要求的。

A. 条件（1）充分，但条件（2）不充分

B. 条件（2）充分，但条件（1）不充分

C. 条件（1）和（2）单独都不充分，但条件（1）和（2）联合起来充分

D. 条件（1）充分，条件（2）也充分

E. 条件（1）和（2）单独都不充分，条件（1）和（2）联合起来也不充分

16. 甲、乙两种农药共 1 000 g，其中甲种农药的浓度是乙种农药浓度的 2 倍，则将甲、乙两种农药混合后，容器中农药的浓度为 28%.

（1）乙种农药 600 g　　（2）甲种农药的浓度是 40%

17. 若 x,y 均为正数，则可以确定 $x+y$ 的最大值.

（1）$x^3+y^3=2$

（2）$x^2+y^2=2$

18. 等比数列 $\{a_n\}$ 的前 n 项和为 S_n，则 $\{a_n\}$ 的公比为 $\frac{1}{3}$.

（1）$S_1,3S_2,2S_3$ 成等比数列

（2）$S_1,2S_2,3S_3$ 成等比数列

19. $mn=3$.

（1）$(m-1)(n-3)=0$

（2）m,n 是方程 $x^2+\frac{9}{x^2}=5\left(x+\frac{3}{x}\right)$ 的两个实根

20. 方程 $x^2-(m-1)x+\frac{m^2}{4}=2$ 的两根之差的绝对值大于 3.

（1）$1<m<2$

（2）$-5<m<-2$

21. $k=6$.

(1) 在小于 100 的合数中,可以写成 m 个质数的乘积,则 m 的最大值是 k

(2) 已知数列 $\{a_n\}$ 的前 n 项和 $S_n=n^2-9n$,第 k 项满足 $1<a_k<3$

22. $\frac{x+8}{x^2+2x-3}<2$.

(1) $x>-3$　　(2) $x<2$

23. 如图所示,四边形 $ABCD$ 被 AC 和 BD 分成了 4 个小三角形,记它们的面积分别为 S_1,S_2,S_3,S_4,则可以确定$\frac{S_1+S_4}{S_2+S_3}$的值.

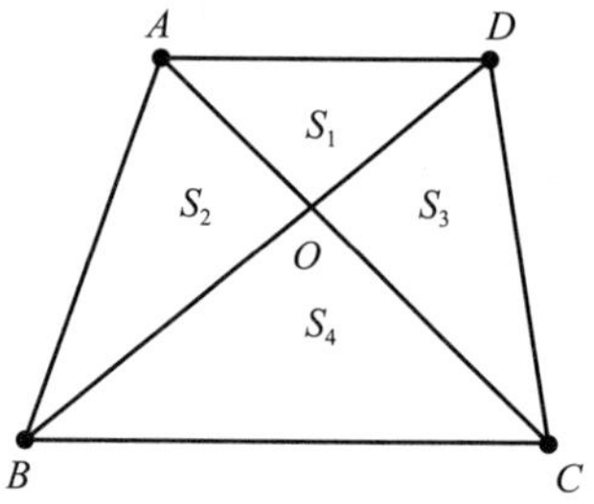

(1) $AO=30, CO=90$

(2) $BO=80, DO=40$

24. 已知圆 $A: x^2+y^2+4x+2y+1=0$,则圆 B 和圆 A 相切.

(1) 圆 $B: x^2+y^2-2x-6y+1=0$

(2) 圆 $B: x^2+y^2-6x=0$

25. $3,-1,x,-3,1$ 这五个数的方差可以确定.

(1) 实数 x 满足 $x^2-2\,018=0$

(2) 实数 x 满足 $\frac{(x-1)x}{x^2-1}=0$

三、逻辑推理:第 26~55 小题,每小题 2 分,共 60 分。下列每题给出的 A、B、C、D、E 五个选项中,只有一个选项是最符合题目要求的。

26. 作为新时代青年,我们必须怀抱梦想又脚踏实地,敢想敢为又善作善成。只有不忘初心、牢记使命,才能让青春在全面建设社会主义现代化国家的火热实践中绽放绚丽之花,才能为全面建设社会主义现代化国家、全面推进中华民族伟大复兴而团结奋斗。在新的征程上,要锚定既定奋斗目标,心往一处想,劲往一处使,团结奋斗,不断赢得更多光荣,实现更大梦想。

根据以上信息,以下哪项一定为真?

A. 只要心往一处想,劲往一处使,团结奋斗,就能不断赢得更多光荣,实现更大梦想。

B. 除非不忘初心,否则无法为全面建设社会主义现代化国家、全面推进中华民族伟大复兴而团结奋斗。

C. 只有不忘初心、牢记使命,才能成为新时代青年。

D. 只要怀抱梦想又脚踏实地,敢想敢为又善作善成,就能把人民对美好生活的向往变为现实。

E. 除非让青春在全面建设社会主义现代化国家的火热实践中绽放绚丽之花,才能不忘初心、牢记使命。

27.《流浪火星》等影片刚一上映,网上就出现高清盗版资源,叫卖者甚至低至 1 元出售,而正在热映的多部影片打包出售也不超过 2 元。经过全力攻坚,公安机关迅速侦破了这一电影盗版案。在审理这起盗版案件时,原告律师提出:现在已经证明,正版电影每次播放利润为 30 元。被告实施盗版且播放量为 10 万次,所以我方当事人应至少获偿利润损失 300 万元。被告律师表示:我们不反对对方的数据,但不能接受对方的要求。

接着,被告律师指出下面哪一项最可能获得法庭的支持?

A. 我方当事人出售电影资源价格低廉,并未获得大额收益。

B. 由于售价低廉,盗版产品的销量一般为无盗版时相应正版产品的五倍。

C. 盗版并非我方一家所为,不应由我方当事人独自承担赔偿责任。

D. 盗版中,我们并未删除相关的著作权信息。

E. 正方的上述数据仅为估计,并非十分可靠。

28. 一般而言,帕金森病多是因人类大脑中产生多巴胺的细胞死亡而发病的。华盛顿大学的研究人员用一些改造过基因的果蝇来做实验,这些果蝇在迈入老年时,多巴胺细胞会逐渐死亡。科学家惊奇地发现,当他们将烟草、咖啡榨成汁,喂给这些果蝇以后,果蝇们的多巴胺细胞又增多了,而且这些果蝇又变得生龙活虎起来。因此研究者指出,有烟瘾和嗜好咖啡的人,得帕金森病的概率更低。

如果以下各项为真,则哪项不能质疑上述推测?

A. 人类与果蝇大脑产生多巴胺细胞的机制存在差异。

B. 实验的4个小组当中,其中1组得出了相反结果。

C. 人类大脑中的多巴胺细胞过量分泌容易导致暴力犯罪。

D. 多数双翅目昆虫在获得新食物种类后均会产生多巴胺细胞分泌增多现象。

E. 人类和果蝇的消化系统存在差异。

29. 在公司下午茶时段,人事部门为财务部、销售部、采购部分配甜点,一共有三块蛋糕、三块马卡龙、三块榴莲酥。分配甜点必须符合下列条件:

(1) 如果财务部分配到的是蛋糕,则销售部分配到的是榴莲酥;

(2) 如果销售部分配到的是马卡龙,则财务部也分配马卡龙;

(3) 如果采购部分配到的是蛋糕或者榴莲酥,则销售部分配蛋糕。

以下哪项陈述为真,能确定唯一的分配方案?

A. 采购部分配到的是榴莲酥。

B. 销售部分配到的是蛋糕。

C. 销售部分配到的是榴莲酥。

D. 财务部分配到的是蛋糕。

E. 采购部分配到的是马卡龙。

30. 李大宝认为方程 $\ln(1+x^2)=x+1$ 有且仅有1个实根,王大宝并不认可他的观点。

要使王大宝的上述质疑成立,以下哪项必须成立?

Ⅰ. 方程 $\ln(1+x^2)=x+1$ 没有实根。

Ⅱ. 方程 $\ln(1+x^2)=x+1$ 有多个实根。

Ⅲ. 如果方程 $\ln(1+x^2)=x+1$ 没有多个实根,那么该方程没有实根。

A. 只有Ⅰ。　B. 只有Ⅱ。　C. 只有Ⅲ。

D. 只有Ⅰ和Ⅱ。　E. Ⅰ、Ⅱ和Ⅲ。

31. 人工智能时代已经到来,现阶段人工智能产业正经历从高速增长向高质量发展的转变,不断上升的产业期待让金融、医疗等更复杂的高价值场景的应用需求不断增加,对安全性的重视程度也不断提升。但由于传统技术范式存在天然的算法漏洞和缺陷,难以支撑人工智能的长久高质量发展,人工智能可能对人类造成威胁,并可能最终战胜人类。

以下各项如果为真,最不能支持上述论证的是哪项?

A. 人工智能的数据强依赖会带来隐私泄漏与数据投毒等隐患。

B. 会思考的人工智能机器可能会不断进化,发展出与人类完全冲突的自我意志。

C. 以人工智能为基础的机器人可代替人类从事探测、排爆等危险工作。

D. 无成本的复制和持续的演化能力是人工智能相对于人类智能的优势,可以以此摆脱人类控制。

E. 人工智能的出现将打破一部分人的“铁饭碗”,从而导致他们越来越难以维持生活。

32~33 题基于以下题干信息:

韩大宝、于大宝、林大宝、戴大宝四名同学参加毕业旅行,有东山、西川、南河、北海四处景点可供选择。旅行回来聚会时发现,每个人至多去了三处景点。此外已知:

(1) 每处景点都有且仅有三个人去;

(2) 对于韩大宝,只有去了西川,才会去东山;

(3) 对于林大宝,如果去了南河,那么就会去西川;

(4) 如果戴大宝去了南河,那么韩大宝不会去西川。

32. 根据上述信息,以下哪项是一定正确的?

A. 戴大宝去了北海。　B. 于大宝去了西川。　C. 于大宝没去北海。

D. 林大宝去了北海。　E. 戴大宝去了南河。

33. 关于四个人的旅行情况,又已知以下信息:只有林大宝去了北海,于大宝才会去北海。根据以上信息,可以得出以下哪项?

A. 韩大宝去了东山。　B. 韩大宝去了北海。　C. 于大宝没去北海。

D. 林大宝去了东山。　E. 戴大宝去了南河。

34. 亚洲足球世界杯预选赛 12 强赛抽签在亚足联总部进行,晋级第三阶段的 12 支球队分为 A、B 两组进行主客场循环比赛,每个小组前两名直接晋级,两个小组第 3 名之间的胜者获得与中北美洲及加勒比地区第 4 名进行洲际附加赛的资格,胜者将晋级世界杯决赛圈。A 组有伊朗、韩国、乌兹别克斯坦、中国、卡塔尔、叙利亚 6 支国家队。马大宝认为,小组第一不是伊朗就是韩国;牛大宝坚定地认为,小组第一绝对不是乌兹别克斯坦;熊大宝则认为,中国和叙利亚都不可能取得小组第一。比赛结束后,3 人发现他们中只有一个人的看法是对的。

根据以上信息,以下哪项是一定错误的?

A. 牛大宝对了。

B. 熊大宝对了。

C. 中国队是小组第一。

D. 卡塔尔队是小组第一。

E. 乌兹别克斯坦队是小组第一。

35. 某电影院要在周六和周日两天放映四部影片,分别为科幻片、爱情片、动作片和悬疑片,四部影片均需要放映,并且每部影片只放映一天。已知:

(1) 爱情片和动作片不能在同一天放映;

(2) 如果科幻片和悬疑片至多有一部不在周日放映,那么动作片必须在周日放映;

（3）除非爱情片在周日放映，否则悬疑片在周日放映，并且科幻片在周六放映。

根据以上信息，以下哪项一定为真？

A. 科幻片在周六放映。 B. 爱情片在周六放映。 C. 爱情片在周日放映。

D. 动作片在周六放映。 E. 动作片在周日放映。

36.《大宝帮忙》这一民生栏目经常为群众排忧解难，解决一些实际问题，自2018年创办以来，因其节目形式独特、服务性强而备受观众好评。这个栏目如果要保持目前强有力的社会影响力，就不能接受任何外来的资助。因为资助方不论是单位还是个人，都代表着社会强势方面的某种利益和关系。《大宝帮忙》如果接受这样的资助，就很难保持目前对社会事件的公正态度。

以下哪项是上述论证所假设的？

A.《大宝帮忙》如果能保持对社会事件的公正态度，就能保持强有力的社会影响力。

B.《大宝帮忙》要保持强有力的社会影响力，就必须保持对社会事件的公正态度。

C. 任何人都不可能时刻保持对社会事件的公正态度。

D.《大宝帮忙》可以接受外来资助，但不受资助者对节目内容的影响。

E. 电视节目接受外界资助，已成为一种普遍现象。

37. 交强险全名为机动车交通事故责任强制保险，于2006年7月1日正式实施，是首个由国家法律规定实行的强制保险制度。实施以来，交强险一直坚持不以营利为目的。近日，保险行业协会公布承保交强险的数据。2021年前10个月，保险公司承保交强险亏损已经超过20亿元。尽管如此，这仍是各个保险公司不愿意放弃的业务。

以下哪项如果为真，最有助于解释这些保险公司的行为？

A. 从目前来看，行业内部对于交强险的纯风险保费定价，已经完成了从纯核保人经验定价，到建立内部广义线性模型对风险进行定量化分析的转变。

B. 有些保险企业会拒保那些赔付风险较大的业务。

C. 通常车主为避免日后不必要的麻烦，不会将交强险和商业车险分开投保两家公司，而商业车险的利润非常丰厚。

D. 虽有很多车辆在交强险的赔付中赔付的数额远超过车主缴纳交强险时缴纳的金额，但也有很多车辆保险未用到赔付。

E. 有业内人士分析称，导致交强险承保端亏损的原因多为定价机制不完善、区域经营失衡等因素，希望能推动交强险采取市场化的经营模式，完善费率调整机制。

38.《刑法》第四十九条规定："犯罪的时候不满十八周岁的人和审判的时候怀孕的妇女，不适用死刑。审判的时候已满七十五周岁的人，不适用死刑，但以特别残忍手段致人死亡的除外。"对审判的时候怀孕的妇女不适用死刑，这一修改引起了不小的争论。有人说，如果这样规定，一些犯罪集团可能会专门雇用怀孕的妇女去犯罪。某法学家认为这种说法不能成立。因为如果按照这种逻辑，根据《刑法》的规定，凡是不满18岁的人都不判处死刑，那么一些犯罪集团也会专门雇用不满18岁的人去犯罪，那是否应当判处不满18岁的人的死刑呢？

上述法学家的论证使用了以下哪一种论证技巧？

A. 通过假设一个观点正确会导致明显荒谬的结论，来论证这个观点是错误的。

B. 通过证明一个观点缺乏事实的支持，来论证这个观点不能成立。

C. 通过表明一个观点不符合已知的事实，来论证这个观点是错误的。

D. 通过表明一个观点违反公认的一般性准则,来论证这个观点是错误的。

E. 通过证明与已知观点相矛盾的观点是成立的,来论证这个观点是错误的。

39. S 公司 50 岁以下的员工中,大部分报名参加了公司举办的徒步越野活动。该公司的优秀员工一致同意在年底参加 MBA 考试。所有报名参加徒步越野活动的员工都反对在年底参加 MBA 考试。

如果上述信息为真,则以下哪项一定为真?

A. 所有优秀员工年龄都在 50 岁以上。

B. 该公司优秀员工中有人报名参加了徒步越野活动。

C. 报名参加徒步越野活动的员工年龄都在 50 岁以下。

D. 有些 50 岁以下的员工不是优秀员工。

E. 优秀员工都报名参加了徒步越野活动。

40. 某宿舍有赵琴、钱棋、孙书、李画四名同学,他们擅长的分别是古琴、围棋、书法、国画之一。但有趣的事,他们擅长的均不含其名字中含有的字。元旦晚会正在准备节目,四个人每人表演一个节目,并且表演的节目都不是他们擅长的。已知如下信息:

(1) 赵琴擅长的不是围棋;

(2) 除非孙书表演古琴,否则赵琴擅长的既不是书法也不是国画;

(3) 如果钱棋或者李画擅长的是古琴,那么赵琴和李画中一人擅长的是书法,另一人表演的是书法。

根据以上信息,以下哪项一定为真?

A. 孙书擅长的是古琴或者书法。

B. 李画擅长的是古琴或者国画。

C. 钱棋表演围棋或者国画。

D. 钱棋表演古琴或者书法。

E. 李画表演围棋或者国画。

41. 丙酸是一种无色、有腐蚀性的液体,经常被当作一种抑制霉菌生长的添加剂使用。人体产生丙酸是通过人体中的微生物在结肠中发酵未完全消化的碳水化合物得到的,这些是对人体有益的。但某大学的研究人员通过研究发现,外源性摄入和自体产生的丙酸作用并不一样,长期摄入外源性丙酸会导致人体出现胰岛素偏高、胰岛素抵抗等现象。由此,某食品专家建议,应该禁止在食品中添加丙酸,以避免引起疾病。

以下哪项如果为真,最能支持上述食品专家的建议?

A. 将丙酸作为防腐剂使用只是食品行业的惯常做法,并未得到政府有关部门的确认。

B. 人体一旦出现胰岛素偏高、胰岛素抵抗等现象,就容易导致糖尿病等影响正常新陈代谢的疾病。

C. 从外界摄入的丙酸会出现在人体的各个部位,而自体产生的丙酸只存在结肠部分。

D. 大量口服丙酸会出现恶心、呕吐和腹痛等症状,也可能诱发自闭症。

E. 尽管从理论上讲食品添加剂不过量摄入不会有危害,但不管是什么类型的添加剂都可能对人有危害。

42~43 题基于以下题干信息:

某社区安排甲、乙、丙、丁、戊、己、庚 7 名志愿者值班,每周 7 天,每人值一天班,每天有一个人值班。值班安排如下:

（1）除非甲星期二值班，否则乙星期一值班；

（2）如果丙或己星期四值班，则丁星期日值班；

（3）乙星期一值班，或者丙星期四值班；

（4）只有庚或戊星期二值班，丁星期六才不值班。

42. 根据上述信息，可以得出以下哪项？

A. 甲星期二值班。　B. 乙星期一值班。　C. 丙星期四值班。

D. 丁星期日值班。　E. 戊星期六值班。

43. 若甲星期二值班，庚星期五值班，则可以得出以下哪项？

A. 丙星期三值班。　B. 丙星期日值班。　C. 丁星期三值班。

D. 戊星期四值班。　E. 戊星期六值班。

44～45 题基于以下题干信息：

由于驾驶和赛车设计技术的提高，在赛车场跑道上受伤的事故率已明显下降——从 2000 年的 1.7%下降到 2020 年的 1.1%。而其他与赛车相关的事故率，即发生在赛车场而不在跑道上的事故率，却从 2000 年的 2%上升到 2020 年的 5%，这些事故，如撞倒等，随着赛车手睡眠不足程度的上升而上升。

44. 以下哪项与上文所提供的信息相抵触？

A. 2020 年发生在跑道上的事故总量多于 2000 年。

B. 2000 年赛车手在跑道上受伤的可能性小于 2020 年。

C. 从 2000 年到 2020 年，有关赛车事故的报告越来越准确。

D. 从 2000 年到 2020 年，赛车手的总人数在下降。

E. 在 2020 年，某些与赛车相关的伤害事故发生在没有赛车的人身上。

45. 如果以上论述为真，则以下哪项不可能为假？

A. 从 2000 年到 2020 年，随着赛车场跑道上事故的减少，其他与赛车相关的事故数量有所上升。

B. 从 2000 年到 2020 年，平均每位赛车手的睡眠不足程度增加了。

C. 驾驶和赛车设计技术与和赛车相关的各种事故的发生率都密切相关。

D. 如果驾驶和赛车设计技术继续提高，与赛车相关的事故将继续减少。

E. 2020 年发生在跑道上的事故占全部与赛车相关的事故的比例小于 2000 年的比例。

46. 王大宝拟在 1—5 号 5 个车位上停放奥迪、奔驰、布加迪、兰博基尼和保时捷 5 辆车，每个车位仅停放一辆车，每辆车仅停放在一个车位。已知：

（1）如果 3 号车位停放兰博基尼、奔驰或保时捷，则 1 号车位停放奥迪；

（2）如果 4 号车位停放奔驰或保时捷，则 2 号或 5 号车位停放布加迪；

（3）1 号车位停放布加迪。

根据以上信息，可以得出以下哪项？

A. 2 号车位停放奔驰。　B. 3 号车位停放保时捷。

C. 4 号车位停放兰博基尼。　D. 5 号车位停放奥迪。

E. 5 号车位停放奔驰。

47. 某连锁企业拟在若干个城市开设连锁店，其要求如下：

(1) 在伦敦、巴黎中至少选择一个城市开店;

(2) 在纽约、伦敦和曼谷中至多选择两个城市开店;

(3) 在巴黎、曼谷、柏林中至少选择两个城市开店;

(4) 如果在巴黎开店,则不在纽约开店。

根据上述要求,可以得出以下哪项?

A. 在曼谷、纽约中至多选择一个城市开店。

B. 上述五个城市中,至多可以在三个城市开店。

C. 上述五个城市中,至少在三个城市开店。

D. 曼谷、伦敦中至少要选择一个城市开店。

E. 一定要在柏林开店。

48. 某法学院学生王大宝要在宪法、刑法、民法、国际法四门课程中选择一门作为主修课,另一门作为辅修课。另外,选课时有如下规则:

(1) 如果选宪法作为主修课,那么选刑法或国际法作为辅修课;

(2) 如果选刑法作为主修课,那么选宪法或民法作为辅修课;

(3) 只有选宪法作为辅修课,才选国际法作为主修课;

(4) 只有选国际法或宪法作为辅修课,才选民法作为主修课。

根据以上信息,关于王大宝选课的组合,以下哪项是不可能的?

A. 宪法、国际法。 B. 宪法、民法。 C. 刑法、国际法。

D. 民法、刑法。 E. 国际法、民法。

49. 何大宝、金大宝、魏大宝、唐大宝四人商量毕业旅行。何大宝说:“金大宝去,我就肯定去。”金大宝说:“魏大宝去我就不去。”魏大宝说:“无论唐大宝去不去,我都去。”唐大宝说:“何大宝、金大宝中至少有一人去,我就去。”

如果四人所说均为真话,则以下哪项可能是正确的?

A. 金大宝和魏大宝两个人去了。

B. 何大宝一个人去了。

C. 何大宝、魏大宝和唐大宝三个人去了。

D. 四个人都去了。

E. 何大宝、金大宝和魏大宝三个人去了。

50. 古埃及是四大文明古国之一,位于非洲东北部尼罗河中下游(今中东地区),距今约 7 400 多年。古埃及到底发生了怎样的灾难使得一个文明就此毁灭,史书中没有记载,专家只能从考古的零星文物中寻找古埃及毁灭的线索。一具古埃及棺材上的树木年轮样本显示,受气候变化影响,古埃及出现食物资源和社会基础设施变化,进而导致古埃及文明的逐渐衰落。许多专家由此认为,气候变化或许正是古埃及文明消亡的原因。

以下哪项如果为真,最能支持上述专家的观点?

A. 通过对棺材上树木年轮样本中放射性碳同位素的分析,表明古埃及确实经历了气候的快速变化。

B. 和所有大型农耕文明一样,古埃及的社会很大程度上依赖于农作物,气候变化导致的干旱使农产品减少,严重影响古埃及人的生存。

C. 另一项研究表明，在澳大利亚一个早于现今原住民的史前文明的消失，是源于当时快速的气候变化及其灾难性的影响。

D. 当游客们沉醉在斐济岛迷人的海滩风光时，也许不会想到，这些来自太平洋岛国的美景美食可能都会因为残酷的气候变化、持续上涨的海平面而消失。

E. 马其顿王国亚历山大大帝侵入埃及，灭波斯王朝，结束了延续3 000年之久的法老时代。

51. M公司有员工1 500人，中秋节组织大家去鸽子山团建，但是有四五百人因工作原因无法参加。人事部统计了一下人数，如果分为3人一组，会多出2名员工；如果分为5人一组，会多出3名员工；如果分为7人一组，会多出2名员工。

根据以上信息，以下哪种分组结果是正确的？

A. 若分为4人一组，则多出1名员工。

B. 若分为6人一组，则多出2名员工。

C. 若分为8人一组，则多出3名员工。

D. 若分为9人一组，则多出4名员工。

E. 若分为10人一组，则多出5名员工。

52. 在激烈的市场竞争中，即使是优秀的企业家，也有人不必然不决策失误，当然，并非所有的优秀企业家都可能决策失误。

以下哪项与上述意思最接近？

A. 优秀企业家都可能决策失误，其中有的优秀企业家不可能不决策失误。

B. 有的优秀企业家可能决策失误，有的优秀企业家可能不决策失误。

C. 有的优秀企业家可能决策失误，有的优秀企业家不可能决策失误。

D. 有的优秀企业家可能不决策失误，有的优秀企业家不可能决策失误。

E. 有的优秀企业家一定决策失误，有的优秀企业家一定不决策失误。

53. 某项目组中，张、王、李、赵四人分别是技术、商务、工程、财务四项工作的专家之一。他们分别参与了上述四项工作中的两项，而每项工作也恰有两人参加。已知他们每人都参与了自己是专家的工作项目，另外还知道如下信息：

（1）除非李是工程专家，否则王参加工程和财务工作；

（2）如果张是商务或者财务专家，那么赵参加了技术和商务工作。

如果王是技术专家，则以下哪项一定为真？

A. 张是工程专家。　B. 张参加了财务工作。　C. 王参加了工程工作。

D. 李参加了财务工作。　E. 赵是工程专家。

54～55题基于以下题干信息：

一位导演要在一场晚会中安排七位嘉宾的出场顺序，这七位嘉宾分别是：赤大宝、橙大宝、黄大宝、绿大宝、青大宝、蓝大宝、紫大宝。已知出场顺序条件如下：

（1）赤大宝要么在橙大宝之前出场，要么在黄大宝之前出场；

（2）只有绿大宝在青大宝和蓝大宝之前出场，黄大宝才会在橙大宝之后出场；

（3）如果黄大宝在橙大宝之前出场，那么绿大宝和蓝大宝在青大宝之后出场。

54. 根据上述信息，以下哪位嘉宾不可能第一个出场？

A. 赤大宝。 B. 橙大宝。 C. 黄大宝。
D. 绿大宝。 E. 青大宝。

55. 如果橙大宝在第二位出场,则以下哪项可能为真?
A. 青大宝在赤大宝之前出场。
B. 青大宝在绿大宝之前出场。
C. 黄大宝在赤大宝之前出场。
D. 黄大宝在橙大宝之前出场。
E. 蓝大宝在绿大宝之前出场。

四、写作:第 56~57 小题,共 65 分。其中论证有效性分析 30 分,论说文 35 分。

56. 论证有效性分析:分析下述论证中存在的缺陷和漏洞,选择若干要点,写一篇 600 字左右的文章,对该论证的有效性进行分析和评论。(论证有效性分析的一般要点是:概念特别是核心概念的界定和使用是否准确并前后一致,有无各种明显的逻辑错误,论证的论据是否成立并支持结论,结论成立的条件是否充分,等等。)

《史记·货殖列传》中说道:"天下熙熙,皆为利来,天下攘攘,皆为利往";由此可见追求利益是人的天性,我们的喜悦程度和我们的经济状况成正比,所以,财富越多越快乐。

在当今经济至上的年代,人们的生存活动都是以利益为出发点的,没有人不以追求钱财为目的,所以财富能使人开心快乐。财富之所以重要,原因很简单,当一个人的财富越多,接受的教育就越多,工作能力就越强,生活品质就越高,从而越快乐和满足。

经济是财富在物质层面的展现,经济不富足的人常常"囊中羞涩",因此会感到不开心。现在社会越来越多的人被"贩卖焦虑",被"内卷"裹挟,本质原因就是不够富足罢了。

不得不承认,人生因获得财富而快乐,人生的财富就是人生的价值。不仅个人如此,国家亦然。我国 GDP 每年保持稳定增速,只要社会财富增加了,国家实力就会雄厚,人民就会生活得更好更幸福。

综上所述,无论是个人还是社会,都是奔着财富最大化去发展的,原因就是越多的财富才能满足更多的物质需求,才能生活得越好越开心。

57. 论说文:根据下述材料,写一篇 700 字左右的论说文,题目自拟。

有些人想干事,但怕规则多、约束多,放不开手脚。也有些人不想干事,却说因为规矩多,无法有所作为。

冲刺模拟 8 套卷(三)答案及解析

一、问题求解

1.【答案】 B

【考点】 独立事件

【解析】 共有 4 种等可能的结果数,其中小球最终到达 H 点的结果数为 1,所以小球最终到达 H 点的概率为$\frac{1}{4}$.故选 B.

2.【答案】 A

【考点】 不定方程

【解析】 $\frac{b+1}{9a+2}=\frac{1}{b}$可以得到 $9a+2=b(b+1)$,由于 $b(b+1)$是偶数,所以 $9a+2$ 也是偶数,从而 a 是偶数,a 只能取 0,2,4,6,8,经过验证 a 只能取 6,其他情况均不存在,所以答案选 A.

3.【答案】 C

【考点】 比与比例

【解析】 由于甲商品的数量∶乙商品的数量 = 5∶6 = 10∶12,

乙商品的数量∶丙商品的数量 = 4∶11 = 12∶33,

所以甲商品的数量∶乙商品的数量∶丙商品的数量 = 10∶12∶33.

设甲商品买了 $10k$ 个,乙商品买了 $12k$ 个,丙商品买了 $33k$ 个,所以 $210=330k-300k$,从而 $k=7$,所以总数量是 385 个.

4.【答案】 A

【考点】 分式函数求最值

【解析】 去分母可以整理出关于 x 的一元二次方程,

$(y-6)x^2-(2y-12)x+(2y-10)=0$,因为 x 为实数,所以 $\Delta\geqslant 0$,

得 $4\leqslant y\leqslant 6$,解得,故 y 的最小值是 4.

5.【答案】 A

【考点】 穷举法

【解析】 第一站有 $14\times1=14$(人),第二站有 $13\times2=26$(人),

第三站有 $12\times3=36$(人),第四站有 $11\times4=44$(人),

第五站有 $10\times5=50$(人),第六站有 $9\times6=54$(人),

第七站有 $8\times7=56$(人),第八站有 $7\times8=56$(人),

第九站有 $6\times9=54$(人),第十站有 $5\times10=50$(人),

……

所以应该准备 56 个座位.

6.【答案】 E

【考点】 二项式定理

【解析】 由二项式定理可得$(x+1)^6$的通项为$T_{r+1}=C_6^r x^{6-r}$，所以$(x+1)^6$的展开式中含x^2项的系数为$C_6^4=15$，含x^4项的系数为$C_6^2=15$，故$\left(2+\frac{1}{x^2}\right)(x+1)^6$的展开式中含$x^2$项的系数为$15+15\times2=45$.

7.【答案】 B

【考点】 数字的整除

【解析】 根据C不是0，且$\overline{ABC}$能被4整除，选B.

8.【答案】 D

【考点】 抽屉原理

【解析】 根据题意，最多有4个孩子为10岁，其余孩子是9岁，根据所有年龄和是202，得到9岁的孩子为18个，共有22个孩子.

9.【答案】 A

【考点】 球体

【解析】 设正方体上底面所在平面截球得小圆M，则圆心M为正方体上底面正方形的中心.设球的半径为R，根据题意得球心到上底面的距离等于$(R-2)$ cm，而圆M的半径为4，由球的截面圆性质，得$R^2=(R-2)^2+4^2$，解出$R=5$，根据球的体积公式，该球的体积$V=\frac{4\pi}{3}R^3=\frac{4\pi}{3}\times5^3=\frac{500\pi}{3}(\text{cm}^3)$.故选A.

10.【答案】 E

【考点】 分式化简

【解析】

$$\begin{aligned}\frac{a}{b+c}+\frac{b}{c+a}+\frac{c}{a+b}&=\frac{9-b-c}{b+c}+\frac{9-c-a}{c+a}+\frac{9-a-b}{a+b}\\&=\frac{9}{b+c}+\frac{9}{c+a}+\frac{9}{a+b}-3\\&=9\times\frac{10}{9}-3=7.\end{aligned}$$

11.【答案】 B

【考点】 有理数与无理数

【解析】 把左边的多项式进行展开$17+12\sqrt{2}=a+b\sqrt{2}$，选B.

12.【答案】 D

【考点】 三角形

【解析】 因为在$\triangle ABC$和$\triangle CFE$中，$\angle ACB$与$\angle FCE$互补，所以

$$\frac{S_{\triangle ABC}}{S_{\triangle FCE}}=\frac{AC\cdot BC}{FC\cdot CE}=\frac{2\times2}{1\times1}=\frac{4}{1}.$$

又$S_{\triangle ABC}=2$，所以$S_{\triangle FCE}=0.5$.

同理可得$S_{\triangle ADF}=2$，$S_{\triangle BDE}=3$.

所以$S_{\triangle DEF}=S_{\triangle ABC}+S_{\triangle CEF}+S_{\triangle DEB}-S_{\triangle ADF}=2+0.5+3-2=3.5$.

13.【答案】 B

【考点】 无理数

【解析】 $a\approx1.41-1=0.41$，$b\approx2.82-2.44=0.38$，$c\approx2.44-2=0.44$，所以选 B.

14.【答案】 B

【考点】 排列组合

【解析】 根据题意 $C_{10}^{1}C_{10}^{1}+2C_{10}^{2}=190$，所以选 B.

15.【答案】 B

【考点】 打包问题

【解析】 根据题意，先在车的首尾安排两位爸爸，有 A_2^2 种方法；再将两个小孩进行捆绑排在一起，有 A_2^2 种方法；最后将两个小孩作为一个主体和两个妈妈排在一起，有 A_3^3 种方法.分步用乘法，共 $A_2^2\times A_2^2\times A_3^3=24$（种）方法.

二、条件充分性判断

16.【答案】 C

【考点】 十字交叉法

【解析】 条件（1）和（2）单独显然不充分，考虑联合，根据浓度采取十字交叉法，设混合后浓度为 x，

甲 40% ╲ x ╱ $x-20\%$

乙 20% ╱   ╲ $40\%-x$

$$\frac{x-20\%}{40\%-x}=\frac{400}{600},$$

则 $x=28\%$，所以选 C.

17.【答案】 D

【考点】 最值问题

【解析】 由条件（1），

$$x^3+y^3=(x+y)(x^2-xy+y^2)=(x+y)[(x+y)^2-3xy]\geqslant(x+y)\left[(x+y)^2-\frac{3}{4}(x+y)^2\right]=\frac{1}{4}(x+y)^3.$$

故 $2=x^3+y^3\geqslant\frac{1}{4}(x+y)^3\Rightarrow x+y\leqslant2$，当且仅当 $x=y=1$ 时取等号，条件（1）充分.

由条件（2），$2(x^2+y^2)\geqslant(x+y)^2\Rightarrow(x+y)^2\leqslant4\Rightarrow x+y\leqslant2$，当且仅当 $x=y=1$ 时取等号，条件（2）充分.

综上所述，答案选 D.

18.【答案】 E

【考点】 等比数列

【解析】 条件（1）和条件（2）单独都推不出结论，无法联合，所以选 E.

19.【答案】 B

【考点】 方程的解

【解析】 条件（1）是“或者”的关系，所以单独不充分，由条件（2）得到 $\left(x+\frac{3}{x}\right)^2-5\left(x+\frac{3}{x}\right)-6=0\Rightarrow x+\frac{3}{x}=-1$ 或 6，舍负后，应用韦达定理可以得到 $mn=3$，所以选 B.

20.【答案】 B

【考点】 韦达定理、不等式

【解析】 方程有两根，要求 $\Delta=(m-1)^2-4\times\frac{m^2-8}{4}=9-2m>0$，这里条件（1）和条件（2）都能保证方程有两根，二次方程 $ax^2+bx+c=0$ 的两根之差的绝对值 $|x_2-x_1|=\frac{\sqrt{\Delta}}{|a|}$，则原方程的两根之差的绝对值是 $|x_2-x_1|=\sqrt{9-2m}$.

对于条件（1），$1<m<2\Rightarrow5<9-2m<7\Rightarrow\sqrt{5}<\sqrt{9-2m}<\sqrt{7}$，则两根之差的绝对值小于 3.

对于条件（2），$-5<m<-2\Rightarrow13<9-2m<19\Rightarrow\sqrt{13}<\sqrt{9-2m}<\sqrt{19}$，则两根之差的绝对值大于 3.

21.【答案】 D

【考点】 质数与数列

【解析】 由条件（1），最小的质数是 2，所以 $2^6<100$，所以 $k=6$.

由条件（2），$S_n=n^2-9n\Rightarrow a_n=2n-10\Rightarrow1<2k-10<3$，得 $k=6$，所以选 D.

22.【答案】 E

【考点】 不等式

【解析】 $\frac{x+8}{x^2+2x-3}<2\Rightarrow\frac{(2x+7)(x-2)}{(x+3)(x-1)}>0$，选 E.

23.【答案】 C

【考点】 四边形，三角形

【解析】 条件（1）中，因为 $\frac{AO}{CO}=\frac{S_1}{S_3}=\frac{S_2}{S_4}=\frac{1}{3}$，$S_3=3S_1$，$S_4=3S_2$，所求 $\frac{S_1+S_4}{S_2+S_3}=\frac{S_1+3S_2}{S_2+3S_1}$ 无法确定它们的值.

条件（2）中，因为 $\frac{BO}{DO}=\frac{S_2}{S_1}=\frac{S_4}{S_3}=\frac{80}{40}=\frac{2}{1}$，$S_4=2S_3$，$S_2=2S_1$，所求 $\frac{S_1+S_4}{S_2+S_3}=\frac{S_1+2S_3}{2S_1+S_3}$ 无法确定它们的值.

两条件联合后，$\frac{S_1+S_4}{S_2+S_3}=\frac{S_1+2S_3}{2S_1+S_3}=\frac{7S_1}{5S_1}=\frac{7}{5}$，可以确定数值，联合充分.

24.【答案】 A

【考点】 解析几何

【解析】 圆 $A:(x+2)^2+(y+1)^2=4$，所以圆心为 $A(-2,-1)$，半径为 2. 由条件（1），圆 $B:(x-1)^2+(y-3)^2=9$，圆心为 $B(1,3)$，半径为 3，圆心距为 5，充分；由条件（2），圆 $B:(x-3)^2+y^2=9$，圆心为 $B(3,0)$，半径为 3，圆心距为 $\sqrt{26}$，不充分.

25.【答案】 D

【考点】 方差、方程

【解析】 五个数的平均值是 $\bar{x}=\frac{3+(-1)+x+(-3)+1}{5}=\frac{x}{5}$，

方差为 $S^2=\dfrac{(3-\bar{x})^2+(-3-\bar{x})^2+(1-\bar{x})^2+(-1-\bar{x})^2+(x-\bar{x})^2}{5}$.

对于条件(1)，$x^2-2\,018=0\Rightarrow x=\pm\sqrt{2\,018}$.

当 $x=\sqrt{2\,018}$ 时，

$$S_1^2=\frac{1}{5}\left[\left(3-\frac{\sqrt{2\,018}}{5}\right)^2+\left(-3-\frac{\sqrt{2\,018}}{5}\right)^2+\left(1-\frac{\sqrt{2\,018}}{5}\right)^2+\left(-1-\frac{\sqrt{2\,018}}{5}\right)^2+\left(\sqrt{2\,018}-\frac{\sqrt{2\,018}}{5}\right)^2\right]$$

$$=\frac{1}{5}\left[\left(3-\frac{\sqrt{2\,018}}{5}\right)^2+\left(3+\frac{\sqrt{2\,018}}{5}\right)^2+\left(1-\frac{\sqrt{2\,018}}{5}\right)^2+\left(1+\frac{\sqrt{2\,018}}{5}\right)^2+\left(\sqrt{2\,018}-\frac{\sqrt{2\,018}}{5}\right)^2\right];$$

当 $x=-\sqrt{2\,018}$ 时，方差

$$S_2^2=\frac{1}{5}\left\{\left[3-\left(-\frac{\sqrt{2\,018}}{5}\right)\right]^2+\left[-3-\left(-\frac{\sqrt{2\,018}}{5}\right)\right]^2+\left[1-\left(-\frac{\sqrt{2\,018}}{5}\right)\right]^2+\left[-1-\left(-\frac{\sqrt{2\,018}}{5}\right)\right]^2+\left[-\sqrt{2\,018}-\left(-\frac{\sqrt{2\,018}}{5}\right)\right]^2\right\}$$

$$=\frac{1}{5}\left[\left(3+\frac{\sqrt{2\,018}}{5}\right)^2+\left(3-\frac{\sqrt{2\,018}}{5}\right)^2+\left(1+\frac{\sqrt{2\,018}}{5}\right)^2+\left(1-\frac{\sqrt{2\,018}}{5}\right)^2+\left(\sqrt{2\,018}-\frac{\sqrt{2\,018}}{5}\right)^2\right],$$

得知 $S_1^2=S_2^2$，故五个数的方差存在且唯一，从而是可以确定的，条件(1)充分.

对于条件(2)，$\dfrac{(x-1)x}{x^2-1}=0\Rightarrow x=0$，将 $x=0$ 代入方差公式，便可求出五个数的方差，故条件(2)充分.

三、逻辑推理

26.**【答案】** B

【考点】 假言命题、联言命题

【命题方向】 形式逻辑　正向推理

【解析】 题干信息：(1) 新时代青年→怀抱梦想脚踏实地 ∧ 敢想敢为善作善成；(2) 团结奋斗→绽放绚丽之花→不忘初心、牢记使命；(3) 新征程→锚定 心劲 赢得。

B 选项：¬不忘初心→¬团结奋斗，是(2)的逆否命题，正确；

A 选项：无中生有，“心往一处想，劲往一处使”和“赢得更多光荣，实现更大梦想”之间是“且”的关系，不是“推出”的关系，排除；C 选项：移花接木，“新时代青年”在逻辑关系(1)中，“不忘初心、牢记使命”在逻辑关系(2)中，排除；D 选项：无中生有，题干中未涉及把“向往变为现实”的信息，排除；E 选项：不合规则，不忘初心、牢记使命→绽放绚丽之花，与(2)逻辑关系不一致，排除。

故正确答案为 B 选项。

27.**【答案】** B

【考点】 两大论证形式

【命题方向】 论证推理　支持、加强

【解析】 论据：正版电影每次播放利润为 30 元，被告实施盗版且播放量为 10 万次；

结论：我方当事人应至少获偿利润损失 300 万元。

B 选项：表明盗版实际造成的损失并不是 300 万元，可以支持；

A、D 选项：与题干论证过程无关，排除；

C 选项：对象不一致，题干论证与其他盗版商无关，排除；

E 选项：与题干信息不符，被告律师已经表明不反对原告的数据，排除。

故正确答案为 B 选项。

28.【答案】 C

【考点】 十大论证模型

【命题方向】 论证推理　削弱、质疑、反驳

【解析】 论据：将烟草、咖啡榨成汁喂给老年果蝇以后，果蝇们的多巴胺细胞增多了；

结论：有烟瘾和嗜好咖啡的人，得帕金森病的概率更低。

C 选项：无关选项，与帕金森病没有任何关系，无法削弱；

A、E 选项：类比不当，说明果蝇的结论不能应用于人身上，可以削弱；

B 选项：提出反面论据，说明实验中有反例，结果不一定可靠，可以削弱；

D 选项：他因削弱，说明不一定是烟草和咖啡的效果，可以削弱。

故正确答案为 C 选项。

29.【答案】 D

【考点】 确定信息推理

【命题方向】 综合推理　匹配

【解析】 题干信息：

(1) 财务部 蛋糕→销售部 榴莲酥；

(2) 销售部 马卡龙→财务部 马卡龙；

(3) (采购部 蛋糕∨采购部 榴莲酥)→销售部 蛋糕。

根据条件(1)(3)，财务部 蛋糕→销售部 榴莲酥→(¬采购部 蛋糕∧¬采购部 榴莲酥)，则采购部 马卡龙，可以确定唯一的分配方案。

故正确答案为 D 选项。

30.【答案】 C

【考点】 联言、选言命题

【命题方向】 形式逻辑　假设支持

【解析】 李大宝：方程 有实根∧只有 1 个实根，要表示怀疑，即出现与其矛盾的情况，

¬(有实根∧只有 1 个实根)

= ¬ 有实根∨¬只有 1 个实根 = 没有实根 ∨ 有多个实根，

即如果出现了上述两种情况中的任意一个都可以对李大宝的观点表示怀疑。

Ⅰ：若Ⅰ成立可以质疑李大宝，但不是必须成立的，因为有多个实根也可以；

Ⅱ：若Ⅱ成立可以质疑李大宝，但不是必须成立的，因为没有实根也可以；

Ⅲ：¬有多个实根→没有实根 = 有多个实根∨没有实根，包含了两种情况，所以是必须要成立的。

故正确答案为 C 选项。

31.【答案】 C

【考点】 两大论证形式

【命题方向】 论证推理　支持、加强

【解析】 题干信息：人工智能会对人类造成威胁，并可能最终战胜人类。

C 选项：提出反面论据，说明人工智能对于人类的好处，可以替代人类完成危险工作，但不能说明人工智能对人类有威胁，不能支持，正确；

A 选项：补充正面论据，说明人工智能会带来隐私泄漏与数据投毒等隐患，支持题干论证，排除；

B 选项：补充正面论据，说明人工智能可能会不断进化，从而对人类造成威胁，支持题干论证，排除；

D 选项：补充正面论据，说明人工智能相对于人类而言有优势，可能对人类造成威胁，支持题干论证，排除；

E 选项：补充正面论据，说明人工智能会影响一部分人赖以生活的“铁饭碗”，支持题干论证，排除。

故正确答案为 C 选项。

32.**【答案】** A

【考点】 无确定信息破解法

【命题方向】 综合推理　匹配

【解析】 由“每个人至多去了三处景点”以及条件(1)可知，每处景点有三个人去，每个人去了三处景点。

由条件(2)：韩 东→韩 西＝¬韩 西→¬韩 东，结合“归谬思想”可知，如果韩大宝没去西川，那么也没去东山，就不够三处景点，所以韩大宝一定去了西川。

结合条件(4)：戴 南→¬韩 西＝韩 西→¬戴 南，因为每处景点都有三个人去，所以韩大宝、于大宝和林大宝都去了南河；又因为每个人都去了三个景点，所以戴大宝去了东山、西川、北海。

由条件(3)：林 南→林 西，可知林大宝一定去了西川。

由“韩 西”“林 西”“戴 西”可知：¬于 西，所以可得：于 东、于 南、于 北。

故正确答案为 A 选项。

33.**【答案】** A

【考点】 无确定信息破解法

【命题方向】 综合推理　匹配

【解析】 由条件：于 北→林 北，结合“归谬思想”可知，如果林大宝没去北海，那么于大宝也没去北海，此时北海就不够三个人去，所以林大宝一定去了北海。

进而由前述分析可知，韩大宝没去北海，去了东山。

故正确答案为 A 选项。

34.**【答案】** D

【考点】 稳赢分析法

【命题方向】 综合推理　真话假话

【解析】 题干信息：

（1）马大宝：小组第一 伊朗∨韩国；

（2）牛大宝：小组第一 ¬乌兹别克斯坦；

（3）熊大宝：小组第一 ¬中国∧¬叙利亚。

本题适合用代入验证法，利用表格的话更为直观。

	伊朗	韩国	乌兹别克斯坦	中国	卡塔尔	叙利亚
(1) 马大宝			×	×	×	×
(2) 牛大宝			×			
(3) 熊大宝				×		×

如果伊朗是小组第一,那么(1)真,(2)真,(3)真,不符合只有一真的信息;

如果韩国是小组第一,那么(1)真,(2)真,(3)真,不符合只有一真的信息;

如果乌兹别克斯坦是小组第一,那么(1)假,(2)假,(3)真,符合只有一真的信息;

如果中国是小组第一,那么(1)假,(2)真,(3)假,符合只有一真的信息;

如果卡塔尔是小组第一,那么(1)假,(2)真,(3)真,不符合只有一真的信息;

如果叙利亚是小组第一,那么(1)假,(2)真,(3)假,符合只有一真的信息。

所以小组第一有可能是:乌兹别克斯坦、中国、叙利亚。

D 选项:由上述分析可知,卡塔尔不可能是小组第一,所以 D 选项一定错误;

其他选项均与题干信息不矛盾,排除。

故正确答案为 D 选项。

35.【答案】 A

【考点】 无确定信息破解法

【命题方向】 综合推理 分组

【解析】 题干信息:(1) 爱情 ≠ 动作;(2) 科幻 周日 ∨ 悬疑 周日 → 动作 周日;(3) ¬爱情 周日 → 悬疑 周日 ∧ 科幻 周六。

由(2)可知,如果科幻片在周日放映,那么动作片也在周日放映,结合(1)可知,爱情片在周六放映,再结合(3)可知,科幻片在周六放映。与假设的“科幻片在周日放映”矛盾,所以科幻片不在周日放映,一定在周六放映。

故正确答案为 A 选项。

36.【答案】 B

【考点】 假言命题 三段论

【命题方向】 形式逻辑 假设支持

【解析】 论据:(1) 资助→¬保持公正;

结论:(2) 保持社会影响力→¬资助 = 资助→¬保持社会影响力。

要使题干论证成立,即从论据可以推出结论,就要建立起论据与结论的关系。

B 选项:保持社会影响力→保持公正,与(1)传递可得:资助→¬保持公正→¬保持社会影响力,可以使(2)成立,正确;

其他选项与题干论证过程无关,或无法从论据得出结论,排除。

故正确答案为 B 选项。

37.【答案】 C

【考点】 论证评价

【命题方向】 论证推理 解释

【解析】 解释对象：交强险是亏损的，但是各个保险公司不愿意放弃这项业务。

C 选项：可以解释，说明保险公司可以在商业车险中得到利润，所以整体还是赚钱的，正确；

A、B、E 选项：无法解释，未涉及该项业务的利润问题，排除；

D 选项：力度较弱，用到赔付和未用到赔付的保险，哪种更多呢？未知，排除。

故正确答案为 C 选项。

38.【答案】 A

【考点】 论证评价

【命题方向】 论证推理 论证方式及漏洞

【解析】 该法学家论证中“如果按照这种逻辑”，是一个非常明显的论证结构词，假设该观点成立，进行推理，会出现谬误，以此得出该观点不成立的结论。

故正确答案为 A 选项。

39.【答案】 D

【考点】 直言命题 三段论

【命题方向】 形式逻辑 正推题型

【解析】 题干信息：

(1) 大部分 50 岁以下→ 徒步→¬ MBA 考试；

(2) 优秀员工→ MBA 考试。

(1)(2)传递可得：

(3) 大部分 50 岁以下→徒步→¬ MBA 考试→¬优秀员工。

D 选项：一定为真，由(3)可知，大部分 50 岁以下→¬优秀员工，“大部分”可以推出“有些”，正确；

A 选项：无法推出，优秀员工→ 50 岁以上，题干信息无法建立“优秀员工”和“50 岁以上”的条件关系，排除；

B 选项：一定为假，有的优秀员工→徒步，与(3)矛盾，排除；

C 选项：无法推出，根据(1)无法由“徒步” 推出“50 岁以下”，排除；

E 选项：一定为假，由(3)可知，所有优秀员工都未报名参加徒步越野活动，与 E 选项不符，排除。

故正确答案为 D 选项。

40.【答案】 C

【考点】 无确定信息破解法

【命题方向】 综合推理 匹配

【解析】 题干信息：(1) ¬赵擅长围棋；(2) ¬孙表演古琴→¬赵擅长书法 ∧ ¬赵擅长国画；(3) 钱擅长古琴 ∨ 李擅长古琴→(赵 ∨ 李)(擅长书法 ∨ 表演书法)。

由题干信息和(1)可知：赵琴不擅长围棋，也不擅长古琴，所以赵琴擅长书法或国画，结合(2)逆否可得：孙书表演古琴，所以孙书不擅长古琴，那么钱棋或李画一定擅长古琴，结合(3)可得：(赵 ∨ 李)(擅长书法 ∨ 表演书法)，此时钱棋只能表演围棋或国画。

故正确答案为 C 选项。

41.【答案】 B

【考点】 两大论证形式

【命题方向】 论证推理 支持、加强

【解析】 论据:长期摄入外源性丙酸会导致人体出现胰岛素偏高、胰岛素抵抗等现象;

结论:应该禁止在食品中添加丙酸,以避免引起疾病。

B 选项:建立联系。论据指出外源性丙酸会导致胰岛素偏高等现象,结论指出外源性丙酸会引起疾病,所以要建立“胰岛素偏高”和“疾病”之间的联系,正确。

A 选项:无关选项,与政府部门的确认无关,排除;C 选项:未涉及与结论中“疾病”的联系,排除;D 选项:与论据中对丙酸的描述无关,排除;E 选项:与题干论证过程无关,排除。

故正确答案为 B 选项。

42.【答案】 B

【考点】 无确定信息破解法

【命题方向】 综合推理 匹配

【解析】 由(3)出发结合题干信息可得:¬乙星期一→丙星期四→丁星期日→庚星期二∨戊星期二→¬甲星期二→乙星期一,矛盾,所以真实情况是:乙星期一值班。

故正确答案为 B 选项。

43.【答案】 D

【考点】 确定信息推理

【命题方向】 综合推理 匹配

【解析】 由乙星期一值班,甲星期二值班,庚星期五值班,结合(4)可得:丁星期六值班,结合(2)可得:丙和己都不是星期四值班,推知:戊是星期四值班。

故正确答案为 D 选项。

44.【答案】 B

【考点】 论证评价

【命题方向】 论证推理 结论

【解析】 题干信息:跑道上事故率下降,非跑道上事故率上升。

B 选项:与题干信息抵触,受伤的可能性与事故率是正相关的,所以事故率下降了的同时受伤的可能性不可能增长;

A 选项:无法推出,题干中“事故率”是相对数,而“事故总量”是绝对数,无法得知,排除;

C 选项:无法推出,报告准确度与题干论证无关,排除;

D 选项:无法推出,“总人数”在题干中无法得知,排除;

E 选项:无法推出,与题干信息无关,排除。

故正确答案为 B 选项。

45.【答案】 E

【考点】 论证评价

【命题方向】 论证推理 结论

【解析】 题干信息:跑道上事故率下降,非跑道上事故率上升。

E 选项:可以推出,跑道上事故率下降,非跑道上事故率上升,所以跑道上的事故占总事故的比例应该是 2020 年比 2000 年小,正确;

A、D 选项：无法推出，事故数与赛车的总数密切相关，如果总数大量增加，即使事故率下降，事故数还是可能增多；

B 选项：无法推出，睡眠不足程度从题干中无法明确得到；

C 选项：无法推出，从题干中只能看出驾驶和赛车设计技术与赛车场跑道上受伤的事故率密切相关。

故正确答案为 E 选项。

46.【答案】 C

【考点】 确定信息推理

【命题方向】 综合推理 匹配

【解析】 题干信息：

(1) 3 号 兰博基尼 ∨ 3 号 奔驰 ∨ 3 号 保时捷→1 号 奥迪；

(2) 4 号 奔驰 ∨ 4 号 保时捷→2 号 布加迪 ∨ 5 号 布加迪；

(3) 1 号 布加迪。

由(3)结合(1)逆否可得：¬3 号 兰博基尼 ∧ ¬3 号 奔驰 ∧ ¬3 号 保时捷，所以 3 号车位停放奥迪；

由(3)结合(2)逆否可得：¬4 号 奔驰 ∧ ¬4 号 保时捷，所以 4 号车位停放兰博基尼。

故正确答案为 C 选项。

47.【答案】 A

【考点】 无确定信息破解法

【命题方向】 综合推理 分组

【解析】 如果在巴黎开店，根据(4)不在纽约开店。

如果不在巴黎开店，根据(3)要在曼谷和柏林开店，根据(1)要在伦敦开店，因为在曼谷和伦敦开店，结合(2)可知，不在纽约开店。

所以无论是否在巴黎开店，都可以推出不在纽约开店。

A 选项：¬曼谷 ∨ ¬纽约，“¬纽约”为真，所以 A 选项为真。

故正确答案为 A 选项。

48.【答案】 C

【考点】 假言命题 选言命题

【命题方向】 形式逻辑 真假判定

【解析】 题干信息：

(1) 宪法 主→刑法 辅 ∨ 国际法 辅；

(2) 刑法 主→宪法 辅 ∨ 民法 辅；

(3) 国际法 主→宪法 辅；

(4) 民法 主→国际法 辅 ∨ 宪法 辅。

选“不可能”即是找矛盾关系。

C 选项：若刑法为主修课，国际法为辅修课，结合条件(2)，刑法 主→宪法 辅 ∨ 民法 辅，即不可能以国际法为辅修课；若刑法为辅修课，国际法为主修课，结合条件(3)，国际法 主→宪法 辅，即不可能以刑法为辅修课。所以 C 不可能。

其他选项均与题干信息不矛盾。

故正确答案是 C 选项。

49.【答案】 C

【考点】 排除法

【命题方向】 综合推理　分组

【解析】 题干信息：

(1) 何大宝：金→何；

(2) 金大宝：魏→¬金；

(3) 魏大宝：魏；

(4) 唐大宝：何∨金→唐。

C 选项：符合题干信息，正确；

A 选项：与(2)不符，排除；

B 选项：与(3)(4)不符，排除；

D 选项：与(2)不符，排除；

E 选项：与(2)不符，排除。

故正确答案为 C 选项。

50.【答案】 B

【考点】 两大论证形式

【命题方向】 论证推理　支持、加强

【解析】 论据：一具古埃及棺材样本显示古埃及出现过气候变化；

论点：气候变化或许正是古埃及文明消亡的原因。

B 选项：建立联系，表明气候变化导致干旱，从而使农产品减少，严重影响古埃及人的生存，解释了为什么气候变化会导致古埃及消亡，正确；

A 选项：支持论据，表明树木年轮这一论据为真，但支持力度较弱；

C、D 选项：对象不一致，澳大利亚与斐济岛都不是题干论证的对象，排除；

E 选项：他因削弱，表明是其他原因导致古埃及灭亡，与气候变化无关，排除。

故正确答案为 B 选项。

51.【答案】 A

【考点】 稳赢分析法

【命题方向】 综合推理　数字相关

【解析】 题干信息：参加团建的人数需满足以下几个条件：

(1) 1 000~1 100 人；

(2) 有 $3x+2$ 人；

(3) 有 $5y+3$ 人；

(4) 有 $7z+2$ 人。

由(2)(4)可知，参加团建的人数是 $21a+2$，由(3)可知，参加团建的人数的尾数是 3 或 8，再结合条件(1)，通过计算可知，参加团建的人数为 1 073。

A 选项：$1\ 073=4\times268+1$，所以分为 4 人一组时，会多出 1 名员工，正确。

其他选项均无法满足，排除。

故正确答案为 A 选项。

52.【答案】 C

【考点】 模态命题　直言命题

【命题方向】 形式逻辑　加分题型

【解析】 题干信息：

（1）不必然不 = 可能不不 = 可能，B、C 选项前半句正确；

（2）不都可能 = 有的不可能，C 选项后半句正确。

故正确答案为 C 选项。

53.【答案】 B

【考点】 无确定信息破解法

【命题方向】 综合推理　匹配

【解析】 由王是技术专家，所以一定参与了技术工作，结合每人参与了两项工作，可知王不可能既参加工程工作又参加财务工作，所以结合（1）逆否可得：李是工程专家，那么李一定参与了工程工作。此时技术和工程专家已经确定，那么张一定是商务或财务专家，所以结合（2）可推知：赵一定参加了技术和商务工作。赵肯定不是技术专家，所以赵一定是商务专家，那么张一定是财务专家，参加财务工作。

故正确答案为 B 选项。

54.【答案】 A

【考点】 无确定信息破解法

【命题方向】 综合推理　综合题组（排序）

【解析】 如果赤大宝第一个出场，那么他既在橙大宝之前出场，也在黄大宝之前出场，与条件（1）矛盾，所以赤大宝不可能第一个出场。

故正确答案为 A 选项。

55.【答案】 A

【考点】 排除法

【命题方向】 综合推理　综合题组（排序）

【解析】 此题可使用排除法，将不可能为真的选项排除掉，剩下的就是正确答案。

由上题可知赤大宝不可能第一个出场，所以赤大宝在橙大宝之后出场，结合（1）可得，赤大宝在黄大宝之前出场，所以这三者的前后顺序是：橙、赤、黄，排除 C 选项和 D 选项。

结合（2）可得，绿大宝在青大宝和蓝大宝之前出场，排除 B 选项和 E 选项。

故正确答案为 A 选项。

四、写作

56. 论证有效性分析

【参考答案】

1. 论据不成立：人类未必所有行为都是以利益为出发点，否则就不会有慈善事业和公益组织。并且也未必所有人都以追求钱财为最终目的，也有人是以追求精神和信仰为目的的，因此该论据不能成立，也就无法推出财富定能使人开心快乐。

2. 滑坡谬误:财富越多未必接受更多的教育,因为有钱未必投资到教育上,所以二者无必然联系;而且即使接受更多教育也未必工作能力更强,知识不等同于能力,工作能力的强弱还需要在社会竞争中体现;此外,工作能力强也不代表生活品质高,生活品质由个人生活观念决定,是一种主观行为,工作能力强未必代表生活能力也强。以上一系列推断都无法确保成立,因此不能得出财富越多快乐越多的结论。

3. 推断不出:"囊中羞涩"未必一定不开心。不是所有人都以金钱的多少来决定快乐与否。有的淡泊名利的人只要达到了精神追求,即使物质不富足,也未必不快乐。

4. 归因偏差(单一归因):被"贩卖焦虑",被"内卷"裹挟的原因不只有不够富足,还有社会竞争压力增大、人们欲望过快增长、经济发展导致贫富差距加大、媒体信息日益发达等原因。

5. 混淆概念:"财富"不等同于"价值",二者概念不同。"财富"是金钱具体数额的量化,只是人生"价值"体现的方式之一;而人生"价值"还包含了个人追求的实现、对社会的贡献等方面,所以二者不可以简单等同。

6. 条件不充分:国家实力的提升不仅仅只取决于财富的增加,还取决于国防、科技、教育、医疗等多方面综合因素。显然一个国家富足未必就能富强。

【参考范文】

财富越多越快乐吗

原文通过一系列论述,试图得出"财富越多越快乐"的结论。然而该论证存在诸多不足之处,现分析如下:

首先,财富越多推不出接受的教育更多,因为有钱未必投资到教育上,所以二者无必然联系;而且即使接受更多教育也未必工作能力更强,知识不等同于能力,工作能力的强弱还需要在社会竞争中体现;此外,工作能力强也不代表生活品质高,生活品质由个人生活观念决定,是一种主观行为,工作能力强未必代表生活能力也强。以上一系列推断都无法确保成立,因此不能得出财富越多快乐越多的结论。

其次,"囊中羞涩"推不出一定不开心。不是所有人都以金钱的多少来衡量快乐与否的。有的淡泊名利的人只要达到了精神追求,即使物质不富足,也未必会感到不快乐。

再次,"财富"不等同于"价值",二者概念不同。"财富"是金钱具体数额的量化,只是人生"价值"体现的方式之一;而人生"价值"还包含了个人追求的实现,对社会的贡献等方面,所以二者不可以简单等同。

最后,社会财富增加推不出国家实力就一定会雄厚。国家实力的提升不仅仅只取决于财富的增加,还取决于国防、科技、教育、医疗等多方面综合因素。一个国家富足未必就能富强,作者显然忽略了其他条件。

综上所述,原文论证还存在诸多不足之处,想要得到"财富越多越快乐"的结论还需要进一步有效论证。

57. 论说文

【参考范文】

讲规矩亦可有作为

有些人担心纪律严、禁令多,会为干事创业添负担。有些人则把规矩纪律当成挡箭牌,变成不作为的借口。其实,规矩与作为并不矛盾,讲规矩反而更可大有作为。

“矩不正，不可为方；规不正，不可为圆。”没有纪律，不讲规矩，最终什么事也干不成。这个道理很多人不是不明白，但在对接自己时却不愿认同。归根到底，还是觉得规矩是用来约束别人的，自己最好在规矩之外，自由自在没有约束。一旦纪律严起来、规矩硬起来，就内心里有抵触情绪。这种想法是错误的，实践中迟早要栽跟头。

规矩和制度规定了做事的底线、运行的流程，是各种组织良好运行的必备机制，不可或缺。它可以为干事创业、权力健康运行划定清晰的边界。在这个边界之内，完全可以自由施展拳脚。纪律规矩不但不是什么桎梏，而且越是要做大做强，越需要统一的纪律规则。试想，十几人的小组织可以一人管理，数百数千人的大企业没有规矩制度，如何健康运行？

而且反过来看，规矩纪律其实是一种制度性保护。无论是公职人员，还是企业职员，都有岗位职责和规范，按照既定的规则做事，可以拒绝组织内外不合理的要求或命令，保护正当做事，秉公办理的人。而且诸如企业内部的风险控制、贷款审批等职位，按照制度流程开展工作，更可以尽职免责，这些制度创设的本身不仅是为保护企业，也是在保护员工个人。

那些说规矩妨碍作为的人，更多可能是一种借口，以规矩作为不想做事的挡箭牌。他们可能想按照个人意志行事，图方便，甚至有的还会谋私利。而当下中国，干事创业并不缺机会，真正想要谋取作为的人会矢志奋斗，真抓实干，付诸实践，而不是寻找借口，贻误人生。

所以，我们必须破除规矩妨碍作为的借口，正确认识两者的关系，看到规矩对作为的意义，既要讲求纪律，又要实干有为。

冲刺模拟 8 套卷（四）

一、问题求解：第 1~15 小题，每小题 3 分，共 45 分。下列每题给出的 A、B、C、D、E 五个选项中，只有一个选项是最符合题目要求的。

1. 数列 $\{a_n\}$ 满足 $a_1=1$，且 $a_{n+1}=a_1+a_n+n(n\in\mathbf{N}^*)$，则 $\frac{1}{a_1}+\frac{1}{a_2}+\cdots+\frac{1}{a_{2\,019}}=$（　　）.

A. $\frac{4\,038}{2\,020}$　　B. $\frac{4\,036}{2\,019}$　　C. $\frac{4\,032}{2\,017}$

D. $\frac{4\,034}{2\,018}$　　E. $\frac{4\,030}{2\,021}$

2. 有 6 个学生都面向北站成一排，每喊一次口令只能有五个人向后转，则最少喊（　　）次，才能使这 6 人都面向南.

A. 3　　B. 4　　C. 5

D. 6　　E. 7

3. 在几个交易日内，甲操作一只股票，他首先购入该股票，当天该股票上涨了 10%，随后几天中该股票累计下跌了 20%，然后该股票又上涨了 10%，此时甲将该股票全部卖出，则甲（　　）.

A. 不赔不赚　　B. 赔了 3.2%　　C. 赔了 10%

D. 赚了 2.0%　　E. 赚了 4.2%

4. 使 $\sqrt{x^2+4}+\sqrt{(8-x)^2+16}$ 取最小值的实数 x 的值为（　　）.

A. 3　　B. 2　　C. 1

D. 0　　E. $\frac{8}{3}$

5. 向一杯盐水中加入一些水，盐水的浓度变为 3%；再加入等量的水，盐水浓度变为 2%.若再加入同样多的水，则盐水浓度变为（　　）.

A. 1.5%　　B. 1%　　C. 0.8%

D. 0.5%　　E. 0.4%

6. 如图，已知抛物线 $y=x^2+bx+c$ 的对称轴为 $x=2$，点 A，B 均在抛物线上，且直线 AB 与 x 轴平行，点 A 的坐标为 $(0,3)$，则点 B 的坐标为（　　）.

A. (2, 3)　　B. (3,2)　　C. (3, 3)

D. (4, 3)　　E. (4, 4)

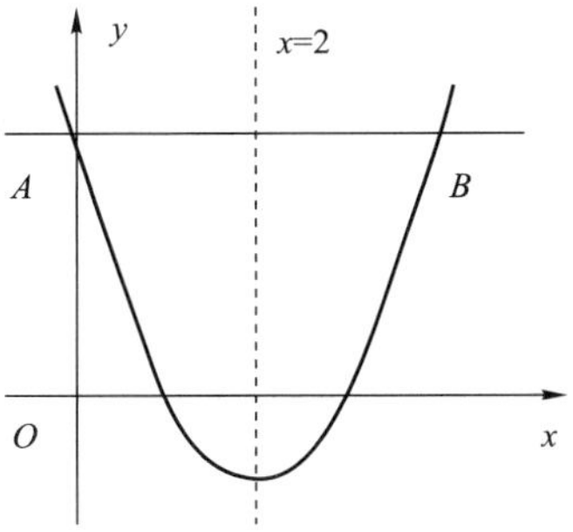

7. 某厂向银行申请甲、乙两种贷款共 40 万元，每年需付利息 5 万元，甲种贷款年利率为 12%，乙种贷款年利率为 14%，该厂申请乙种贷款的金额是(　　)万元.

A. 8　　B. 15　　C. 10

D. 12　　E. 7

8. 租用仓库堆放 3 000 kg 货物，每月租金 7 000 元，这些货物原计划要销售 3 个月，由于降低了价格，结果 2 个月就销售完了，由于节省了租仓库的租金，所以结算下来，反而比原计划多赚了 1 000 元，则每千克货物的价格降低了(　　).

A. 6 元　　B. 5 元　　C. 8 元

D. 2 元　　E. 7 元

9. 甲、乙、丙、丁 4 个足球队参加比赛，假设每场比赛各队取胜的概率相等，现任意将这 4 个队分成两个组(每组两个队)进行比赛，胜者再赛，则甲、乙之间交手的概率为(　　).

A. $\frac{1}{4}$　　B. $\frac{1}{3}$　　C. $\frac{1}{2}$

D. $\frac{3}{4}$　　E. $\frac{2}{5}$

10. 一副扑克牌共 54 张，指定 A 为 1 点，J 为 11 点，Q 为 12 点，K 为 13 点，大、小王为 0 点，其他牌点数自明.现进行抽奖游戏，抽中质数者中奖，则抽一次，中奖概率为(　　).

A. $\frac{2}{5}$　　B. $\frac{3}{5}$　　C. $\frac{1}{6}$

D. $\frac{3}{7}$　　E. $\frac{4}{9}$

11. 等比数列$\{a_n\}$中，$a_9+a_{10}=a(a\neq 0)$，$a_{19}+a_{20}=b$，则 $a_{99}+a_{100}$等于(　　).

A. $\frac{b^9}{a^8}$　　B. $\left(\frac{b}{a}\right)^9$　　C. $\frac{b^{10}}{a^9}$

D. $\left(\frac{b}{a}\right)^{10}$　　E. 1

12. 铁路线旁边有一条沿铁路方向的公路，公路上一辆拖拉机正以 20 km/h 的速度行驶.这时，一列火车以 56 km/h 的速度从后面开过来，火车从车头到车尾经过拖拉机身旁用了 37 s，则火车的全长为(　　)m.

A. 180　　B. 370　　C. 200

D. 350　　E. 420

13. 小倩和小玲每人都有若干面值为整数元的人民币.小倩对小玲说："你若给我 2 元，我的钱数将是你的 n 倍"；小玲对小倩说："你若给我 n 元，我的钱数将是你的 2 倍"，其中 n 为正整数，则 n 的可能值的个数是(　　).

A. 1　　B. 2　　C. 3

D. 4　　E. 5

14. 如图，$\triangle ABC$ 的面积为 1，点 E、F 为所在边的中点，则$\triangle BDE$ 的面积为(　　).

A. $\frac{1}{2}$　　B. $\frac{1}{4}$　　C. $\frac{1}{5}$

D. $\frac{2}{5}$　　　　　E. $\frac{1}{6}$

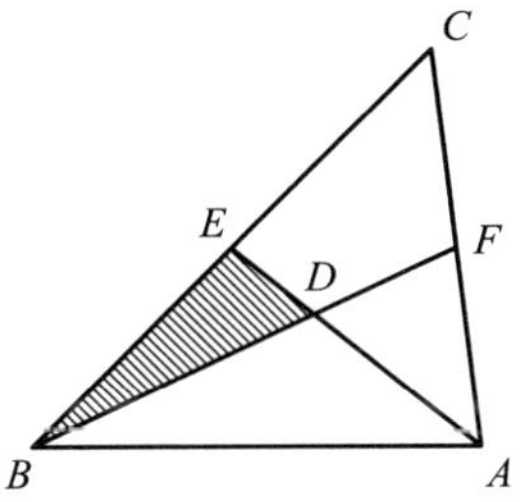

15. 已知集合 $A=\{(x,y)\mid x^2+y^2=1\}$，$B=\{(x,y)\mid |x|+|y|=\lambda\}$，若 $A\cap B\neq\varnothing$，则实数 λ 的取值范围是(　　).

A. $[1,\sqrt{2}]$　　　　B. $[1,\sqrt{3}]$　　　　C. $[1,2]$

D. $[1,3]$　　　　E. $[1,4]$

二、条件充分性判断：第 16～25 小题，每小题 3 分，共 30 分。要求判断每题给出的条件(1)和条件(2)能否充分支持题干所陈述的结论。A、B、C、D、E 五个选项为判断结果，只有一个选项是最符合题目要求的。

A. 条件(1)充分，但条件(2)不充分

B. 条件(2)充分，但条件(1)不充分

C. 条件(1)和(2)单独都不充分，但条件(1)和条件(2)联合起来充分

D. 条件(1)充分，条件(2)也充分

E. 条件(1)和条件(2)单独都不充分，条件(1)和条件(2)联合起来也不充分

16. 甲、乙两班共 60 名同学，参加数学竞赛的有 45 人，参加英语竞赛的有 35 人，则能确定单独参加数学竞赛的同学人数.

(1) 既参加了数学竞赛又参加了英语竞赛的同学有 30 人

(2) 两种竞赛都没有参加的有 10 人

17. 原来甲，乙共有卡片 51 枚，乙、丙共有卡片 45 枚，甲、丙共有卡片 48 枚.则三人的卡片一样多.

(1) 甲给丙 3 枚卡片

(2) 乙给甲 3 枚卡片

18. 一元二次方程 $ax^2+2bx+c=0$ 有两个不同的实数根.

(1) a,b,c 为等差数列

(2) $a,b,2c$ 为等比数列

19. 盒子里装有 1 个红球和 4 个白球，除颜色之外这 5 个球并无差异.某人随机从盒子里抽取小球，则红球至少被抽中 1 次的概率大于 50%.

(1) 无放回地抽取 3 次

(2) 有放回地抽取 3 次

20. $a=3$.

(1) 在平面直角坐标系中，函数 $y=x^2+6x+a$ 的图像关于 $x=a$ 对称

(2) 在平面直角坐标系中,函数 $y=|x+1|+|x-a|$ 的图像关于 $x=1$ 对称

21. 从 1,2,3,4,5 中随机取 3 个数(允许重复)组成一个三位数,则共有 19 个这样的三位数.

(1) 组出的三位数的各位数字之和等于 9

(2) 组出的三位数的各位数字之和等于 7

22. 已知关于 x 的一次函数 $y=mx+n$,分别从集合 P 和 Q 中随机取一个数作为 m 和 n,则函数 $y=mx+n$ 的图像不经过第二象限的概率是 $\frac{4}{9}$.

(1) 集合 $P=\{-2,1,3\}$ 和 $Q=\{-1,-2,3\}$

(2) 集合 $P=\{4,2,3\}$ 和 $Q=\{1,-2,3\}$

23. $x^2-|2x|-15>0$ 成立.

(1) $x\in(-5,5)$

(2) $x\in(-\infty,-4)$

24. 已知数列 $\{a_n\}$ 满足 $a_1=1$,则 254 是该数列 $\{a_n\}$ 的项.

(1) $a_{n+1}=2a_n$,n 为正奇数

(2) $a_{n+1}=a_n+1$,n 为正偶数

25. 一群人要渡过一条河流,有大船和小船可供使用,已知大船和小船数量相同,若选择乘坐小船,每条小船可乘坐 5 人,那么有 9 人不能渡河,则可以确定总人数.

(1) 若选择乘坐大船,每条大船可乘坐 6 人,则恰有一条船不空也不满

(2) 若选择乘坐大船,每条大船可乘坐 10 人,则恰有一条船不空也不满

三、逻辑推理:第 26~55 小题,每小题 2 分,共 60 分。下列每题给出的 A、B、C、D、E 五个选项中,只有一个选项是最符合题目要求的。

26. 某经济学家指出:理财意识很重要,我们必须充分发挥各种金融工具的作用,根据不同金融工具的特点、优势及劣势合理配置自己的资产结构。如果对金融工具足够了解,则一定能做好理财规划。只有平衡好收益与风险,才能做好理财规划并且在金融市场游刃有余。

根据上述经济学家的观点,可以推出以下哪项?

A. 除非对金融工具足够了解,否则无法在金融市场游刃有余。

B. 如果对金融工具足够了解,则能平衡好收益与风险。

C. 只有充分发挥各种金融工具的作用,才能不断积累财富。

D. 只有根据不同金融工具的特点、优势及劣势合理配置自己的资产结构,才能充分发挥各种金融工具的作用。

E. 如果没有平衡好收益与风险,且在金融市场游刃有余,则一定没有做好理财规划。

27. 酸雨是指 pH 小于 5.6 的雨雪或其他形式的降水,它对人体健康、生态环境、建筑设施都有很大危害。我国一些地区已经成为酸雨多发区,酸雨污染的范围和程度已经引起人们的密切关注。大气中的二氧化硫和氮氧化合物是形成酸雨的主要物质,它们在空气中氧化形成酸性物质。科研人员指出,减少煤和石油的使用是防治酸雨的治本之策。

上述科研人员的判断还需基于以下哪个前提?

A. 煤和石油的燃烧会向空气中排放二氧化硫和氮氧化合物。

B. 煤和石油燃烧后排放的气体结合二氧化硫、氮氧化合物会形成酸性物质。

C. 酸雨面积的扩大将大量消耗煤和石油资源，导致能源危机的发生。

D. 煤和石油燃烧释放的氧化剂使二氧化硫和氮氧化合物结合形成酸性物质。

E. 我国多用煤，所以我国的酸雨是硫酸型酸雨，而多用石油的国家下硝酸型酸雨。

28. 噬菌体是一种病菌，它能够捕食细菌。目前随着医疗中植入技术的发展，越来越多的患者接受着诸如导尿管、心脏支架等医学植入装置，但随之也带来了细菌感染的风险。因此，一些研究人员认为，如果让噬菌体吸附在植入装置材料表面，再将其放入患者体内，就可以避免植入装置引发的感染。

以下哪项如果为真，最能削弱上述结论？

A. 对植入医学装置的患者，一般通过服用抗生素来防御细菌感染。

B. 有细菌的场所就可能有相应噬菌体的存在，只是数量有差异。

C. 噬菌体能够攻击致病细菌，但有时也“捕食”有益的细菌。

D. 噬菌体在装置材料表面的吸附性还有待研究。

E. 噬菌体进入机体后，无法适应体液环境，难以保持活性。

29. 国之兴衰，系于人才，源于教育。古人说：“师者，人之模范也。”在学生眼里，教师“吐辞为经、举足为法”，一言一行都给学生以极大影响。教师只有真心热爱自己的工作，才会带来高质量的教育。名师必须要有高质量的教育。因此，名校毕业的教师未必能成为名师，履历不应成为教师录用的唯一标准。

以下哪项最可能是以上论述的假设？

A. 教师是专业性很强的职业，应充分发挥高学历人才的优势。

B. 个别单位应扭转“唯名校”“唯学历”的用人导向，摒弃“学历高消费”的错误观念。

C. 教育不是“一锤子买卖”，重在朝夕相处，贵在潜移默化，不能只看名校毕业生的学历。

D. 名校毕业的教师不一定真心热爱教育事业。

E. 名校毕业的教师可以提升教师队伍整体水平，最终让学生受益、让教育受益。

30. 哮喘是由多种细胞（如嗜酸性粒细胞、肥大细胞、T 淋巴细胞、中性粒细胞、气道上皮细胞等）和细胞组分参与的气道慢性炎症性疾患。有研究者认为，支气管哮喘是一种有明显家族聚集倾向的多基因遗传性疾病，它的发生既受遗传因素又受环境因素的影响。有些人罹患哮喘病是由于情绪问题，焦虑、抑郁和愤怒等消极情绪可促使机体释放组胺等物质，从而引发哮喘病。但是，反对者认为，迷走神经兴奋性的提高和交感神经反应性的降低才是引发哮喘病的原因，与患者的情绪问题无关。

以下哪项如果为真，最能削弱反对者的观点？

A. 现代医学已经证实，消极情绪也可诱发身体疾病。

B. 哮喘病发作会造成患者情绪焦虑、抑郁和愤怒等。

C. 焦虑、抑郁和愤怒等消极情绪是现代人的普遍问题。

D. 消极情绪会提高患者迷走神经的兴奋性并降低交感神经的反应性。

E. 可以通过使患者兴奋、放松和愉快等方式来治疗哮喘。

31. 奥运会排球预选赛即将进入最后阶段，由进入决赛的中国队、美国队、阿根廷队、日本队这 4 支球队争夺晋级名额。球迷们根据各球队的以往战绩及现场表现，对比赛结果做了如下预测：

（1）日本队、阿根廷队是后两名；

(2) 如果中国队是第一名,那么美国队将是第二名;
(3) 如果日本队无法进入前两名,那么阿根廷队将进入前两名。
比赛结束后,发现球迷们的上述预测只有一项是正确的。
由上述信息,可以推出以下哪项?
A. 中国队是第一名。
B. 美国队是第二名。
C. 日本队是第三名。
D. 阿根廷队是第四名。
E. 中国队是第三名。

32. 某寝室有甲、乙、丙三人,他们分属不同的系,分别来自会计系、法律系、英语系之一。已知:
(1) 只有甲来自英语系,乙才来自会计系或法律系;
(2) 除非丙来自法律系,否则来自英语系的不是甲;
(3) 如果乙来自英语系,那么甲不来自法律系;
(4) 若来自会计系的不是丙,则甲不来自英语系。
根据以上信息,以下哪项一定为真?
A. 甲来自会计系。 B. 甲来自法律系。 C. 甲来自英语系。
D. 乙来自法律系。 E. 丙来自会计系。

33. 某公司为员工准备下午茶,已知赵大宝、钱大宝、孙大宝、李大宝、周大宝五名员工会在绿茶、红茶、花茶、果汁、可乐中各选三种,而每种饮品也恰有三个人选。已知:
(1) 赵大宝和周大宝分别选了果汁和可乐中的一种;
(2) 如果赵大宝选了绿茶或者红茶,则钱大宝没有选果汁,也没有选可乐;
(3) 如果李大宝在绿茶、红茶、花茶中至少选一种,那么孙大宝要么选绿茶,要么选红茶。
根据以上信息,以下哪项一定为真?
A. 赵大宝没选果汁。 B. 赵大宝选了可乐。 C. 钱大宝没选花茶。
D. 孙大宝没选花茶。 E. 孙大宝选了绿茶。

34. J 公司的职员都很有正能量。有些经常打羽毛球的职员资助贫困儿童,凡是热爱户外运动的职员都参与过支教活动,但是所有资助贫困儿童的职员都没有参与过支教活动。
如果上述论述为真,则以下哪项也一定为真?
A. 有些热爱户外运动的职员不经常打羽毛球。
B. 有些热爱户外运动的职员经常打羽毛球。
C. 有些经常打羽毛球的职员不热爱户外运动。
D. 有些经常打羽毛球的职员参与过支教活动。
E. 所有经常打羽毛球的职员都不热爱户外运动。

35. 根据《中国 2019 年国民经济和社会发展统计公报》数据显示,截至 2021 年末,我国的总人口约为 14.13 亿人,其中我国男性人口总数为 72 311 万人,女性人口总数为 68 989 万人,男性人口比女性人口多 3 322 万人,全国总人口性别比为 104.81(以女性为 100)。在所有成年非婚者中,大龄单身青年是最受人们关注的一个群体。有社会学家指出,长期独居的生活,会使人们的社交能力逐渐退化,性情变得孤僻。因此该社会学家认为,大龄青年应尽早结束单身状态，否则容易导致心理问题。

以下哪项如果为真，最能削弱上述社会学家的观点？

A. 一项调查显示，在社会上只有1 000多万的男性可能找不到女性结婚。

B. 对于大龄剩男来说，若不能及时调整自己的心态，很可能会一直单身下去。

C. 单身状态不会直接导致心理问题。

D. 一项调查研究显示，是性情孤僻使大龄青年单身。

E. 单身是一种美好的状态，人是社会化的动物，但终归是孤独的。

36. 有一些人在遇到意外脑创伤后，会突然拥有超出常人的艺术或才智方面的天赋，电影《雨人》中的雷蒙就是这样一个形象，这些人常被称为学者综合征患者，他们从小就具有非凡的音乐、艺术、数学或记忆等方面的才能。但与之形成鲜明对比的是，他们在语言、社交和其他方面的能力却存在明显缺陷。有专家由此认为，意外脑创伤是通向艺术殿堂的一扇窗。

以下哪项如果为真，最能质疑专家的结论？

A. 只有不到1%的学者综合征患者在患病期间能成为杰出艺术家。

B. 我们每个人身体里都住着一个“内在的天才”，需要有机会释放被封印的才华。

C. 因为意外事件而表现出特殊才能，可能缘于大脑某些区域活动减弱，以及某些区域活动增强。

D. 学者综合征患者患病后所获得的艺术或才智方面的才能只能是家族遗传的结果。

E. 即使是非学者综合征患者，成为艺术家的也非常少。

37. 英国石油公司在墨西哥湾的油井发生爆裂，大量原油泄漏。该公司立即并持续使用化学分散剂来分解浮油。美国众议院能源和环境委员会主席对化学分散剂的安全性提出了严重质疑。美国国家食品和药物管理局负责人的回应是：“化学分散剂是安全的，除非有任何报告显示这种化学品进入海产品食物链并威胁到公众的健康。”

以下哪项是对上述回应的最恰当描述？

A. 美国国家食品和药物管理局的回应是正确的。

B. 美国国家食品和药物管理局的回应有漏洞，因为他们没有分析化学分散剂的特性，并以此为依据推出结论。

C. 美国国家食品和药物管理局的回应有漏洞，因为他们的回应无法从根本上重塑民众对墨西哥湾食品安全的信心。

D. 美国国家食品和药物管理局的回应有漏洞，因为他们没有找到化学分散剂不能进入海产品食物链的充分的证据。

E. 美国国家食品和药物管理局的回应有漏洞，因为他们把没有证据证明某种情况的存在，当作有证据证明某种情况不存在。

38. 在一场“请问谁在说谎”的游戏中，四位游戏参与者每人从一副没有大小王的扑克牌中抽取一张。

甲说：“我抽中的是黑桃。”

乙说：“我抽中的是红桃。”

丙说：“我抽中的不是红桃。”

丁说：“我抽中的是梅花。”

已知 4 人抽取的扑克牌花色各不相同，且有一人说谎。

根据上述条件，下列说法正确的是哪项？

A. 甲、乙、丙、丁均有可能说谎。

B. 可以推知每个人抽取的扑克牌花色。

C. 丙可能抽中方块。

D. 乙抽中的牌一定是红桃。

E. 乙抽中的牌一定不是红桃。

39. 2018 年澳大利亚乒乓球公开赛是世界巡回赛白金站之一，中国队主力尽出，派出了马龙、张继科、许昕、丁宁、刘诗雯五位奥运冠军出战。乒乓球爱好者们关于马龙、张继科、丁宁是否进入半决赛有下面几种猜测：

(1) 马龙、张继科、丁宁中至少有一人进入半决赛；

(2) 如果马龙进入半决赛，那么张继科、丁宁也进入半决赛；

(3) 只有马龙、张继科进入半决赛，丁宁才能进入半决赛。

已知这些猜测都是正确的，则以下哪项是一定正确的？

A. 张继科和丁宁进入半决赛。

B. 马龙或张继科进入半决赛。

C. 马龙和张继科进入半决赛。

D. 马龙进入半决赛。

E. 丁宁进入半决赛。

40. 如果我们乐观地认为互联网可以解决边缘性群体等社会问题，就是典型的技术决定论。假如技术决定论成立，那么所有社会问题都可以转化为技术问题，世界就会简单许多，但这并非事实。任何技术问题的解决都会伴随着新问题的产生，比如无人机送外卖可能解决了劳动力短缺的问题，但无人机能不能进入小区？如果能进入，是否会侵犯人的隐私？谁有权利允许它进入？我们面对的新问题一点儿也不比旧问题少，技术从不会自动承诺给我们一个更好的未来。技术的发展可以辅助我们解决社会问题，但社会问题的本质是社会而不是技术。

以下哪项最能概括上述论证的主旨？

A. 社会的发展不可能永远一帆风顺。

B. 边缘性群体问题有着复杂的原因。

C. 必须警惕技术发展对隐私的侵犯。

D. 单纯依赖技术无法解决社会问题。

E. 我们不是在使用社交媒体，而是活在社交媒体中。

41. 紫茎泽兰是一种重要的检疫性有害生物，自 19 世纪作为一种观赏植物在世界各地引种后，因其繁殖力强，已成为全球性的入侵物种，尤其是北半球受到了严重的危害。天然草地被紫茎泽兰入侵 3 年就失去放牧利用价值，常造成家畜误食中毒死亡。对付紫茎泽兰的最佳方法是引入这种植物的天敌，科学家建议把南半球的一种昆虫——泽兰实蝇放养到北半球，其对紫茎泽兰的生长有明显的抑制作用，可以通过产卵阻碍紫茎泽兰的生产繁殖，削弱大面积传播危害。

如果科学家控制紫茎泽兰的建议被采纳,以下哪项是其成功所必须要有的前提?

A. 南、北半球紫茎泽兰生长的地区必须拥有相同的气候和土壤条件。

B. 释放的泽兰实蝇除了抑制紫茎泽兰生长之外,对其他的植物没有影响。

C. 由于紫茎泽兰品种不同,对当地生态的危害各不相同。

D. 放养的泽兰实蝇的存活群体足够减少紫茎泽兰的数量,并抑制它的生长。

E. 在秋冬季节,人工挖除紫茎泽兰全株、集中晒干烧毁也是有效的方法。

42. 周道是 F 公司职员,能熟练使用 Word。该公司职员或者能熟练使用 Excel,或者能熟练使用 PowerPoint;如果熟练使用 Word,则不能熟练使用 PowerPoint。因此,周道能熟练使用 Python。

以下哪项最可能是上述论证的假设?

A. 如果能熟练使用 Excel,则能熟练使用 Python。

B. F 公司能熟练使用 Excel 的职员都能熟练使用 Python。

C. Word 和 Python 比 PowerPoint 更具挑战性。

D. F 公司职员熟练使用的软件只限于 Word、Excel、PowerPoint 和 Python。

E. F 公司所有职员都能熟练使用 Python。

43. 长期以来,英国的医生认为戴墨镜的病人更易于消沉并患上忧郁症。对因诸如心脏疼痛和消化不良等身体不适而住院的病人进行的心理测试证实了这一联系。或许是周围的一切使得心理上痛苦的人选择这样的墨镜去减少视觉刺激,而视觉刺激被认为是令人易发怒的。不管怎么说,人们可以得出结论,如果有人戴上这样的墨镜,这是因为戴墨镜者有消沉或患有忧郁症的倾向。

上述论证以下面哪个为假设?

A. 消沉在某些情况下不是由身体的机能造成的。

B. 戴墨镜者认为墨镜不是一种把自己与别人疏远开来的方法。

C. 消沉有很多原因,包括任何人消沉都合乎情理的真实条件。

D. 对于戴墨镜的忧郁症患者来说,墨镜可以作为让别人看出其健康不佳的视觉信号。

E. 墨镜没有把光线变得如此黯淡以致使戴墨镜者的心情急剧消沉。

44. 某寝室有东大宝、西大宝、南大宝、北大宝、中大宝五人,其中东大宝、西大宝、南大宝对五人年终评优的结果预测如下:

东大宝:如果中大宝没有被评定为优秀,则我也不会被评定为优秀;

西大宝:我和北大宝、中大宝三人要么都被评定为优秀,要么都不被评定为优秀;

南大宝:西大宝会被评定为优秀,除非我不被评定为优秀。

评定结果出来后,发现三个人的预测都是错的,则最终有几个人被评定为优秀?

A. 0。 B. 1。 C. 2。

D. 3。 E. 4。

45. 大蒜在日常饮食中无处不在,炒菜、吃饺子、蘸料……而关于蒜的功效说法也很多,降压、防癌、抗菌、抗氧化……然而孟先生对上述说法持怀疑态度。

以下哪项最能支持孟先生的观点?

A. 当前并没有可靠的研究显示,大蒜或大蒜提取物这一单一食物可以降低患癌风险。

B. 有研究结果显示,要想摄入足以降低血压的大蒜辣素,需要一次性摄入 300 g 新鲜大蒜,而且必须充分咀嚼以保证大蒜辣素全部生成。

C. 大蒜中的一种硫化物——阿霍烯可以抑制细菌，并且破坏细菌周围的保护性生物膜，使抗生素和人体自身的免疫系统能够更直接地攻击细菌。

D. 有些人在食用大蒜后，大蒜素会刺激胃酸过多分泌引起上腹部不适、隐痛等症状。

E. 大蒜中的大蒜素是一种天然抗氧化剂，但其进入身体之后，会迅速降解，很难发挥作用。

46. 智能手机时代到来之后，手机行业的竞争愈加激烈，国产机的发展可以用雨后春笋来形容。在选购手机时，产品质量是消费者考虑的主要因素。Z 手机生产厂家一方面进行更加时尚的外观设计，另一方面加大研发力度，提高手机质量。同时，为了能更好地扩大市场份额，又降低了产品的价格。然而，在进行了一系列的努力之后，Z 厂家的手机销量不但没有提升，反而有所下降。

以下哪项如果为真，最能解释上述矛盾？

A. 消费者对于价格并不敏感，没有意识到该手机的价格有所下降。

B. 消费者选购手机时，往往比较冲动。

C. 消费者通常是通过价格来衡量手机产品质量的。

D. 其他手机生产厂家也调整了产品价格。

E. 不同消费者对于手机产品的关注点不一样，产品质量不是唯一的考虑因素。

47. 赵大宝、钱大宝、孙大宝三人被三所不同的大学录取，分别为厦门大学、北京大学、南京大学之一。关于他们分别被哪个学校录取，同学们做了如下的猜测：

同学甲：赵大宝被北京大学录取，孙大宝被南京大学录取；

同学乙：赵大宝被南京大学录取，钱大宝被北京大学录取；

同学丙：赵大宝被厦门大学录取，孙大宝被北京大学录取。

结果，同学们的猜测各对了一半。那么，以下哪项是他们的录取情况？

A. 赵大宝、钱大宝、孙大宝分别被厦门大学、北京大学和南京大学录取。

B. 赵大宝、钱大宝、孙大宝分别被北京大学、南京大学和厦门大学录取。

C. 赵大宝、钱大宝、孙大宝分别被南京大学、北京大学和厦门大学录取。

D. 赵大宝、钱大宝、孙大宝分别被厦门大学、南京大学和北京大学录取。

E. 赵大宝、钱大宝、孙大宝分别被北京大学、厦门大学和南京大学录取。

48～49 题基于以下题干信息：

某集团有三个子公司：风云、天怡、长金，它们由东至西按上述顺序依次坐落在同一个园区中。现在要安排六人去这三个子公司任职，这六人是：孔智、孟睿、荀慧、庄聪、墨灵、韩敏，每个子公司都要安排两人。人员安排要满足以下条件：

（1）庄聪与墨灵必须安排在同一个子公司；

（2）孔智与孟睿不能安排在同一个子公司；

（3）如果荀慧去风云，那么孔智去天怡；

（4）如果韩敏去长金，那么孟睿去天怡。

48. 如果孔智和荀慧安排在同一个子公司，以下哪项必然为真？

A. 韩敏不去长金。　　B. 荀慧去天怡。　　C. 庄聪去风云。

D. 孔智去天怡。　　E. 孟睿去风云。

49. 如果孟睿所去的子公司在韩敏所去的子公司的东侧，且二者紧邻，则以下哪项不可能为真？

A. 孔智去了长金。 B. 孔智去了天怡。 C. 墨灵去了天怡。

D. 荀慧去了风云。 E. 孟睿去了风云。

50. 某同学共有 10 个书架，按序号一字排开（见下图）。其中 1 个书架只放数学书，2 个书架只放逻辑书，3 个书架只放写作书，4 个书架只放英语书。

1	2	3	4	5	6	7	8	9	10

要求：

（1）1 号和 10 号书架放写作书；

（2）两个放逻辑书的书架连号；

（3）放英语书的书架与放逻辑书的书架不连号；

（4）放写作书的书架与放数学书的书架不连号；

（5）4 号书架放逻辑书，5 号书架放数学书。

由上述信息，可以推出以下哪项？

A. 3 号书架放数学书。 B. 2 号书架放英语书。 C. 7 号书架放写作书。

D. 6 号书架放写作书。 E. 9 号书架放英语书。

51～52 题基于以下题干信息：

在一个聚会上，宾客们纷纷举杯庆祝安妮夫妇的新婚大喜。其中，有些宾客之间互相认识，有些宾客之间却并不熟悉。已知周、吴、郑、王四个人有如下的认识关系：

（1）周认识所有不认识郑的人；

（2）王不认识郑；

（3）郑认识所有认识周的人。

51. 如果李认识周，则以下哪项一定为真？

A. 郑不认识李。 B. 周不认识王。 C. 郑认识周，李认识王。

D. 郑认识李，周认识王。 E. 李认识郑，周认识王。

52. 若郑不认识吴、周、王，则以下哪项一定为假？

A. 吴认识王。 B. 王不认识周。 C. 若王不认识周，则吴认识周。

D. 周认识吴。 E. 若王认识周，则吴认识周。

53. 叮叮、斯斯、妙妙、咚咚四位同学来自不同的省份，分别是辽宁、江西、江苏和河南之一。并且还知道：叮叮比来自江西的同学个子高，妙妙比斯斯的个子低，来自辽宁的同学比来自河南的同学个子低，来自江西的同学比来自江苏的同学个子高，来自河南的同学不是妙妙就是咚咚。

根据上述信息，可知下述哪项为真？

A. 咚咚来自河南，叮叮来自辽宁，斯斯来自江西，妙妙来自江苏。

B. 叮叮来自辽宁，斯斯来自江西，妙妙的家乡不确定。

C. 咚咚来自河南，妙妙来自江苏，其他两人的家乡不确定。

D. 斯斯来自江西,妙妙来自江苏,其他两人的家乡不确定。

E. 咚咚来自河南,叮叮来自江苏,斯斯来自江西,妙妙来自辽宁。

54~55 题基于以下题干信息:

某食堂需安排早、午、晚三餐的食材。食材共分三类,

第一类包括:鸡肉、牛肉、羊肉、鱼肉;

第二类包括:芹菜、生菜、菠菜、白菜;

第三类包括:鸡蛋、香菇和豆腐。

每餐至少使用每类食材中的一种。三餐中,每种食材均会被用到,但不会被重复使用。每餐最多使用上述食材中的四种。此外,食材的搭配需满足以下条件:

(1) 只有某餐中使用了鸡肉,该餐中才会使用鱼肉;

(2) 羊肉不会与菠菜或芹菜用于同一餐中;

(3) 如果午餐中使用了鸡肉,那么一定也会使用羊肉;

(4) 若某餐中使用了香菇或生菜,则该餐中一定使用了鱼肉。

54. 根据以上信息,以下哪项必然是共用于某一餐中的食材(不一定是全部)?

A. 牛肉、菠菜、豆腐。 B. 牛肉、菠菜、香菇。 C. 牛肉、菠菜、芹菜。

D. 羊肉、白菜、鸡蛋。 E. 羊肉、生菜、香菇。

55. 如果某日早餐的食材中使用了豆腐,则以下哪项一定为真?

A. 当日的午餐中一定使用了生菜。

B. 当日的午餐中一定使用了鸡蛋。

C. 当日的晚餐中一定使用了芹菜。

D. 当日的晚餐中一定使用了牛肉。

E. 当日的晚餐中一定使用了鸡蛋。

四、写作:第 56~57 小题,共 65 分。其中论证有效性分析 30 分,论说文 35 分。

56. 论证有效性分析:分析下述论证中存在的缺陷和漏洞,选择若干要点,写一篇 600 字左右的文章,对该论证的有效性进行分析和评论。(论证有效性分析的一般要点是:概念特别是核心概念的界定和使用是否准确并前后一致,有无各种明显的逻辑错误,论证的论据是否成立并支持结论,结论成立的条件是否充分,等等。)

2016 年,国家卫生计生委新闻发言人近日在第九届全球健康促进大会上透露,《公共场所控制吸烟条例》被国务院法制办列入了今年的立法计划,《条例》预计将于今年内公布实施。发言人认为,中国控烟面临一些特殊的困难和问题,公共场所室内全面禁烟虽然执行有困难,但经过努力是完全可以实现的。

全面控烟立法的目的,就是要通过刚性的控烟法规,推动形成全面控烟、全民控烟的工作机制和制度体系,促使各级政府及职能部门转变观念,理性认识禁烟执法的难度和成本,充分保障公共财政投入,为执行全民禁烟规定做好准备。

中国控烟面临的特殊困难主要来自三个方面,一是烟草行业和上下游关联产业等利益群体的抵制。基于这些阻力,今年控烟立法也有可能出台无望。二是执法难度大。执行室内公共场所全面禁烟的规定,与大部分烟民的日常生活习惯形成了不小的冲突,这可能会增加控烟执法难度。执法难度大小具体要看烟民的文明素质,因为烟民文明素质的高低直接决定了当地社会的

文明程度；三是投入要求大。这个困难相对较小，只要充分保障公共财政投入，就能为执行室内公共场所 100%禁烟等全面控烟规定做好准备。北京、上海两地率先出台了室内公共场所全面禁烟的规定，表明当前我国各大城市能够提供强大的财政投入。

虽然全面控烟立法面临着上述种种困难，但立法不能是一个被动反应、消极无为的过程，而应当体现出对社会政治生活的能动性，以及对执法活动的先导、带动作用。此外，全面控烟立法在国际上也早有先例，例如美国上百个城市都有相关控烟立法，并对无法实现禁烟的公共场所、工作场所进行处罚；在日本东京街头吸烟，人们必须到固定地点，违反者将被罚款。这些举措都卓有成效，所以此类国际经验都是值得我国参照的。因此，我国今年全面控烟立法指日可待。

57. 论说文：根据下述材料，写一篇 700 字左右的论说文，题目自拟。

2020 年 5 月，北京海淀法院公布了一起案件，涉及国内两大知名短视频平台。其中一家平台 A 起诉另一家平台 B，通过人为影响搜索结果，导致用户搜索 A，结果排位最高的却是 B。而就在今年 3 月，平台 B 已就平台 A 同样使用该手段，向法院提起了三起诉讼，起诉其构成不正当竞争。

冲刺模拟 8 套卷（四）答案及解析

一、问题求解

1.【答案】 A

【考点】 裂项求和

【解析】 因为 $a_{n+1}-a_n=n+1, a_n-a_{n-1}=n-1+1, \cdots, a_2-a_1=1+1$，所以 $a_{n+1}-a_1=\frac{(1+n)n}{2}+n$，即 $a_{n+1}=\frac{n(n+1)}{2}+n+1$，所以 $a_n=\frac{n(n-1)}{2}+n=\frac{n(n+1)}{2}$，$\frac{1}{a_n}=2\left(\frac{1}{n}-\frac{1}{n+1}\right)$，$\frac{1}{a_1}+\frac{1}{a_2}+\cdots+\frac{1}{a_{2\,019}}=2\left[\left(1-\frac{1}{2}\right)+\left(\frac{1}{2}-\frac{1}{3}\right)+\cdots+\left(\frac{1}{2\,019}-\frac{1}{2\,020}\right)\right]=2\times\left(1-\frac{1}{2\,020}\right)=\frac{4\,038}{2\,020}$.故选 A.

2.【答案】 D

【考点】 开关问题

【解析】 第 1 次：命令 1,2,3,4,5 号；第 2 次：命令 1,2,3,4,6 号；第 3 次：命令 1,2,3,5,6 号；第 4 次：命令 1,2,4,5,6 号；第 5 次：命令 1,3,4,5,6 号；第 6 次：命令 2,3,4,5,6 号.

3.【答案】 B

【考点】 比例问题

【解析】 设甲购入了股票 x 元，当天该股票上涨了 10%，股票价格为 $(1+10\%)x$，随后几天中该股票累计下跌了 20%，股票价格为 $(1+10\%)(1-20\%)x$，然后该股票又上涨了 10%，股票价格为 $(1+10\%)(1-20\%)(1+10\%)x=0.968x$，则甲赔了 $\frac{x-0.968x}{x}=3.2\%$.

4.【答案】 E

【考点】 两点间距离公式

【解析】 用一般方法很难求出代数式的最值，由于 $\sqrt{x^2+4}+\sqrt{(8-x)^2+16}=\sqrt{(x-0)^2+(0-2)^2}+\sqrt{(x-8)^2+(0-4)^2}$，于是可构造图形，转化为：在 x 轴上求一点 $C(x,0)$，使它到两点 $A(0,2)$ 和 $B(8,4)$ 的距离和 $CA+CB$ 最小，利用对称可求出 C 点坐标，这样，通过构造图形使问题迎刃而解.

于是构造如图所示.作 $A(0,2)$ 关于 x 轴的对称点 $A'(0,-2)$，令直线 $A'B$ 的解析式为 $y=kx+b$，

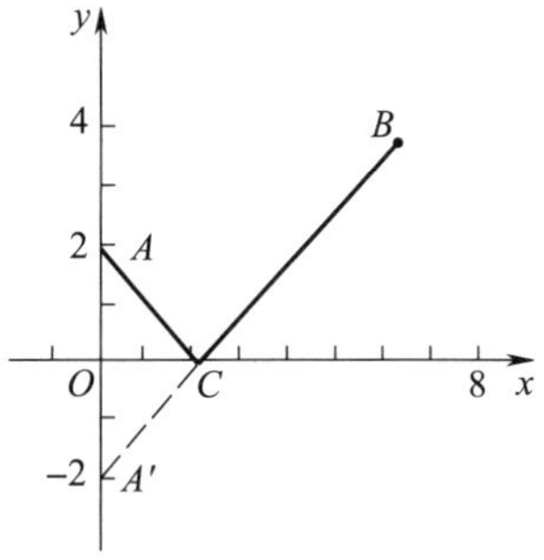

则 $\begin{cases}0k+b=-2,\\8k+b=4,\end{cases}$ 解得 $\begin{cases}k=\frac{3}{4},\\b=-2,\end{cases}$

所以 $y=\frac{3}{4}x-2$，令 $y=0$，得 $x=\frac{8}{3}$.

即 C 点的坐标是 $\left(\frac{8}{3},0\right)$，所以当 $x=\frac{8}{3}$ 时，$\sqrt{x^2+4}+\sqrt{(8-x)^2+16}$ 有最小值.

5.【答案】 A

【考点】 浓度问题

【解析】 方法一：整个过程中盐是不变的，起初，盐水的浓度变为 3%，盐与水之比是 3∶97，相当于杯中有 3 份的盐，97 份的水；然后加入等量的水后，浓度为 2%，盐与水之比是 2∶98 = 1∶49 = 3∶147，相当于加了 50 份的水；若再加入同样多的水，则盐与水之比是 3∶(147+50) = 3∶197，则盐水浓度是$\frac{3}{3+197}\times100\%=1.5\%$.

方法二：设原来有盐水 100 g，浓度为 3%，则有盐 3 g，加入等量的水（设为 m g），浓度为$\frac{3}{100+m}=2\%\Rightarrow m=50$，再加入等量的水，则浓度为$\frac{3}{100+m+m}=\frac{3}{200}=1.5\%$.

6.【答案】 D

【考点】 抛物线的对称性

【解析】 点 B 是点 A 关于直线 $x=2$ 的对称点，则点 B 的坐标是(4,3).

7.【答案】 C

【考点】 比例问题

【解析】 设该厂申请乙种贷款的金额是 x 万元，则申请甲种贷款金额是$(40-x)$万元，由题易知 $0.12\times(40-x)+0.14x=5\Rightarrow x=10$.

8.【答案】 D

【考点】 盈亏问题

【解析】 原计划租仓库 3 个月，现只租用了 2 个月，节约了 1 个月的租金 7 000 元.如果不降低价格，那么应比原计划多赚 7 000 元，但现在只多赚了 1 000 元，说明降价损失是 7 000−1 000 = 6 000(元).因为共有 3 000 kg 货物，所以每千克货物降低了 6 000÷3 000 = 2(元).

9.【答案】 C

【考点】 穷举法、加法原理

【解析】 穷举法.甲、乙相遇的分组情况恰好有 6 种（请读者自己列举出来），所有可能的比赛分组情况共有 $4\times\frac{C_4^2C_2^2}{2!}=12$(种)，故选 C.

10.【答案】 E

【考点】 概率、质数

【解析】 抽中的质数可能为 2,3,5,7,11,13，每个质数有 4 张，则总共有 6×4 = 24(张)，概率为$\frac{24}{54}=\frac{4}{9}$.

11.【答案】 A

【考点】 等比数列

【解析】 设该数列的第一项为 a_1，公比为 q，则根据已知有

$$a_1q^8+a_1q^9=a,$$
$$a_1q^{18}+a_1q^{19}=b,$$

可得 $q^{10}=\frac{b}{a}$,则

$$a_{99}+a_{100}=a_1q^{98}+a_1q^{99}=q^{90}(a_1q^8+a_1q^9)=\left(\frac{b}{a}\right)^9\cdot a=\frac{b^9}{a^8}.$$

12.【答案】 B

【考点】 路程问题

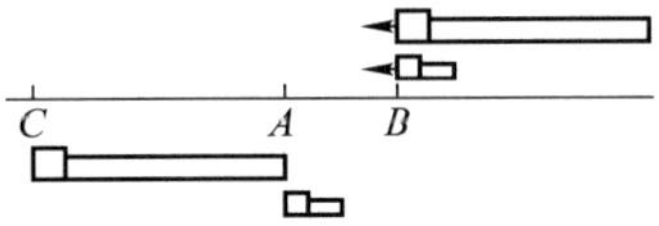

【解析】 由上图知,37 s 火车头从 B 走到 C,拖拉机从 B 走到 A,火车比拖拉机多行一个火车车长的路程,则火车车长[(56 000−20 000)÷3 600]×37=370(m).

13.【答案】 D

【考点】 方程的整数解

【解析】 设小倩所有的钱数为 x 元,小玲所有的钱数为 y 元,x,y 均为非负整数. 由题设可得

$$\begin{cases}x+2=n(y-2),\\ y+n=2(x-n),\end{cases}$$

消去 x 得 $(2y-7)n=y+4$,则

$$2n=\frac{(2y-7)+15}{2y-7}=1+\frac{15}{2y-7}.$$

因为 $\frac{15}{2y-7}$ 为正整数,所以 $2y-7$ 的值分别为 1,3,5,15,所以 y 的值只能为 4,5,6,11.从而 n 的值分别为 8,3,2,1;x 的值分别为 14,7,6,7.

14.【答案】 E

【考点】 三角形的面积、重心

【解析】 点 E 是 BC 的中点,则△ABE 和△ACE 的面积相等,即 $S_{\triangle ABE}=\frac{1}{2}$,这里点 D 是中线 AE、BF 的交点,也就是△ABC 的重心,从而 $\frac{AD}{DE}=\frac{2}{1}$,从而△$BDE$ 的面积为 $S_{\triangle BDE}=\frac{1}{3}S_{\triangle ABE}=\frac{1}{3}\times\frac{1}{2}=\frac{1}{6}$.

注意:三角形的重心将中线分为 2∶1 的两部分.

15.【答案】 A

【考点】 正方形与圆

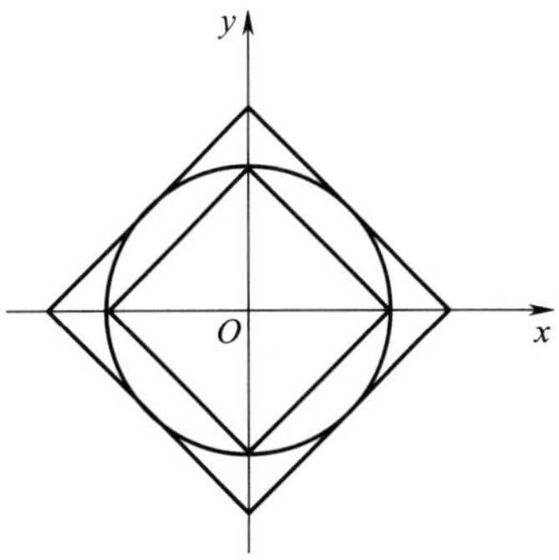

【解析】 集合 A 表示圆 $x^2+y^2=1$ 上点的集合,集合 B 表示菱形 $|x|+|y|=\lambda$ 上点的集合,由 $\lambda=|x|+|y|\geqslant 0$ 知 λ 表示直线在 y 轴正半轴上的截距,如图,若 $A\cap B\neq\varnothing$,则 $1\leqslant\lambda\leqslant\sqrt{2}$.

二、条件充分性判断

16.【答案】 D

【考点】 集合问题

【解析】 对于条件(1),易知单独参加数学竞赛的同学有 $45-30=15$(人);对于条件(2),设两种竞赛都参加的人数是 x,则 $(45-x)+(35-x)+x+10=60\Rightarrow x=30$,则单独参加数学竞赛的同学有 $45-30=15$(人).

17.【答案】 A

【考点】 三元一次方程组

【解析】 设甲、乙、丙三人分别有卡片 a,b,c 枚,则 $\begin{cases}a+b=51,\\b+c=45,\\c+a=48\end{cases}\Rightarrow\begin{cases}a=27,\\b=24,\\c=21,\end{cases}$ 要使得三人的卡片一样多,只需将甲的三枚卡片给丙即可,故条件(1)充分.

18.【答案】 B

【考点】 数列、一元二次方程

【解析】 对于条件(1),令 $a=b=c=1$,则原方程为 $x^2+2x+1=0$,该方程有两个相同的实数根,故条件(1)不充分;对于条件(2),$a,b,2c$ 为等比数列可知 $b^2=2ac\neq0$,则方程的判别式 $\Delta=4b^2-4ac=4b^2-2b^2=2b^2>0$,故条件(2)充分.

19.【答案】 A

【考点】 概率、正难则反

【解析】 用正难则反的思想,红球至少被抽中 1 次,其反面就是红球从未被抽中过.

对于条件(1),红球至少被抽中 1 次的概率为 $P=1-\dfrac{4}{5}\times\dfrac{3}{4}\times\dfrac{2}{3}=0.6$,故充分.

对于条件(2),红球至少被抽中 1 次的概率为 $P=1-\left(\dfrac{4}{5}\right)^3=0.488$,故不充分.

20.【答案】 B

【考点】 抛物线、平底锅

【解析】 对于条件(1),函数 $y=x^2+6x+a$ 的图像的对称轴是 $x=-3$,则 $a=-3$,条件(1)不充分;对于条件(2),函数 $y=|x+1|+|x-a|$ 的图像是平底锅,这个"底"的两个端点是 -1 和 a,图像关于 $x=1$ 对称,则 $\dfrac{-1+a}{2}=1\Rightarrow a=3$.

21.【答案】 A

【考点】 数字问题,穷举法

【解析】 对于条件(1),满足条件的有(3,3,3),(1,4,4),(2,2,5),(1,3,5),(2,3,4),再考虑顺序,共 $1+2\times3+2A_3^3=19$.对于条件(2),满足条件的有(1,3,3),(2,2,3),(1,1,5),(1,2,4),再考虑顺序,共 $3\times3+A_3^3=15$.

22.【答案】 A

【考点】 古典概率

【解析】 先分析条件(1).根据题意,分别从集合 P 和 Q 中随机取一个数作为 m 和 n,其情

况有 $m=1,n=-1$；$m=1,n=-2$；$m=1,n=3$；$m=-2,n=-1$；$m=-2,n=-2$；$m=-2,n=3$；$m=3,n=-1$；$m=3,n=-2$；$m=3,n=3$，共 9 种情况，则函数 $y=mx+n$ 的不同情况有 9 种.若函数 $y=mx+n$ 的图像不经过第二象限，必有 $m>0,n<0$，其情况有 $m=1,n=-1$；$m=1,n=-2$；$m=3,n=-1$；$m=3,n=-2$，共 4 种情况，则函数 $y=mx+n$ 的图像不经过第二象限的概率 $P=\frac{4}{9}$. 条件(2) 显然不充分.选 A.

23.【答案】 E

【考点】 绝对值不等式

【解析】 原不等式即 $|x|^2-2|x|-15>0\Leftrightarrow(|x|+3)(|x|-5)>0$，而 $|x|+3$ 一定大于零，则原不等式等价于 $|x|-5>0\Leftrightarrow x>5$ 或 $x<-5$，已知条件(1)和条件(2)均不充分，联合也不充分.

24.【答案】 C

【考点】 递推公式

【解析】 单独考虑显然不充分，需要条件(1)和(2)联合.当 n 为奇数时，$a_n=a_{n-1}+1=2a_n-2+1$，故 $a_n+1=2(a_{n-2}+1)$，故 $a_n+1=(1+1)\times2^{\frac{n-1}{2}}=2^{\frac{n+1}{2}}$，故 $a_n=2^{\frac{n+1}{2}}-1$，故 254 不是奇数项，故 $254=2\left(2^{\frac{n+1}{2}}-1\right)$，故 $n=13$，故 254 是该数列的第 14 项，所以选 C.

25.【答案】 E

【考点】 不等式的整数解

【解析】 设有 x 条小船，总共有 y 人，则 $y=5x+9$.

对于条件(1)，有 $6(x-1)<y<6x$，将 $y=5x+9$ 代入并化简，有 $9<x<15$.当 $x=10$ 时，$y=59$ 满足题意；当 $x=11$ 时，$y=64$ 也满足题意；从而总人数不确定.对于条件(2)，有 $10(x-1)<y<10x$，将 $y=5x+9$ 代入并化简，有 $9<5x<19$.当 $x=2$ 时，$y=19$ 满足题意；当 $x=3$ 时，$y=24$ 也满足题意；从而总人数不确定.两条件不能联合，故答案选择 E.

三、逻辑推理

26.【答案】 E

【考点】 假言命题　联言、选言命题

【命题方向】 形式逻辑　正向推理

【解析】 题干信息：(1) 足够了解→做好规划；(2) 做好规划∧游刃有余→平衡。

E 选项：¬平衡∧游刃有余→¬做好规划。由(2)逆否可得：¬平衡→¬做好规划∨¬游刃有余，“¬平衡”之后，再结合“或”的性质，否定“¬游刃有余”，就可以得到：¬做好规划。正确。

A 选项：不合规则。¬足够了解→¬游刃有余，无法由题干信息推出，排除。

B 选项：移花接木。“足够了解”与“平衡”之间没有推理关系，排除。

C 选项：无中生有。“积累财富”的信息在题干中并未出现，排除。

D 选项：无中生有。题干中“合理配置”与“发挥作用”之间没有推理关系，排除。

故正确答案为 E 选项。

27.【答案】 A

【考点】 两大论证形式

【命题方向】 论证推理　假设、前提

【解析】 论据：大气中的二氧化硫和氮氧化合物是形成酸雨的主要物质；

结论：减少煤和石油的使用是防治酸雨的治本之策。

A 选项：建立联系，表明煤和石油的燃烧确实会排放二氧化硫和氮氧化合物，所以减少使用煤和石油之后确实可以防治酸雨，正确；

B、D 选项：干扰项，要注意题干信息，煤和石油燃烧的排放物不是氧化剂，也不是其他气体，排除；

C、E 选项：无关选项，无法建立论据与结论之间的关系，排除。

故正确答案为 A 选项。

28. **【答案】** E

【考点】 十大论证模型

【命题方向】 论证推理　削弱、质疑、反驳

【解析】 论据：噬菌体可以捕食细菌；

结论：将噬菌体吸附在植入装置材料表面（方法），就可以避免植入装置引发的感染（目的）。

E 选项：方法达不到目的，噬菌体无法适应体液环境，难以保持活性，所以即使放入体内，也不能捕食细菌，从而就不能起到避免感染的作用，可以削弱，正确；

A、B 选项：无关选项，与题干论证无关，排除；

C 选项：两面派，一方面能够攻击致病细菌，另一方面又“捕食”有益细菌，二者哪个影响更大呢？未知，无法削弱，排除；

D 选项：诉诸未知，“有待研究”表明该信息不确定，无法削弱，排除。

故正确答案为 E 选项。

29. **【答案】** D

【考点】 两大论证形式

【命题方向】 论证推理　假设、前提

【解析】 论据：(1) 高质量教育→真心热爱；(2) 名师→高质量教育。

结论：(3) 名校毕业→未必名师。

D 选项：建立联系。名校毕业→不一定真心热爱。结合(1)(2)可得：名校毕业→不一定高质量→未必名师，可以得出结论(3)。

故正确答案为 D 选项。

30. **【答案】** D

【考点】 十大论证模型

【命题方向】 论证推理　削弱、质疑、反驳

【解析】 论据：哮喘的原因是迷走神经兴奋性的提高和交感神经反应性的降低；

结论：哮喘（果）与消极情绪（因）无关。

D 选项：间接因果，消极情绪会提高患者迷走神经的兴奋性并降低交感神经的反应性，从而导致哮喘病的产生，说明情绪与哮喘病的产生存在因果关系，可以削弱；

A 选项：力度较弱，消极情绪可诱发身体疾病，并不能说明会导致哮喘，排除；

B 选项：无关选项，题干论证与哮喘病的结果无关，排除；

C 选项：无关选项，消极情绪的普遍性与是否会导致哮喘病无关，排除；

E选项：无关选项，题干探讨的是引发哮喘的原因，而不是治疗方式，排除。

故正确答案为D选项。

31.【答案】 A

【考点】 稳赢分析法

【命题方向】 综合推理　真话假话题

【解析】

第一步： 简化信息	(1) ¬日(前二)∧¬阿(前二)； (2) 中一→美二； (3) ¬日(前二)→阿(前二)。
第二步： 找到关系	(1)和(3)是矛盾关系，必一真一假。
第三步： 推知其他	已知这些预测只有一项是正确的，故正确的预测必在(1)和(3)中，可以推知(2)必假。
第四步： 得出事实	根据(2)为假，可知真实情况：中一，¬美二。
第五步： 选出答案	根据"中一，¬美二"无法判断(1)和(3)谁真谁假，但是可以判断出A选项是正确的。

32.【答案】 A

【考点】 无确定信息破解法

【命题方向】 综合推理　匹配

【解析】 题干信息：

(1) 乙 会计∨乙 法律→甲 英语；

(2) ¬丙 法律→¬甲 英语；

(3) 乙 英语→¬甲 法律；

(4) ¬丙 会计→¬甲 英语。

由(2)可得：甲 英语→丙 法律；

由(4)可得：甲 英语→丙 会计。

所以，如果甲来自英语系，那么丙既来自法律系又来自会计系，出现了矛盾，所以可知：¬甲 英语；由"¬甲 英语"结合(1)可得：¬乙 会计∧¬乙 法律，所以可知：乙 英语；由"乙 英语"结合(3)可得：¬甲 法律；由"¬甲 英语"和"¬甲 法律"可得：甲 会计。

故正确答案为A选项。

33.【答案】 D

【考点】 无确定信息破解法

【命题方向】 综合推理　匹配

【解析】 由(1)可知，赵大宝在果汁和可乐中会选一种，结合每人会选三种饮品，所以赵大宝在绿茶、红茶、花茶中三选二,因此绿茶和红茶一定会至少选一个,结合(2)可得:钱大宝没有选果汁,也没有选可乐。

因为每种饮品需要有三个人选择,所以孙大宝和李大宝一定选果汁和可乐,又因为每人要选三种,所以李大宝在绿茶、红茶、花茶中一定会至少选一个,结合(3)可得:孙大宝在绿茶和红茶中二选一,所以孙大宝一定没选花茶。

故正确答案为 D 选项。

34.**【答案】** C

【考点】 真言命题　三段论

【命题方向】 形式逻辑　正推题型

【解析】 题干信息:

(1) 有些 羽毛球→资助;

(2) 户外运动→支教;

(3) 资助→¬支教;

传递可得:

(4) 有些 羽毛球→资助→¬支教→¬户外运动。

C 选项:符合逻辑关系(4),有些 羽毛球→¬户外运动,正确;

A 选项:不符合题干信息,有些 户外运动→¬羽毛球,排除;

B 选项:不符合题干信息,有些 户外运动→羽毛球,排除;

D 选项:不符合题干信息,有些 羽毛球→支教,排除;

E 选项:不符合题干信息,羽毛球→¬户外运动,由(4)只能得知,有些 羽毛球→¬户外运动,无法推出"所有",排除。

故正确答案为 C 选项。

35.**【答案】** D

【考点】 两大论证形式

【命题方向】 论证推理　削弱、质疑、反驳

【解析】 论据:长期独居的生活,会使人们的社交能力逐渐退化,性情变得孤僻;

结论:大龄青年应尽早结束单身状态,否则容易导致心理问题。

因:长期独居的生活;果:社交能力退化、性格变得孤僻。

D 选项:因果倒置,表明并不是独居单身导致性格孤僻,而是性格孤僻导致了独居单身,正确。

A、B、E 选项:无关选项,未涉及独居单身与性格孤僻之间的关系,排除。

C 选项:易错项,"不会直接导致",但如果是间接导致,同样表明二者之间有因果关系,排除。

故正确答案为 D 选项。

36.**【答案】** D

【考点】 两大论证形式

【命题方向】 论证推理　削弱、质疑、反驳

【解析】 因:学者综合征;

果:释放艺术敏感性或其他创造力。

D 选项:割裂因果,直接表明学者综合征与超出常人的才能无关,只与遗传有关,正确;

A 选项:试图说明学者综合征患者很少能成为艺术家,但是没有与非学者综合征患者成为艺术家的概率进行比较,削弱力度较弱;

B、C 选项:无关选项,无法表明题干因果关系是否成立;

E 选项:题干论证与“非学者综合征患者”无关,排除。

故正确答案为 D 选项。

37.【答案】 E

【考点】 论证评价

【命题方向】 论证推理　论证方式及漏洞

【解析】 题干中美国国家食品和药物管理局回应的论证过程为:没有报告显示化学分散剂不安全,所以就是安全的。这一论证过程犯了“诉诸无知”的谬误,某件事未被证明是真实的,故它不是真实的,也就是没有证据证明某种情况(化学品不安全)的存在,当作有证据证明某种情况(化学品不安全)不存在。其他选项与论证过程无关。

故正确答案为 E 选项。

38.【答案】 D

【考点】 稳赢分析法

【命题方向】 综合推理　匹配

【解析】 如果乙说谎,甲、丙、丁都说真话,那么就没有人抽到红桃,与题干信息矛盾,所以乙说真话,抽中的是红桃。

故正确答案为 D 选项。

39.【答案】 B

【考点】 无确定信息破解法

【命题方向】 综合推理　分组

【解析】 题干信息:

(1) 马 ∨ 张 ∨ 丁;

(2) 马→张 ∧ 丁 = ¬张 ∨ ¬丁→¬马;

(3) 丁→马 ∧ 张 = ¬马 ∨ ¬张→¬丁。

由(2)(3)可知,若张继科未进半决赛,则马龙和丁宁也未进半决赛,与(1)矛盾,故张继科一定会进入半决赛。

B 选项:马 ∨ 张,由“或”的真值特点“一真则真”可知,张继科进入半决赛为真,则“马 ∨ 张”也为真。

故正确答案为 B 选项。

40.【答案】 D

【考点】 论证评价

【命题方向】 论证推理　结论

【解析】 题干结构为:(1) 背景信息:如果我们乐观地认为互联网可以解决边缘性群体等社会问题,就是典型的技术决定论。假如技术决定论成立,那么所有社会问题都可以转化为技术问题,世界其实会简单许多。(2) 转折词引领中心句:但这并非事实,任何技术问题的解决都会伴随着新问题的产生。(3) 举例证明主旨:无人机。

核心句为(2),也就是单纯依赖技术无法解决社会问题。

故正确答案为 D 选项。

41.【答案】 D

【考点】 十大论证模型

【命题方向】 论证推理 假设、前提

【解析】 属方法目的模型。方法:放养紫茎泽兰的天敌——泽兰实蝇;目的:抑制紫茎泽兰。

第一思路:该方法可以达到目的。但是要注意此题为“假设题型”,慎选偏激选项。

D 选项:方法可行,表明放养的泽兰实蝇确实可以起到作用,正确;

A 选项:假设过强,只要其天敌可以存活即可,不需要假设气候和土壤完全相同;

B 选项:假设过强,只要对紫茎泽兰有效即可,不需要考虑其他植物;

C 选项:无关选项,与题干论证无关,排除;

E 选项:无关选项,与题干的方法无关,排除。

故正确答案为 D 选项。

42.【答案】 B

【考点】 直言命题 三段论

【命题方向】 形式逻辑 支持、假设

【解析】 题干信息:

(1) 周道→F 公司 $\wedge$ Word;

(2) F 公司→Excel $\vee$ PowerPoint;

(3) Word→$\neg$ PowerPoint;

(4) 因此,周道→Python。

由(1)和(2)可知,(5) 周道→F 公司→Excel $\vee$ PowerPoint;

由(1)和(3)可知,(6) 周道→Word→$\neg$ PowerPoint;

由(5)和(6)可知,(7) 周道→Excel。

要得到结论(4),只需要补充条件“Excel→Python”即可,但要注意题干的讨论都是在 F 公司的范围内,所以只要 F 公司熟练使用 Excel 的职员都能熟练使用 Python 即可。

B 选项:与上述分析一致,正确;

A 选项:范围过大,只要 F 公司职员符合该条件即可,不是必须要有的假设,排除;

C 选项:与题干论证无关,排除;

D 选项:无法推出结论,排除;

E 选项:虽然可以使题干中的结论成立,但范围过大,不需要 F 公司所有职员都熟练使用 Python,只需要熟练使用 Excel 的职员能熟练使用 Python 即可,不是必须要有的假设,排除。

故正确答案为 B 选项。

43.【答案】 E

【考点】 两大论证形式

【命题方向】 论证推理 假设、前提

【解析】 原因：戴墨镜者有消沉或患有忧郁症的倾向；

结果：人们会戴墨镜。

E 选项：表明不是因为墨镜使戴墨镜者心情消沉，排除了因果倒置的可能性，是题干论证需要的假设；

A、B、C、D 选项：无关选项，"某些情况""与别人疏远开来""消沉有很多原因""视觉信号"与题干论证无关，排除。

故正确答案为 E 选项。

44.【答案】 D

【考点】 假言命题　联言、选言命题

【命题方向】 形式逻辑　真假判定

【解析】 题干信息：

东：$\neg$中→$\neg$东，预测错误，则真实情况为：$\neg$中 ∧ 东(1)；

西：(西 ∧ 北 ∧ 中) ∨ ($\neg$西 ∧ $\neg$北 ∧ $\neg$中)，预测错误，说明三人优秀情况不同(2)；

南：南→西，预测错误，则真实情况为：南 ∧ $\neg$西(3)。

由(1)和(3)可知，西大宝和中大宝都不被评定为优秀，结合(2)可推出：北大宝被评定为优秀。

所以，东大宝、南大宝、北大宝三人被评定为优秀。

故正确答案为 D 选项。

45.【答案】 E

【考点】 两大论证形式

【命题方向】 论证推理　支持、假设

【解析】 孟先生：大蒜没有降压、防癌、抗菌抗氧化等功效。

E 选项：态度正确，表明大蒜确实没有上述功效，正确；

A、B 选项：态度不明确，未表明大蒜是否具有这些功效，排除；

C 选项：态度错误，削弱了孟先生的观点，排除；

D 选项：无关选项，未涉及功效问题，排除。

故正确答案为 E 选项。

46.【答案】 C

【考点】 论证评价

【命题方向】 论证推理　解释

【解析】 解释对象：质量提升、价格降低，但是，该厂手机的市场份额反而有所降低。

C 选项：可以解释，消费者会根据价格来衡量产品的质量，所以题干中说降低了产品的价格，人们就会认为其质量也会降低，故会减少购买，很好地解释了矛盾，正确；

A 选项：无关选项，未提及"质量提升"的因素，排除；

B 选项：无关选项，与题干中的矛盾现象无关，排除；

D 选项：无法解释，虽然其他厂家也调整了产品的价格，无法得知谁的价格占优势，排除；

E 选项：无法解释，只是表明不同消费者的选择取决于不同的因素，排除。

故正确答案为 C 选项。

47.【答案】 A

【考点】 排除法

【命题方向】 综合推理 匹配

【解析】 本题可采用选项代入进行验证排除。

A 选项:若为真,则满足题干;

B 选项:若为真,则乙、丙的两个猜测均为假;

C 选项:若为真,则甲、丙的两个猜测均为假,乙的两个猜测均为真;

D 选项:若为真,则甲、乙的两个猜测均为假,丙的两个猜测均为真;

E 选项:若为真,则乙、丙的两个猜测均为假,甲的两个猜测均为真。

故正确答案为 A 选项。

48.【答案】 A

【考点】 稳赢分析法

【命题方向】 综合推理 综合题组

【解析】 假设韩敏去长金,由条件(4)知孟睿去天怡,再由条件(1),庄聪与墨灵必须去风云。此时孔智和荀慧已经无处可去,所以上述假设是不可能的。

故正确答案为 A 选项。

49.【答案】 C

【考点】 稳赢分析法

【命题方向】 综合推理 综合题组

【解析】 假设墨灵去了天怡,由条件(1),庄聪也要去天怡,这样中间的子公司(天怡)被占满了,孟睿和韩敏所去的子公司就不可能紧邻了,所以上述假设是不可能的。

故正确答案为 C 选项。

50.【答案】 E

【考点】 稳赢分析法

【命题方向】 综合推理 排序

【解析】 根据题干条件进行标注,每一个书架只能放一种书,确定的信息为:(1)1 号和 10 号书架放写作书;(5)4 号书架放逻辑书,5 号书架放数学书。再根据(2)可知,逻辑书的另外一个书架不可能是 5 号书架,那么只能是 3 号书架。接着,由(3)可知,2 号书架不能放英语书,所以剩下的 6、7、8、9 四个书架必然是放英语书,写作的另外一本书只能放 2 号书架。最终结果为:

1	2	3	4	5	6	7	8	9	10
写作	写作	逻辑	逻辑	数学	英语	英语	英语	英语	写作

故正确答案为 E 选项。

51.【答案】 D

【考点】 关系命题 假言命题

【命题方向】 形式逻辑 加分题型

【解析】 题干信息:

（1）A 不认识郑→周认识 A；

（2）王不认识郑；

（3）B 认识周→郑认识 B = 郑不认识 B→B 不认识周。

附加信息：

（4）李认识周。

由（3）和（4）结合可得：李认识周→郑认识李。

由（1）和（2）结合可得：王不认识郑→周认识王。

故正确答案为 D 选项。

52.【答案】 C

【考点】 关系命题 假言命题

【命题方向】 形式逻辑 加分题型

【解析】 附加信息：

（5）郑不认识吴，由（3）的逆否可得：吴不认识周；

（6）郑不认识周；

（7）郑不认识王，由（3）的逆否可得：王不认识周。

C 选项：由（7）和（5）可得，王不认识周 ∧ 吴不认识周，与 C 选项矛盾，一定为假，正确；

A、D 选项：由题干条件无法得知，排除；

B、E 选项：由（7）可知，为真，排除。

故正确答案为 C 选项。

53.【答案】 A

【考点】 稳赢分析法

【命题方向】 综合推理 匹配

【解析】 题干信息：

（1）叮叮>江西；

（2）斯斯>妙妙；

（3）河南>辽宁；

（4）江西>江苏；

（5）来自河南的不是叮叮和斯斯。

由（1）和（4）可知：叮叮不是来自江西，也不是来自江苏，结合（5）可得：叮叮来自辽宁；四人的家乡按照个子高低排序结果为：河南>辽宁>江西>江苏；由条件（2）和（5）可知：来自河南的不是妙妙、叮叮和斯斯，所以来自河南的是咚咚。于是可确定四人的家乡：咚咚来自河南，叮叮来自辽宁，斯斯来自江西，妙妙来自江苏。

故正确答案为 A 选项。

54.【答案】 C

【考点】 稳赢分析法

【命题方向】 综合推理 综合题组（分组）

【解析】 题干信息：（1）鱼肉→鸡肉；

（2）羊肉→¬菠菜 ∧ ¬芹菜；

(3) 午餐鸡肉→午餐羊肉;

(4) 香菇∨生菜→鱼肉。

结合信息(1)(4)推知:(5) 香菇∨生菜→鱼肉→鸡肉。

每餐每一类至少使用一种,每种食材不会被重复使用,结合(3)(5)可推知午餐不可能使用香菇、生菜、鱼肉。

若午餐选了鸡肉,那么对于其他餐时使用鱼肉的将无法使用鸡肉,所以午餐也不能使用鸡肉;午餐也不能同时使用牛肉和羊肉,如果同时使用,那么必定有一个餐时没有肉类可选。

若午餐选羊肉,那么必选白菜,其他餐时选鸡肉和鱼肉的必选生菜,余下选牛肉的则只能选芹菜和菠菜;若午餐不选羊肉,选的是牛肉,分析可推知不能选生菜,那只能选芹菜和菠菜。

综上可知,无论哪个餐时选择牛肉,都会同时选择芹菜和菠菜。

故正确答案为 C 选项。

55.**【答案】** B

【考点】 稳赢分析法

【命题方向】 综合推理　综合题组(分组)

【解析】 结合信息(1)(4)推知:香菇∨生菜→鱼肉→鸡肉。

每餐每一类至少使用一种,每种食材不会被重复使用,结合(3)(5)可推知午餐不可能使用香菇、生菜、鱼肉。早餐使用了豆腐,那么午餐必定使用了鸡蛋。

故正确答案为 B 选项。

四、写作

56. 论证有效性分析

【参考答案】

1. 概念混淆:前文说“全面控烟”和“室内公共场所全面禁烟”,对于烟民而言,还是可以自觉选择其他适合的地方吸烟;而第二段末尾说“全民禁烟”,是所有人在任何场合都不准吸烟,这与前文概念不一致。

2. 自相矛盾:前文说“基于这些阻力,今年控烟立法也有可能出台无望”;后文说“我国今年出台全面控烟立法指日可待”,两者前后矛盾。

3. 以偏概全+论据不成立:烟民的文明素质的高低不能直接决定当地社会的文明程度,烟民不能代表当地所有人,该理由不能成立,不宜作为论据,因此也就不能推出执法难度大小要看烟民的文明素质。(以偏概全导致的论据不成立)

4. 条件不充分:为全面控烟做好准备,不仅需要公共财政投入,还需要其他条件,如增强执法力度、促使烟民转变观念等条件。

5. 以偏概全+推断不出:“北京、上海两地”不能代表“我国各大城市”;而且,即使对于北京、上海两地来说,其出台规定并不代表已能提供强大的财政投入,更何况其他城市。(组合攻击)

6. 类比不当:美国、日本等国的经济发展水平、立法程序、国民控烟意识等社会和文化的诸多因素都与我国有差异。因此,这些国家控烟立法的先例未必适用于我国国情,也未必值得我国参照。

【参考范文】

全面控烟立法真的指日可待吗

原文作者认为，全面控烟虽面临重重困难，但今年内实现立法指日可待。然而其论证过程仍存在一定的不足之处，分析如下：

首先，原论证的核心概念应当清晰。前文说“全面控烟”和“室内公共场所全面禁烟”，对于烟民而言，还是可以自觉选择其他适合的地方吸烟；而第二段末尾说“全民禁烟”，是所有人在任何场合都不准吸烟，这与前文概念不一致。

其次，充分保障公共财政投入就能为全面控烟做好准备吗？作者忽视了其他条件。全面控烟可能不仅是资金投入就能解决的问题，这还需要增强执法力度、促使烟民转变观念等其他条件。况且，如果财政投入就能解决，那么原文还何必再谈三大困难呢？显然这里有所矛盾，也可以看出论证存在缺陷。

接着，“北京、上海两地率先出台了室内公共场所全面禁烟的规定”不能表明“当前各大城市能够提供强大的财政投入”。北京、上海属于特大城市，不能代表广大的二、三、四线城市的实际情况。况且，两地出台了相关规定也未见得就做好了财政投入准备，这是两回事。京沪尚且如此，更何况其他城市。原文说投入问题“困难相对较小”，这个判断未免过早。

最后，美国、日本等发达国家的经济发展水平、立法程序、国民控烟意识等社会和文化的诸多因素都与我国有显著差异，不宜简单类比。因此，这些国家控烟立法的先例未必适用于我国国情，也未必值得我国参照。原论证以国外经验在国外有效就认为值得国内借鉴，尚需推敲。

综上所述，上述论证存在诸多不足之处，不能有效支撑文中观点。

57. 论说文

【参考范文】

企业竞争不能没有规矩

搜索自己公司名字，出来的第一条结果却是竞争对手，不正当竞争损害的不仅是各企业主体，更是广大的消费者群体。企业竞争不能没有规矩。

任何时候，“不作恶”是商业伦理的底线，营商环境压力再大，也不能成为企业“使坏”的理由。但如今，仍有一些商家，制造似是而非的信息，刻意抹黑对手，污染商业生态。恶性竞争会向整个社会扩散，最终通常会由消费者买单，伤及整个行业。

这种恶性竞争暴露了当前一些企业的发展短板和行业问题：首先，自主创新能力不足，缺乏核心技术，产品相互模仿，难以形成特色。由于无法获得消费者的青睐，便试图通过在竞争过程中动手脚来获得优势。而与此同时，企业又急功近利，不注重品牌积累，没有把消费者利益放在首位考虑。最后，不正当竞争的违法违规成本远低于其带来的收益，执法上的缺位给企业不正当竞争行为获利带来了空间。

市场经济、商业竞争，优胜劣汰，无可厚非。但须知，市场经济的竞争是自由竞争，却不是无序竞争，不是没有规则的竞争，不能脱离法律和道德的轨道恣意妄为。规则是企业生存的基础，一利百利，一损俱损，企业无序竞争，得到的是一时蝇头小利，失去的却是整个市场和长远发展。

企业要树立规则意识，在遵规守法的前提下开展经营，以履行正当竞争行为为当然的义务。

同时，还应该树立责任意识，将自己的利益与公众利益、行业利益结合起来。此外，行业自律的同时，相关法律法规的约束也至关重要。同时，我国还应该不断完善反不正当竞争法和相关细则，完善案件处理仲裁机制，更好地维护合法企业正当权益。最后，第三方应用市场也应当承担相应责任，优化竞价审核机制，避免误导用户。

守护一个健康公平的市场环境，才有利于整个行业的生存和发展，也才会最终造福企业本身，这是必须明白的道理。

冲刺模拟 8 套卷（五）

一、问题求解：第 1~15 小题，每小题 3 分，共 45 分。下列每题给出的 A、B、C、D、E 五个选项中，只有一个选项是最符合题目要求的。

1. 在一条公路的两边植树，每隔 3 m 种一棵树，从公路的东头种到西头还剩 5 棵树苗，如果改为每隔 2.5 m 种 1 棵，还缺树苗 115 棵，则这条公路长（　　）m.

A. 700　　B. 800　　C. 900

D. 600　　E. 400

2. 一个三位数 abc，a，b，c 是不同的质数，而且这个三位数是 a，b，c 的倍数.这个三位数是（　　）.

A. 730　　B. 731　　C. 732

D. 733　　E. 735

3. a，b，c 为某三角形的三边长，则 $|a-b-c|+|b-c-a|-|c-a-b|=$（　　）.

A. 0　　B. $b-a-c$　　C. $a-b-c$

D. $3c-a-b$　　E. $3b-c+a$

4. 已知元素为实数的集合 A 满足条件：若 $a\in A$，则 $\frac{1+a}{1-a}\in A$，那么集合 A 中所有元素的乘积为（　　）.

A. -1　　B. 1　　C. 0

D. ±1　　E. 不能确定

5. 某学校入学考试，参加的男生与女生人数之比是 4∶3.结果录取 91 人，其中男生与女生人数之比是 8∶5.未被录取的学生中，男生与女生人数之比是 3∶4.则报考的共有（　　）人.

A. 112　　B. 118　　C. 119

D. 140　　E. 210

6. 我市为加强学生的安全意识，组织了全市学生参加安全知识竞赛，为了解此次知识竞赛成绩的情况，随机抽取了部分参赛学生的成绩，整理并制作出如下的不完整的统计表和统计图，如图所示，请根据图表信息解答以下问题.

组别	成绩 x/分	频数
A 组	$60\leqslant x<70$	a
B 组	$70\leqslant x<80$	8
C 组	$80\leqslant x<90$	12
D 组	$90\leqslant x<100$	14

若成绩在 80 分以上（含 80 分）的为“优”等，则所抽取学生成绩为“优”的占所抽取学生的百分比为（　　）.

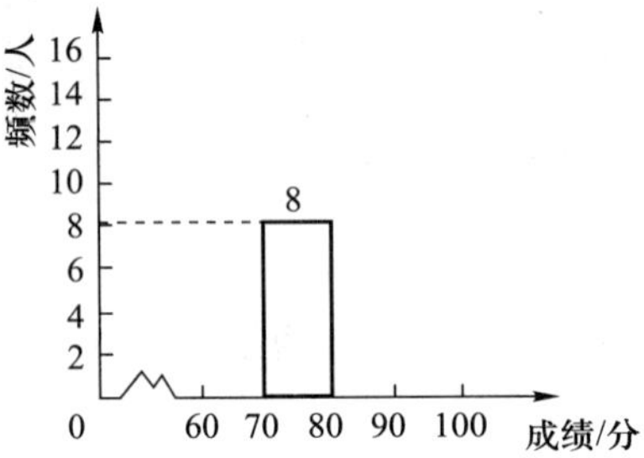

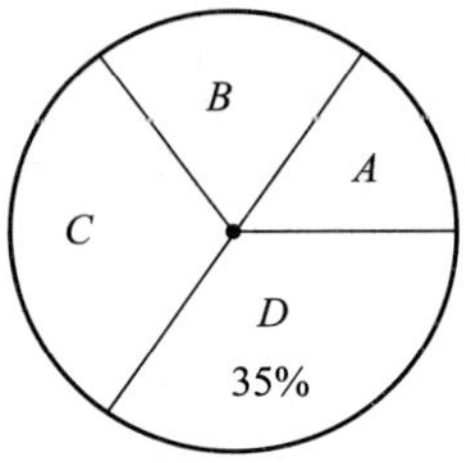

A. 40%　　B. 50%　　C. 60%

D. 65%　　E. 70%

7. 如图,平行四边形 $ABCD$ 的面积是 30,E 为 AD 边延长线上的一点,EB 与 DC 交于 F 点,如果 $\triangle FBC$ 的面积比 $\triangle FDE$ 的面积大 9,且 $AD=5$,则 $DE=$(　　).

A. 2　　B. 3　　C. 3.5

D. 4　　E. 4.2

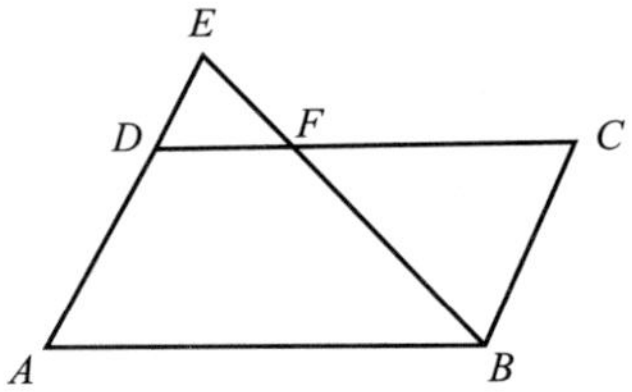

8. 若 $x^2-2xy+ky^2+3x-5y+2=0$ 能表示两条直线方程,则这两条直线的斜率之积为(　　).

A. $-\frac{1}{3}$　　B. $\frac{1}{3}$　　C. 3

D. -3　　E. 1

9. 过 $P(1,4)$ 作一条直线,使其在两坐标轴的截距互为相反数,则这条直线方程经过如下点的坐标(　　).

A. $(0,-3)$　　B. $(3,0)$　　C. $(-1,-4)$

D. $(-2,2)$　　E. $(5,-4)$

10. 已知数列 $\{a_n\}$ 对任意的 $p,q\in\mathbf{N}^*$ 满足 $a_{p+q}=a_p+a_q$,且 $a_2=-6$,那么 a_{10} 等于(　　).

A. -60　　B. -61　　C. -30

D. 63　　E. 64

11. 这是一个棋盘(如图),将一个白子和一个黑子放在棋盘线的交叉点上,但不能在同一条棋盘线上,共(　　)种不同的放法.

A. 60　　B. 34　　C. 72

D. 63　　E. 64

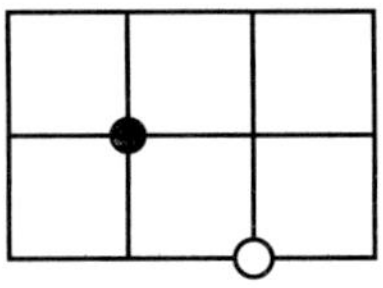

12. 两支球队打一个系列赛,三局两胜制,第一场和第三场在甲队的主场,第二场在乙队的主场,已知甲队主场赢球的概率是 0.7,客场赢球的概率是 0.6,则甲队赢得这场系列赛的概率是(　　).

A. 0.7　　B. 0.742　　C. 0.726

D. 0.795　　E. 0.82

13. 某次抽奖活动在三个箱子中均放有红、黄、绿、橙、白、黑6种颜色的球各一个，奖励规则如下：从三个箱子中分别摸出一个球，摸出的3个球均为红球的得一等奖，摸出的3个球中至少有两个绿球和一个白球的得二等奖，摸出的3个球均为彩色球（黑、白除外）的得三等奖．则不中奖的概率是（　　）．

A. $\frac{27}{64}$　　B. $\frac{8}{27}$　　C. $\frac{149}{216}$

D. $\frac{29}{64}$　　E. $\frac{35}{64}$

14. 过点$(1,\sqrt{2})$的直线l将圆$(x-2)^2+y^2=4$分成两段弧，当劣弧所对的圆心角最小时，直线l的斜率$k=$（　　）．

A. $\frac{\sqrt{2}}{2}$　　B. 1　　C. 0

D. 2　　E. 3

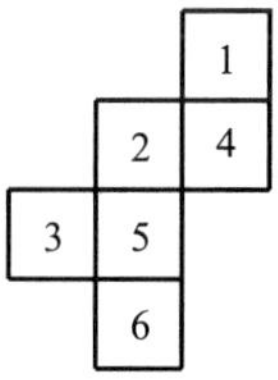

15. 如图是正方体的展开图，则原正方体相对两个面上的数字和最小是（　　）．

A. 4　　B. 6　　C. 7

D. 8　　E. 9

二、条件充分性判断：第16～25小题，每小题3分，共30分。要求判断每题给出的条件（1）和条件（2）能否充分支持题干所陈述的结论。A、B、C、D、E五个选项为判断结果，只有一个选项是最符合题目要求的。

A. 条件（1）充分，但条件（2）不充分

B. 条件（2）充分，但条件（1）不充分

C. 条件（1）和（2）单独都不充分，但条件（1）和（2）联合起来充分

D. 条件（1）充分，条件（2）也充分

E. 条件（1）和（2）单独都不充分，条件（1）和（2）联合起来也不充分

16. m的取值范围$(-\infty,-5]$．

（1）关于x的不等式$|x-m|+|x+4|\geqslant 1$的解集是全体实数

（2）当$x\in(1,2)$时，不等式$x^2+mx+4<0$恒成立

17. 一件工作甲、乙两人合作完成需要6天．

（1）甲单独做比规定时间提前2天完成，乙单独需要超过3天完成

（2）甲、乙合作2天后，剩下的继续由乙单独做，刚好在规定的日期内完成

18. 如图，长方形$ABCD$中位于A点的第一只蚂蚁按$A\to B\to C\to D\to A$的方向，位于C点的第二只蚂蚁按$C\to B\to A\to D\to C$的方向同时出发，分别沿着长方形的边爬行．如果两只蚂蚁第一次在B点相遇，则两只蚂蚁第二次相遇在DA边上．

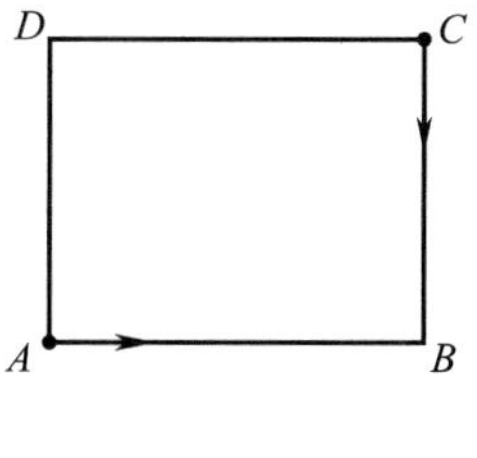

（1）$AB:BC=5:4$

（2）$AB=10,BC=8$

19. 有甲、乙两个瓶子，甲瓶里装了 200 ml 清水，乙瓶里装了 200 ml 纯酒精.则甲瓶里含纯酒精和乙瓶里含水一样多.

(1) 第一次把 20 ml 纯酒精由乙瓶倒入甲瓶

(2) 第二次把甲瓶中 20 ml 溶液倒回乙瓶

20. 外语学校有英语、法语、日语教师共 27 人，其中只能教英语的有 8 人，只能教日语的有 6 人，能教英语、日语的有 5 人，能教法语、日语的有 3 人，能教英语、法语的有 4 人，则三种语言都能教的有 2 人.

(1) 只能教法语的有 5 人

(2) 只能教法语的有 6 人

21. 如图，三角形 ABC 的面积为 3 cm^2，则能确定三角形 BDE 的面积为 12.5 cm^2.

(1) $AB:BE=2:5$

(2) $BC:CD=3:2$

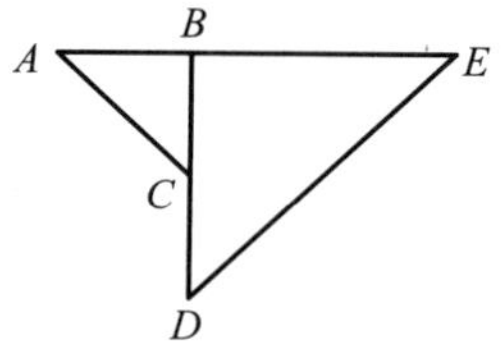

22. 设正项数列$\{a_n\}$.则可确定数列$\{a_n\}$的通项公式.

(1) $a_1=1, a_n=2a_{n-1}^2 (n\geqslant 2)$

(2) $a_1=2, a_n=\dfrac{7a_{n-1}-3}{3a_{n-1}+1} (n\geqslant 2)$

23. 用 A、B、C 三类不同元件连接成系统 N，已知元件 A、B、C 正常工作的概率分别为 0.8、0.9、0.9，现有甲、乙两种方案连接元件 A、B、C.则甲方案下系统正常工作的概率比乙方案下系统正常工作的概率小.

(1) 甲方案：如图，当元件 A、B、C 都在正常工作时，系统 N 正常工作

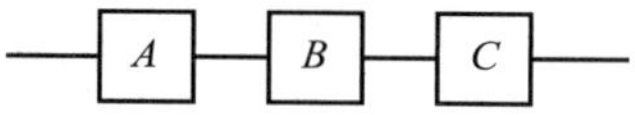

(2) 乙方案，如图，当元件 A 正常工作且元件 B、C 至少有一个正常工作时，系统 N 正常工作

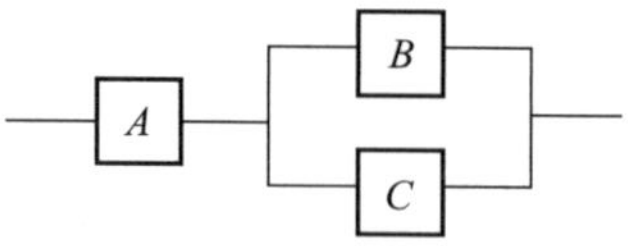

24. $M=N$.

(1) 6 把椅子摆成一排，3 人随机就座，任何两人不相邻的坐法数为 M

(2) 6 把椅子摆成一排，3 人随机就座，三人必须相邻的坐法数为 N

25. 已知数据 1：$x_1, x_2, \cdots, x_n$ 的方差为 $S_1^2 (S_1^2\neq 0)$，数据 2：$ax_1+b, ax_2+b, \cdots, ax_n+b$ 的方差为 S_2^2，则能确定$\dfrac{S_2^2}{S_1^2}$的值.

(1) $a=2, b=2$

（2）$a=3,b=0$

三、逻辑推理：第26~55题，每小题2分，共60分。下列每题给出的A、B、C、D、E五个选项中，只有一个选项是最符合题目要求的。

26. 论文答辩是学校对毕业论文成绩进行考核验收的一种形式。如果有谁没有参加论文答辩，那么或者是他没有确定好论文主题，或者是他阅读的文献不够。

如果上述断定是真的，则以下哪项也一定是真的？

Ⅰ. 一个参加论文答辩的人，一定既确定好了论文主题，也阅读了足够的文献。

Ⅱ. 一个确定好了论文主题，并且阅读了足够文献的人，一定会参加论文答辩。

Ⅲ. 一个没有确定好论文主题，并且阅读文献不够的人，一定没有参加论文答辩。

A. 只有Ⅰ。　　B. 只有Ⅱ。　　C. 只有Ⅲ。

D. 只有Ⅰ和Ⅲ。　　E. Ⅰ、Ⅱ和Ⅲ。

27. 20世纪50年代以来，人类丢弃了多达10亿吨塑料垃圾，这种垃圾可能存在数百年甚至数千年。近日，一个科研小组在亚马孙雨林中发现一种名为内生菌的真菌，它能降解普通的聚氨酯塑料。科研人员认为利用这种真菌的特性，将有望帮助人类消除塑料垃圾所带来的威胁。

科研人员的判断还需基于以下哪一前提？

A. 塑料垃圾是人类活动产生的最主要的废弃物种类。

B. 内生菌在任何条件下都可以很好地分解塑料制品。

C. 目前绝大多数塑料垃圾都属于普通的聚氨酯塑料。

D. 这种真菌在地球上其他地区也能正常地存活生长。

E. 科学家研究发现，内生菌除了能降解普通的聚氨酯塑料之外，还能降解其他废弃物。

28. 自从三次科技革命以来，能源成为各个国家经济的命脉，而地球上的能源是有限的。某专家认为，氢能作为一种清洁、高效、可持续的能源，可作为21世纪最具发展潜力的清洁能源。

以下哪项如果为真，最能削弱上述专家的观点？

A. 氢能可以存储和运输，并能很容易地转换成电能、热能或其他能量形式。

B. 全球约有98%的纯氢是通过使用天然气或煤炭原料的碳密集型方式（即“灰色”氢）产生的，这加剧了对传统燃料的消耗。

C. 氢能可以满足全球能源需求，为汽车提供燃料，为家庭供暖，并帮助应对气候变化。

D. 全球只有部分国家有能力生产并储存氢能，氢能不是解决能源危机的唯一方法。

E. 氢能发电效率高，排放为水蒸气，而且大规模量产燃料电池后成本能降低不少。

29~30题基于以下题干信息：

一个食堂准备每周周一到周六的菜品，需要6种蔬菜：白菜、黄瓜、茄子、娃娃菜、菠菜和西蓝花。每天只准备一种蔬菜，并且必须符合以下条件：

（1）白菜在茄子之前的某天准备；

（2）娃娃菜在周一或周六准备；

（3）周三准备西蓝花或菠菜；

（4）黄瓜紧挨着菠菜的后一天准备。

29. 如果菠菜在周二、周四或周六准备，以下哪项陈述必然为真？

A. 黄瓜紧挨着菠菜的前一天准备。

B. 茄子紧挨着菠菜的前一天准备。

C. 西蓝花紧挨着菠菜的前一天准备。

D. 娃娃菜紧挨着菠菜的前一天准备。

E. 白菜紧挨着菠菜的前一天准备。

30. 如果茄子在周二准备,以下哪项陈述必然为真?

A. 娃娃菜在周六准备。 B. 黄瓜在周四准备。 C. 黄瓜在周五准备。

D. 西蓝花在周三准备。 E. 菠菜在周四准备。

31. 小尉迟是孙大宝的别名。孙大宝和弟弟孙小宝虽为一母所生,但就性格上,二人非常合不来,弟弟管不了哥哥,哥哥又看不上弟弟,孙大宝索性搬出了城住。所有人都知道小尉迟是水浒人物,但有些人并不知道孙大宝是水浒人物。而且,没听说过孙小宝的人也很多。

以下哪项如果为真,能最强地反驳以上论述?

A. 一部分读过《水浒传》的人不知道小尉迟是其中的人物。

B. 兄弟间有差别再正常不过,根本不值得大惊小怪。

C. 知道小尉迟是水浒人物的人都知道他是孙小宝的哥哥。

D. 有些人不知道小尉迟的真名叫孙大宝。

E. 大保罗和小保罗是一母所生,而且兴趣差不多。

32. 当人们在海洋中游泳时,身体会释放出一种看不见的电信号。科研人员根据这种情况研制了海洋隐形衣,该隐形衣屏蔽身体释放的电信号,使得鲨鱼等海洋生物无法发现人们的踪迹。这样,人们就可以近距离接触并观察鲨鱼等海洋生物。

以下哪项是科研人员假设的前提?

A. 有些海洋生物利用超声波进行信息交流、觅食、发现并躲避天敌。

B. 部分鱼类的视网膜中含有很多视锥细胞,能够敏锐地感受水中细微的光线变化。

C. 鲨鱼等海洋生物是凭借人体释放的电信号来发现人们踪迹的。

D. 该隐形衣非常轻薄,对人们在水下的活动不会形成阻碍。

E. 海豚与鲨鱼相似,都是利用超声波感知电信号,从而进行活动。

33. 体能与战斗技术异于常人、所向披靡的“超级战士”一直是硬核科幻影视文学作品中津津乐道的主角。近日,一份技术展望报告做出了一个惊人的预测:“超级战士”可能在 2050 年左右就会走出科幻电影和游戏画面,真实地活跃在战场上。有人据此认为,“超级战士”的出现将会重塑未来战争的形态。

以下各项如果为真,均能支持上述观点,除了

A. “超级战士”具有超能视力,在黑暗中依旧拥有穿透夜雾的视力,周围环境将被他们的双眼还原成白昼。

B. “超级战士”拥有“狼的耳朵”,可以全面获悉瞬息万变的战场信息。

C. “超级战士”的超能力已经广泛引起了各国民众的讨论,其将会涉及的伦理道德等问题还需要进一步研究。

D. “超级战士”拥有智能紧身衣,帮助穿戴者实现肌肉疲劳快速恢复和力量增强,执行动作更加迅捷、精确。

E. 利用先进的脑机界面技术,“超级战士”不仅思维和反应更加灵敏,还可以利用意念直接

操纵武器和交通载具，甚至达成单兵之间的即时交流通信。

34. 逸大宝参加一个知识竞赛，共 6 道题目，评分标准为：答对一题得 8 分，答错一题得 0 分，不答得 2 分。在这次竞赛中逸大宝得了 20 分，则以下哪项最可能是他的答题情况？

A. 至多答对 1 道题。　　B. 至少有 3 个小题没答。

C. 至少答对 3 个小题。　　D. 答错 2 个小题。

E. 至多有 1 道题没答。

35～36 题基于以下题干信息：

张大宝、王大宝、李大宝和赵大宝四人在规划自己的毕业旅行，共有 4 个城市可供选择，分别为：哈尔滨、大连、昆明、福州。旅行回来之后 4 人相聚，发现每人都恰好去了两个城市，每个城市都恰有两个人去。已知：

（1）张大宝和王大宝都至少去了一个北方城市；

（2）除非张大宝只去了北方城市，否则王大宝和赵大宝都去了大连。

35. 若李大宝去了大连，则以下哪项一定为真？

A. 赵大宝去了昆明。　　B. 李大宝去了福州。　　C. 王大宝去了大连。

D. 张大宝去了昆明。　　E. 赵大宝去了哈尔滨。

36. 若张大宝和王大宝去的城市完全不同，则关于四人旅行的城市可以得出以下哪项？

A. 如果赵大宝去了哈尔滨，则张大宝一定去了昆明。

B. 如果张大宝去了昆明，则李大宝一定去了福州。

C. 如果赵大宝去了哈尔滨，则李大宝一定去了昆明。

D. 如果李大宝去了哈尔滨，则王大宝一定去了福州。

E. 如果王大宝去了福州，则赵大宝一定去了昆明。

37. 公司日常工作沟通应当真诚且直接，只有这样才能达到最高工作效率和最佳工作结果。沟通只有简单并且务实，才能求同存异或平等包容。除非学习批判性思维并接受矛盾，否则无法在平等透明的环境下尊重彼此。

根据以上信息，可以得出以下哪项？

A. 公司员工必须学习批判性思维，在平等透明的环境下尊重彼此。

B. 除非达到最高工作效率，否则公司日常工作沟通就不真诚。

C. 只有公司日常沟通简单务实，才能达到最高工作效率。

D. 如果公司日常沟通不真诚，但是却达到了最高工作效率，那么一定没有达到最佳工作结果。

E. 只要学习批判性思维并且接受矛盾，那么一定能在平等透明的环境下尊重彼此。

38. 龙卷风是大气中最强烈的涡旋的现象，所过之处常会发生拔起大树、掀翻车辆、摧毁建筑物等现象，使成片庄稼、成万株果木瞬间被毁，令交通中断、房屋倒塌、人畜生命和经济遭受损失。分析数据显示，每年爆发龙卷风的平均次数逐渐升高，过去 60 年龙卷风爆发的平均次数增多了 1.5 倍，而与此同时，人类活动激增，全球气候明显变暖。有人据此认为，气候变暖导致龙卷风爆发次数增加。

以下哪项如果为真，不能削弱上述结论？

A. 龙卷风有多涡旋龙卷、水龙卷、火龙卷等多种类型，在全球变暖后，各种龙卷风出现的次数并没有明显的变化。

B. 气候温暖是龙卷风形成的一个必要条件，几乎所有龙卷风的形成都与当地较高的温度有关。

C. 尽管全球变暖，龙卷风依然最多地发生在常发生于夏季的雷雨天气时，发生时间和环境没有变化。

D. 龙卷风是雷暴天气（即伴有雷击和闪电的局地对流性天气）的产物，只要在雷雨天气下出现极强的空气对流，就容易发生龙卷风。

E. 美国是世界上遭受龙卷风侵袭次数最多的国家，平均每年遭受 100 000 个雷暴、1 200 个龙卷风的袭击，有 50 人因此死亡。

39. 春秋时期楚王在云梦泽打猎，不小心把自己心爱的弓丢了。左右的侍从立刻要去寻找。楚王制止道："楚国人丢了弓，楚国人拾了去，不必找了。"

以下与题干中所犯的逻辑错误最为类似的是哪一项？

A. 一青年留了长发，父亲见了说："你赶快去把长发剪掉，不然就别进这个家门！"儿子说："那我剃光了行吗？"

B. 小江问："要是有人把月球塞进大西洋，你说应该用什么方法才能取出来呢？"小媛答："你是怎么放进去的，我就怎么拿出来。"

C. 老师让学生造句，其中要有"糖"字。小明回答："父亲在喝茶。"老师问："糖在哪里啊？"小明回答："在茶里，父亲喝的是加糖红茶。"

D. 小江问："这件衣服是最时髦的吗？"小媛答："当然了！"小江又问："太阳晒了不褪色吗？"小媛又答："瞧你说的，它在橱柜里挂了三年，到现在还像新的一样。"

E. 小江问小媛："我们是朋友还是敌人？"

40. 史前蒂瓦纳瓦的玻利维亚城遗址有重达 40 吨的安山石，这些石头是在科帕卡巴挖的。科帕卡巴与玻利维亚相隔一个湖，距离约为 90 千米。考古学家猜测这些石头是用芦苇船运到了蒂瓦纳瓦。为了证明这种可能性，实验者使用科帕卡巴的当地材料和传统造船术建造的芦苇船将 9 吨的石头运到了蒂瓦纳瓦。

回答下面哪一个问题最有助于证明考古学家的猜测？

A. 在蒂瓦纳瓦有人居住时期，是否使用了用于建造芦苇船的传统技术？

B. 在蒂瓦纳瓦有人居住时期，采集的安山石是否在科帕卡巴附近的任何地点被使用？

C. 现代人是否依然在湖上大范围使用芦苇船？

D. 蒂瓦纳瓦的安山石是否是该地区最大的石头？

E. 为实验者建造的芦苇船是否可以使用几年？

41. 一对中子星碰撞后抛出的碎片不仅合成了金、银等稳定元素，还合成了大量放射性元素，它们会衰变、裂变，释放出大量能量，将碎片自身加热，使其发光，最亮时虽然没有超新星那么亮，却可以达到新星亮度的 1 000 倍左右，因此被称为千新星。2017 年 8 月，天文学家首次观测到双中子星并合前后发出的引力波，并在大约 10 小时后发现了中子星碎片形成的千新星现象，从而彻底证实了中子星并合可以合成大量重元素这个猜想。

如果以上信息为真，最能推出以下哪项？

A. 超新星比新星更亮。

B. 引力波可以释放大量能量。

C. 千新星中含有大量的金、银元素。

D. 宇宙中的重元素都是由中子星碰撞后产生的。

E. 千新星含有大量重元素。

42. 所有文学爱好者都爱好诗词，每一个诗词爱好者都对中国历史有较深的了解。有些逻辑爱好者同时也爱好文学。所有痴迷于电竞者都对中国历史不甚了解，有些未成年人痴迷于电竞。

如果以上陈述为真，则以下哪项一定为真？

A. 有些逻辑爱好者不了解中国历史。

B. 有些未成年人不是文学爱好者。

C. 有些逻辑爱好者痴迷于电竞。

D. 有些痴迷于电竞的人爱好文学。

E. 所有未成年人都不爱好文学。

43~44 题基于以下题干信息：

暑期集训营有四个班，编号分别是 1、2、3、4，每个班中恰好有一台电脑和一支手写笔。这 8 件物品每一件都是在 2017 年、2018 年和 2019 年这三年中的某一年购进的，且满足以下条件：

（1）1 班的电脑和 3 班的手写笔是在 2018 年购进的；

（2）2 班的电脑和 1 班的手写笔是同一年购进的；

（3）3 班的电脑和 4 班的手写笔是同一年购进的；

（4）2 班的电脑和 3 班的电脑不是同一年购进的；

（5）每个班的电脑不是比手写笔买得早，就是和手写笔同一年购进。

43. 若 3 班的电脑比手写笔购进的早且不在同一年，则下列哪一项可能为真？

A. 2 班的电脑是在 2018 年购进的。

B. 2 班的电脑是在 2017 年购进的。

C. 4 班的电脑是在 2019 年购进的。

D. 4 班的电脑是在 2018 年购进的。

E. 4 班的手写笔是在 2018 年购进的。

44. 若 4 班的电脑是在 2018 年购进的，则下列哪项一定为真？

A. 1 班的手写笔是在 2018 年购进的。

B. 1 班的手写笔是在 2019 年购进的。

C. 2 班的电脑是在 2018 年购进的。

D. 3 班的电脑是在 2017 年购进的。

E. 3 班的手写笔是在 2019 年购进的。

45. 农历五月初五是中国民间的传统节日——端午节，它是中华民族古老的传统节日之一。在这一天，民间有吃粽子的习惯。由于各地的饮食习惯不同，粽子形成了南北风味，但形状却大体相同，大多数是四面体形状。

以下哪项无法解释粽子多见四面体形状的原因？

A. 粽叶是粽子的“衣裳”，叶子的叶脉都属于平行脉，根据力学结构和叶片宽度、长度，在一定程度上就决定了粽子“最合适”的形状是四面体。

B. 四面体形状的粽子符合简洁原则，只用 1 叶或 2 叶粽叶就能包成，且四个面都能用到完整的叶片，不需要多余的弯折。

C. 四面体形状的粽子符合力学原则，有类似三角形稳定性的性质，在入水过程中可保持结构稳定。

D. 传说吃粽子是为了纪念屈原，所以特意模仿动物角的形状用于祭祀。

E. 因地区不同，粽子的材料以至粽叶都有着很大的差别，“裹”的形状也有很大的不同，多做成角形，还有正三角形、正四角形、尖三角形、方形、长形等各种形状。

46. 在中秋节期间，公司安排优秀员工甲、乙、丙、丁、戊、己六人去北京、上海、拉萨旅游。其中只有一个人去北京，两个人去上海，三个人去拉萨。在安排时，有如下要求：

(1) 甲和乙要去同一个地方；

(2) 丙和丁不能去同一个地方；

(3) 如果乙去上海，那么己去北京。

如果戊去了北京，则以下哪项一定为真？

A. 乙去了上海。　　B. 丙去了上海。　　C. 丙去了拉萨。

D. 甲去了上海。　　E. 己去了上海。

47. 现在请你告诉我：这篇报告的 10 条建议，是完全正确的，还是毫无可取之处？

下面哪个选项与上述陈述的漏洞最为类似？

A. 您认为张书记是一个正直的人还是一个不正直的人？

B. 有人认为我们的某些产品适合于西部城市，但也有些人认为我们的部分产品不适合于西部城市，你认为哪种意见正确？

C. 请你告诉我：这次竞标中，我们公司是一定不能中标，还是有可能中标？

D. 请你告诉我：有人认为所有恒星都有卫星，有人认为有些恒星没有卫星，到底谁是对的？

E. 你认为在这届杯赛中，我们国家队是一定能进入四强还是不可能进入四强？

48. 某单位有孔智、孟睿、荀慧、庄聪、墨灵、韩敏六名工作人员，从星期一到星期六他们每人工作一天，这六天中每天都有人工作。工作安排满足以下条件：

(1) 在孟睿工作的那一天与韩敏工作的那一天之间恰好间隔两天，且在一周内，孟睿总是在韩敏之前工作；

(2) 要么庄聪在星期三工作，要么孔智在星期三工作；

(3) 荀慧在星期六工作，当且仅当墨灵在星期一工作；

(4) 墨灵在星期六工作，当且仅当孔智在星期三工作。

根据上述信息，可以得出以下哪项？

A. 同一周内，孔智在孟睿之后工作。

B. 同一周内，庄聪在孔智之前工作。

C. 庄聪不会在星期二工作。

D. 墨灵不会在星期四工作。

E. 荀慧不会在星期五工作。

49. 在碎片化资讯需求的推动下，移动互联网的普及提供了技术支持，再加上资本的涌入，短视频行业全面爆发。在今天这样一个轻量化的内容营销时代，随着富媒体化的逐步流行，企业广告逐步从单一静态向动态转变，短视频旺盛的生命力给传统企业带来了一条营销新路径。短视频可以灵活传达品牌形象及产品效果，并且可以极大地调动用户的兴趣。因此，企业广告用短视频方式呈现，更能吸引用户的目光，增加企业收入。

以下哪项如果为真，最能支持上述结论？

A. 如果针对特定用户群进行个性化宣传，那么销售机会可以增加25%。

B. 过去没有拍摄短视频广告，也有很多企业取得了成功。

C. 20世纪70年代出生的人习惯于静态的广告海报，不喜欢花里胡哨的东西。

D. 利用短视频发送企业广告，比张贴静态海报给企业带来的收入多6倍。

E. 合理运用短视频能够为企业增添好感度，而过度使用则会使消费者反感。

50~51题基于以下题干信息：

某会议有赵、钱、孙、李、周、吴、郑、王8人出席，已知8人年龄各不相同，属相分别为：鼠、牛、虎、兔、龙、蛇、马、羊，每人一个属相，互不重复。已知：

（1）钱的属相是鼠或兔；

（2）如果孙的属相不是龙或李的属相不是牛，则钱的属相是蛇且郑的属相是羊；

（3）如果孙的属相是龙，则周的属相是牛或吴的属相是兔；

（4）郑和王的属相是马或羊。

50. 根据上述信息，可以得出以下哪项？

A. 钱的属相是兔。　　B. 孙的属相是牛。　　C. 李的属相是蛇。

D. 吴的属相是兔。　　E. 郑的属相是羊。

51. 如果赵的属相不是虎，则可以推出以下哪项？

A. 郑的属相是马。　　B. 王的属相是羊。　　C. 周的属相是虎。

D. 周的属相是蛇。　　E. 赵的属相是兔。

52. 火山是一种常见的地貌形态，强烈的火山喷发会向大气层排放大量的火山灰、水蒸气和SO_2等气体，尤其是SO_2能在平流层中形成气溶胶，并停留很长时间。近日，有科学家研究发现，火山喷发非但不会使全球变暖，反而会使全球气温降低。

以下哪项如果为真，最能支持上述结论？

A. 研究表明，火山爆发时地下岩浆喷出地面，与空气接触产生氧化反应，引起局部温度升高。

B. 长时间的火山喷发会使地球大气受到严重污染，造成连年酸雨不断，使植物大量死亡。

C. 火山喷发会带来大规模的酸雨，酸雨能够在短期内降低火山区气温，但同时也会引发农作物的虫害。

D. 研究发现，随着全球逐渐变暖，火山喷发的频率越来越低。

E. 研究发现，火山喷发物质形成的气溶胶能减少太阳对地表的辐射量，延缓全球变暖。

53~55题基于以下题干信息：

某奶茶店要在连续的四天中每天安排两种饮品做特价促销，任意两天的饮品安排不能完全一样，且仅有一种饮品特价促销两天。可供选择的饮品为：满杯红柚、芝士莓莓、杨枝甘露、芋圆小丸子、多肉葡萄、四季奶青和冰鲜柠檬水七种。此外，促销安排还须满足下列条件：

（1）若某天有杨枝甘露促销，则前一天必须有芝士莓莓促销；

(2) 促销两天的那种饮品必须排在第四天，不能排在第三天；
(3) 满杯红柚必须与杨枝甘露和冰鲜柠檬水中的某一种饮品排在同一天；
(4) 第一天或第二天至少有一天安排芋圆小丸子；
(5) 冰鲜柠檬水必须排在第三天。

53. 以下哪种饮品不能促销两天？
A. 四季奶青。　B. 芝士莓莓。　C. 芋圆小丸子。
D. 多肉葡萄。　E. 满杯红柚。

54. 如果杨枝甘露排在第二天，并且多肉葡萄促销两天，以下哪种饮品必须与多肉葡萄排在同一天？
A. 满杯红柚。　B. 芝士莓莓。　C. 四季奶青。
D. 杨枝甘露。　E. 冰鲜柠檬水。

55. 以下哪种饮品可以排在任意一天？
A. 芝士莓莓。　B. 杨枝甘露。　C. 芋圆小丸子。
D. 多肉葡萄。　E. 冰鲜柠檬水。

四、写作：第 56~57 小题，共 65 分。其中论证有效性分析 30 分，论说文 35 分。

56. 论证有效性分析：分析下述论证中存在的缺陷和漏洞，选择若干要点，写一篇 600 字左右的文章，对该论证的有效性进行分析和评论。（论证有效性分析的一般要点是：概念特别是核心概念的界定和使用是否准确并前后一致，有无各种明显的逻辑错误，论证的论据是否成立并支持结论，结论成立的条件是否充分，等等。）

租房者的利好不断。一些城市发布了"租购同权""租房可落户"的新政，引发社会关注。其中，把租赁房屋纳入"合法稳定住所"范畴成新趋势。实际上，现在已不是讨论该不该租购同权的问题，这已经是一个"必选项"。

这具体表现为两点：一是租购同权可以对高热不止、价格畸形的住房销售市场釜底抽薪。这是因为从国外的经验来看，只要有成熟的住房租赁市场，就能减少对购房的需求。二是租购同权可推动农村户籍人口进城，加快我国城镇化建设的现实之需。对于农民工、刚毕业的大学生来说，高不可攀的房价已经严重阻挡了他们进城的脚步。不过，买不起房不要紧，还可以有租房这条路。只要有了租购同权，以上问题就可以得到有效解决。

此外，租购同权可以使承租人的子女享受到同等的教育资源，从而加强承租人后代的生活满足感，因为通常来讲，一个人接受的教育越多，其社会竞争力就越强，生活的满足感就越高。

不过，我们必须注意切实避免借租购同权上涨租金的行为，特别是不能引发租金非理性上涨（暴涨）。一般认为，房价高并非仅仅是住房的实际价格高，其实还包括了入学、就医等诸多与市民生活息息相关的权利的福利价格折现。学区房就是非理性价格从购房转移到租房环节上来的典型代表。因此，租购同权会引发住房租金普遍非理性上涨，导致从"买不起房"到"租不起房"的结果发生。

此外，政府只要提高公共配套设施的供给能力，就会同步增加公共服务能力。所谓租购同权本质上是增加民众福利，这需要政府科学谋划，稳妥实施。如果不能提前解决所有可能的潜在问题，那么租购同权制度就不应该实施。

57. 论说文:根据下述材料,写一篇700字左右的论说文,题目自拟。

当下,网红直播带货颇为热门。找网红代言、看网红直播已经成为商家和消费者共同接受的一种销售模式和生活方式。但新模式繁荣的背后,也不断爆出产品质量参差不齐、虚假宣传、刷单买热度等问题。

冲刺模拟8套卷（五）答案及解析

一、问题求解

1.【答案】 C

【考点】 植树问题

【解析】 开放路线两端均植树问题.本题的突破口在于树苗的数量一定.设公路长为 a m,利用公式"棵树=路长÷株距+1",每隔 3 m 种一棵树时,公路两边植树的数量为 $2(a\div3+1)$;每隔 2.5 m种一棵树时,公路两边植树的数量为 $2(a\div2.5+1)$.可列方程 $2(a\div3+1)+5=2(a\div2.5+1)-115$,解得 $a=900$.

2.【答案】 E

【考点】 质数

【解析】 a,b,c 是不同的质数,10 以内的质数有 2,3,5,7.abc 是 a,b,c 的倍数,那么就用 2、3、5、7 来组合成三位数.首先 2 和 5 不可能同时存在这个数中,因为 2 和 5 的共同倍数个位上只能是 0,而上面没有 0.如果这个数含有 2,那么个位上只能是 2 (因为 2 的倍数个位上只能是偶数),这样的数只能是 3,7,2(因为有 2 就不能有 5) 组合成三位数,有 372,732,这两个数都不是 7 的倍数,所以不满足条件.如果这个三位数中包含 5,那么个位上必须是 5 (因为 5 的倍数个位上只能是 0 或者 5),这样的组合只能是 3,7,5 (因为有 5 就不能有 2) 组合成三位数,有 375 和 735,375 不是 7 的倍数,735 是 3、5、7 的倍数.所以是 735.

3.【答案】 D

【考点】 三角形三边关系、绝对值

【解析】

$$a,b,c\text{ 为某三角形的三边长}\Rightarrow\begin{cases}a+b>c,\\a+c>b,\\b+c>a,\end{cases}\text{则原式去掉绝对值得}(b+c-a)+(a+c-b)-(a+b-c)=$$

$3c-a-b$.

4.【答案】 B

【考点】 集合

【解析】 由题意知,若 $a\in A$,则$\dfrac{1+a}{1-a}\in A$.

令 $a=\dfrac{1+a}{1-a}$,代入$\dfrac{1+a}{1-a}=\dfrac{1+\frac{1+a}{1-a}}{1-\frac{1+a}{1-a}}=-\dfrac{1}{a}$;令 $a=-\dfrac{1}{a}$,代入$\dfrac{1+a}{1-a}=\dfrac{1-\frac{1}{a}}{1+\frac{1}{a}}=\dfrac{a-1}{a+1}$,

令 $a=\dfrac{a-1}{a+1}$,代入$\dfrac{1+a}{1-a}=\dfrac{1+\frac{a-1}{a+1}}{1-\frac{a-1}{a+1}}=a$,

$A=\left\{a,\frac{1+a}{1-a},-\frac{1}{a},\frac{a-1}{a+1}\right\}$,则所有元素的乘积为 1,

故选 B.

5.【答案】 C

【考点】 比例问题

【解析】 设未被录取的学生中男生人数为 $3x$,女生人数为 $4x$,则

$$(56+3x):(35+4x)=4:3\Rightarrow x=4,$$

从而未录取男生 12 人,女生 16 人,

故报考人数是 $56+12+35+16=119$.

6.【答案】 D

【考点】 直方图与数表

【解析】 抽取的学生成绩有 $14\div35\%=40$(个),成绩在 80 分以上(包括 80 分)的为“优”等,

所抽取学生成绩为“优”的占所抽取学生的百分比 $=\frac{12+14}{40}\times100\%=65\%$.

7.【答案】 A

【考点】 平面几何求面积

【解析】 从 B 点向 AE 作垂线,交 AE 于 H.由题设可知,

$$S_{\triangle BCF}+S_{梯形ABFD}-S_{\triangle DEF}-S_{梯形ABFD}=9,$$

所以 $S_{\triangle ABE}=21$,$S_{四边形ABCD}=AD\cdot BH$,

则 $BH=6$,BH 同时为 $\triangle ABE$ 的高,所以 $AE=7$,所以 $DE=2$,故选 A.

8.【答案】 A

【考点】 待定系数法

【解析】 由题可知,原式是两直线方程组成,进行因式分解将两直线方程表达出来.使用待定系数法可得

$$(x+ky+a)(x+y+b)=x^2+(k+1)xy+ky^2+(a+b)x+(kb+a)y+ab=0,$$

由题目可知:$k+1=-2$,则 $k=-3$,则$\begin{cases}a+b=3,\\-3b+a=-5,\\ab=2,\end{cases}$则 $a=1,b=2$.所以方程为$(x-3y+1)(x+y+2)=0$,

则 $k_1=\frac{1}{3}$,$k_2=-1$,所以 $k_1\cdot k_2=-\frac{1}{3}$,故选 A.

9.【答案】 C

【考点】 直线方程

【解析】 在坐标轴上截距互为相反数,则可能直线斜率为 1,或者过原点.斜率为 1 时,直线为 $y=x+3$,没有选项;直线过原点时,方程为 $y=4x$,过$(-1,-4)$,故选 C.

10.【答案】 C

【考点】 递推公式

【解析】 因为 $a_{p+q}=a_p+a_q$,所以 $a_4=2a_2=-12$,$a_8=2a_4=-24$,

$a_{10}=a_2+a_8=-30$,故答案选 C.

11.【答案】 C

【考点】 乘法原理

【解析】 先排黑子,它可以放在任一格,有 12 种放法.再排白子,它与黑子不能在同一行,也不能在同一列,只有 6 种方法.一共有 $12\times6=72$(种)放法.

12.【答案】 B

【考点】 独立事件

【解析】 甲最终获取分以下三种情况:第一、二局均为甲赢:$0.7\times0.6=0.42$;第一、三局甲赢,第二局乙赢:$0.7\times0.4\times0.7=0.196$;第一局乙赢,第二、三局甲赢:$0.3\times0.6\times0.7=0.126$,因此所求概率为 $P=0.742$.

13.【答案】 C

【考点】 伯努利概型

【解析】 摸出的 3 个球均为彩色球的概率为 $\left(\frac{2}{3}\right)^3=\frac{8}{27}$,其中包括了一、三等奖的概率,摸出的 3 个球中恰有两个绿球一个白球的概率为 $C_3^2\left(\frac{1}{6}\right)^2\frac{1}{6}=\frac{1}{72}$,因此不中奖的概率为 $P=1-\frac{8}{27}-\frac{1}{72}=\frac{149}{216}$.

14.【答案】 A

【考点】 直线和圆

【解析】 由图形可知点 $A(1,\sqrt{2})$ 在圆 $(x-2)^2+y^2=4$ 的内部，圆心为 $O(2,0)$,要使得劣弧所对的圆心角最小,只能是直线 $l\perp OA$,所以 $k_l=-\frac{1}{k_{OA}}=-\frac{1}{-\sqrt{2}}=\frac{\sqrt{2}}{2}$.

15.【答案】 B

【考点】 侧面展开

【解析】 将展开图还原成正方体,2 和 6 相对,3 和 4 相对,1 和 5 相对,则原正方体相对两个面上的数字和最小为 6.

二、条件充分性判断

16.【答案】 B

【考点】 绝对值不等式

【解析】 条件(1)考虑在数轴上结合实数绝对值的几何意义可知 $m\leqslant-5$ 或 $m\geqslant-3$,不充分.由条件(2)必有 $\begin{cases}f(1)\leqslant0,\\f(2)\leqslant0,\end{cases}$ 即 $\begin{cases}m+5\leqslant0,\\2m+8\leqslant0,\end{cases}$ 解得 $x\leqslant-5$,所以充分,选 B.

17.【答案】 C

【考点】 工程问题

【解析】 条件(1)和条件(2)单独均不充分,联合条件可知,甲与乙工作效率之比为 3:2,利用工作量相同,效率之比为时间的反比,即甲、乙单独完成所需时间比为 2:3,可知甲单独做要 10

天，乙单独做需 15 天，故甲、乙合做要$\frac{30}{2+3}=6$(天).

18.【答案】 D

【考点】 行程问题

【解析】 设 $AB=5$(份)，$BC=4$(份)，则长方形的周长是$(5+4)\times2=18$(份).

$$18\times\frac{4}{4+5}=18\times\frac{4}{9}=8(\text{份}),$$

$8-5=3$(份)，

所以两只蚂蚁第二次相遇在 DA 边上.

19.【答案】 C

【考点】 浓度问题

【解析】 条件(1)和条件(2)单独显然不充分，考虑联合.

第一次把 20 ml 的纯酒精倒入甲瓶，则甲瓶的浓度为

$$20\div(200+20)=20\div220=\frac{1}{11}.$$

第二次把甲瓶中 20 ml 溶液倒回乙瓶，此时甲瓶中含酒精

$$200\times\frac{1}{11}=\frac{200}{11}(\text{ml}),$$

此时乙瓶中含水

$$20\times\left(1-\frac{1}{11}\right)=20\times\frac{10}{11}=\frac{200}{11}(\text{ml}),$$

所以两者相等.

20.【答案】 A

【考点】 集合问题

【解析】 根据题意，英语教师有 $8+5+4-2=15$(人)，日语教师有 $6+5+3-2=12$(人)，则法语老师有 $27-15-12+5+4+3-2=10$(人)，那么只能教法语的教师有 $10-3-4+2=5$(人).

21.【答案】 C

【考点】 共角定理

【解析】 单独显然不充分，考虑联合. 由于 $\angle ABC+\angle DBE=180°$，所以可以用共角定理，设 $AB=2$(份)，$BC=3$(份)，则 $BE=5$(份)，

$BD=3+2=5$(份)，由共角定理 $S_{\triangle ABC}:S_{\triangle BDE}=(AB\times BC):(BE\times BD)=(2\times3):(5\times5)=6:25$，设 $S_{\triangle ABC}=6$(份)，恰好是 3 cm^2，所以 1 份是 0.5 cm^2，25 份就是 $25\times0.5=12.5$ cm^2，三角形 BDE 的面积是 12.5 cm^2.

22.【答案】 D

【考点】 数列

【解析】 对于条件(1)两边取对数得$\log_2 a_n=1+2\log_2 a_{n-1}$，$\log_2 a_n+1=2(\log_2 a_{n-1}+1)$，设 $b_n=\log_2 a_n+1$，则 $b_n=2b_{n-1}$，$\{b_n\}$是以 2 为公比的等比数列，$b_1=\log_2 1+1=1$.

$b_n=1\times2^{n-1}=2^{n-1}$，$\log_2 a_n+1=2^{n-1}$，$\log_2 a_n=2^{n-1}-1$，得 $a_n=2^{2^{n-1}-1}$.

对于条件(2) $a_n-1=\dfrac{4a_{n-1}-4}{3a_{n-1}+1}$,两边取倒数得$\dfrac{1}{a_n-1}=\dfrac{1}{a_{n-1}-1}+\dfrac{3}{4}$.可化为等差数列关系式$\dfrac{1}{a_n-1}=\dfrac{1}{a_1-1}+\dfrac{3}{4}(n-1)=\dfrac{3n+1}{4}$,得 $a_n=\dfrac{3n+5}{3n+1}$.

选 D.

23.【答案】 C

【考点】 独立事件

【解析】 显然条件(1)和条件(2)单独不充分,考虑联合:甲方案系统 N 正常工作的概率为 $P_1=0.8\times0.9\times0.9=0.648$,乙方案系统 N 正常工作的概率为 $P_2=0.8\times(1-0.1\times0.1)=0.792$,所以甲方案下系统 N 正常工作的概率比乙方案下系统正常工作的概率小,应选 C.

24.【答案】 C

【考点】 相邻与不相邻问题

【解析】 条件(1),先把三把椅子分开摆放,有四个空位给三人选择,则任何两人不相邻的坐法数 $M=\mathrm{A}_4^3=24$.

条件(2),先把三人排成一排挨着就座,有 $\mathrm{A}_3^3=6$ 种方法,再把三人组成的整体插入到三个空椅子之间,则方法数 $N=4\times\mathrm{A}_3^3=24$.

综上,应选 C.

25.【答案】 D

【考点】 方差

【解析】 由题可知$\dfrac{S_2^2}{S_1^2}=\dfrac{a^2S_1^2}{S_1^2}=a^2$,则只要知道 a 的值,即可确定$\dfrac{S_2^2}{S_1^2}$的值,则两条件单独均充分,所以应选择 D.

三、逻辑推理

26.【答案】 B

【考点】 假言命题 联言、选言命题

【命题方向】 形式逻辑 正推题型

【解析】 题干信息:

(1) ¬答辩→¬主题 ∨ ¬文献;

等价逆否命题:(2) 主题 ∧ 文献→答辩。

Ⅱ 的逻辑关系为“主题 ∧ 文献→答辩”,与(2)逻辑关系一致,一定为真;

Ⅰ 和 Ⅲ 的逻辑关系都不与题干等价,不一定为真。

故正确答案为 B 选项。

27.【答案】 C

【考点】 两大论证形式

【命题方向】 论证推理 假设、前提

【解析】 论据:一种名为内生菌的真菌能降解普通的聚氨酯塑料;

结论:这种真菌将有望帮助人类消除塑料垃圾所带来的威胁。

C 选项:建立联系,在塑料垃圾和聚氨酯塑料之间建立了联系,正确;

B 选项:假设过强,如果内生菌仅能在某个特定条件下才能很好地分解塑料制品的话,那么人为创造出这种条件即可,因此不是必须要有的假设,排除;

D 选项:假设过强,即使这种真菌不能在地球的其他地方很好地生存也没关系,只需要把人类的塑料制品都运到亚马孙雨林中就可以了,因此不是题干论证必须要有的假设,排除;

A、E 选项:与题干论证无关,排除。

故正确答案为 C 选项。

28.【答案】 B

【考点】 两大论证形式

【命题方向】 论证推理 削弱、质疑、反驳

【解析】 专家观点:氢能是 21 世纪最具发展潜力的清洁能源。

B 选项:他因削弱,表明生产氢能反而加剧了对传统能源的消耗,能源危机无法缓解,正确;

A、C、E 选项:支持题干,表明氢能具有优势,排除;

D 选项:支持题干,“部分国家”有能力生产并储存也可以缓解一些问题,而且即使氢能不是唯一方法,只要可以缓解能源危机,该方法就是有效的,无法削弱,排除。

故正确答案为 B 选项。

29.【答案】 C

【考点】 稳赢分析法

【命题方向】 综合推理 综合题组(排序)

【解析】 由题干可知,菠菜不会在周三准备,结合(3)可得西蓝花在周三准备。

如果菠菜在周二准备,由(4)可知黄瓜在周三准备,矛盾,排除。

如果菠菜在周六准备,由(4)可知黄瓜无处安放,排除。

所以菠菜在周四准备,也就是紧挨着西蓝花后面准备。

故正确答案为 C 选项。

30.【答案】 A

【考点】 稳赢分析法

【命题方向】 综合推理 综合题组(排序)

【解析】 由题干可知,茄子在周二准备,结合(1)可知,白菜在周一准备,再结合(2)可知,娃娃菜在周六准备。

故正确答案为 A 选项。

31.【答案】 A

【考点】 直言命题

【命题方向】 形式逻辑 真假判断

【解析】 题干信息:

(1) 所有人都知道小尉迟是水浒人物;

(2) 有些人不知道孙大宝是水浒人物;

(3) 很多人没听说过孙小宝。

A 选项:“一部分人不知道”和“所有人都知道”矛盾,故 A 选项与(1)矛盾,正确;

B、E 选项:与题干信息无关,排除;

C、D 选项:无法从题干信息中得出,排除。

故正确答案为 A 选项。

32.【答案】 C

【考点】 两大论证形式

【命题方向】 论证推理 假设、前提

【解析】 因:隐形衣可以屏蔽人体释放的电信号;

果:鲨鱼等海洋生物无法发现人们的踪迹。

C 选项:建立联系,鲨鱼等海洋生物是凭借人体释放的电信号来发现人们踪迹的,所以屏蔽人体释放的电信号就可以隐藏踪迹,正确;

D 选项:假设过强,只要该方法可以使人近距离接触并观察鲨鱼等海洋生物即可,即使对水下活动造成一些阻碍也影响不大,排除;

A、B、E 选项:无关选项,“有些海洋生物”“部分鱼类”“海豚”均未涉及“鲨鱼”,对象不明确,与题干论证无关,排除。

故正确答案为 C 选项。

33.【答案】 C

【考点】 两大论证形式

【命题方向】 论证推理 支持、加强

【解析】 题干观点:“超级战士”的出现将会重塑未来战争的形态。

C 选项:无法支持,广泛引起讨论和其他悬而未决的问题无法起到支持的作用。

A、B、D、E 选项:可以支持,表明“超级战士”具有超能视力、“狼的耳朵”、智能紧身衣、先进的脑机界面技术等优势,将会使未来战争展现新的面貌。

故正确答案为 C 选项。

34.【答案】 D

【考点】 稳赢分析法

【命题方向】 综合推理 数字相关

【解析】 20 分的组成情况可能是:8+8+2+2+0+0,即答对 2 道,答错 2 道,不答 2 道。

所以 D 选项是有可能出现的情况,其他情况均不可能。

故正确答案为 D 选项。

35.【答案】 A

【考点】 稳赢分析法

【命题方向】 综合推理 综合题组(匹配)

【解析】 由李大宝去了大连,并且每个城市恰有两个人去,所以王大宝和赵大宝不可能都去了大连,结合(2)逆否可得:张大宝只去了北方城市,所以张大宝去了哈尔滨和大连。此时大连有张大宝和李大宝两个人去了,所以王大宝和赵大宝没去大连,结合(1)可知,王大宝至少去了一个北方城市,所以王大宝一定去了哈尔滨。由此可知,李大宝和赵大宝没去哈尔滨。赵大宝没去哈尔滨也没去大连,所以一定去了昆明和福州。

故正确答案为 A 选项。

36.【答案】 C

【考点】 稳赢分析法

【命题方向】 综合推理 综合题组(匹配)

【解析】 张大宝和王大宝去的城市完全不同,所以一定是分别去了一个南方城市和一个北方城市。因此张大宝不可能只去了北方城市,结合(2)可知:王大宝和赵大宝都去了大连,张大宝去了哈尔滨。

C 选项:如果赵大宝去了哈尔滨,那么赵大宝去了哈尔滨和大连,没去昆明也没去福州,李大宝一定去了昆明和福州。

故正确答案为 C 选项。

37.【答案】 D

【考点】 假言命题 联言、选言命题

【命题方向】 形式逻辑 正向推理

【解析】 题干信息:(1) 最高效率∧最佳结果→真诚∧直接;(2) 求同存异∨平等包容→沟通简单∧务实;(3) 平等透明的环境下尊重彼此→学习批判性思维∧接受矛盾。

A 选项:无中生有,题干中未出现相关信息,排除。

B 选项:不符合规则,¬最高效率→¬真诚,与(1)逻辑关系不一致,排除。

C 选项:移花接木,(1)中的“最高工作效率”与(2)中的“沟通简单并且务实”无推理关系,排除。

D 选项::¬真诚∧最高效率→¬最佳结果。由(1)逆否可得:¬真诚→¬最高效率∨¬最佳结果,否定了“¬最高效率”,便可推出“¬最佳结果”,符合题干逻辑关系,正确。

E 选项:不符合规则,与(3)逻辑关系不符,排除。

故正确答案为 D 选项。

38.【答案】 B

【考点】 两大论证形式

【命题方向】 论证推理 削弱、质疑、反驳

【解析】 因:气候变暖;果:龙卷风爆发次数增加。

B 选项:有因有果支持,表明气候变暖与龙卷风次数有关,可以支持;

A、C 选项:有因无果削弱,表明全球变暖并没有增加龙卷风次数,可以削弱;

D 选项:他因削弱,表明龙卷风是由空气对流导致的,与温度无关,可以削弱;

E 选项:无关选项,表明美国龙卷风的频率及危害,属于无关选项,选择“不能削弱”的选项时,支持选项优先于无关选项。

故正确答案为 B 选项。

39.【答案】 C

【考点】 概念

【命题方向】 形式逻辑 加分题型

【解析】 题干信息:题干的逻辑错误是偷换概念,两个“楚国人”含义不同,第一个“楚国人”指的是楚王本人,第二个“楚国人”指的是楚国的某一个人。

A 选项:非黑即白,“留长发”和“剃光”之间并不是矛盾关系,排除;

B 选项:质疑隐含假设,对提问不成立进行反驳,如果你有办法放进去,那么我就有办法取出来;

C 选项:偷换概念,两个“糖”含义不同,第一个“糖”是指汉字,第二个“糖”是“糖”这种物

质,也是偷换概念,正确;

D 选项:转移论题,小媛并没有正面回答小江的问题,排除;

E 选项:非黑即白,朋友和敌人并不是矛盾关系,不需要二选一,排除。

故正确答案为 C 选项。

40.【答案】 A

【考点】 论证评价

【命题方向】 论证推理　论证方式及漏洞

【解析】 考古学家的猜测:安山石是用芦苇船运到蒂瓦纳瓦的。

A 选项:表明方法可行,如果当地人可以使用建造芦苇船的传统技术,就表明考古学家的猜测有能够实现的条件,可以支持,正确;

B 选项:安山石是否在其他地方被使用,与题干论证无关,排除;

C 选项:“现代人”与题干论证无关,排除;

D、E 选项:与题干论证无关,排除。

故正确答案为 A 选项。

41.【答案】 A

【考点】 论证评价

【命题方向】 论证推理　结论

【解析】 A 选项:可以推出,根据题干“最亮时虽然没有超新星那么亮,却可以达到新星亮度的 1 000 倍左右”可知,超新星比新星更亮,正确;

B 选项:无法推出,题干并未提起引力波是否可以释放大量能量,排除;

C 选项:无法推出,题干只是说明“一对中子星碰撞后抛出的碎片不仅合成了金、银等稳定元素,还合成了大量放射性元素”,而不是千新星中含有大量的金、银元素,排除;

D 选项:无法推出,题干并未提及重元素的来源都是中子星并合,排除;

E 选项:无法推出,题干并未提及千新星是否含有大量重元素,排除。

故正确答案为 A 选项。

42.【答案】 B

【考点】 直言命题　三段论

【命题方向】 形式逻辑　正推题型

【解析】 题干信息:

(1) 有些逻辑→文学→诗词→历史→¬电竞;

(2) 有些未成年人→电竞→¬历史→¬诗词→¬文学。

B 选项:有些未成年人→¬文学,与逻辑关系(2)一致,正确;

A 选项:有些逻辑→¬历史,不符合逻辑关系(1),排除;

C 选项:有些逻辑→电竞,不符合逻辑关系(1),排除;

D 选项:有些电竞→文学,不符合逻辑关系(2),排除;

E 选项:未成年人→¬文学,不符合逻辑关系(2),排除。

故正确答案为 B 选项。

43.【答案】 A

【考点】 稳赢分析法

【命题方向】 综合推理　综合题组

【解析】 根据题中信息可列表如下：

	1 班	2 班	3 班	4 班
电脑	2018(1)	A(2)	B(3)	C
手写笔	A(2)	D	2018(1)	B(3)

(4) A≠B；

(5) A=2018 或 2019，B=2017 或 2018；C≤B；D≥A。

由附加条件可知：(6) B=2017，结合(5)可知：(7) C=2017。问题是“可能为真”，使用排除法将不可能的选项排除即可。

A 选项：A=2018，不矛盾，正确；

B 选项：A=2017，与条件(4)矛盾，排除；

C 选项：C=2019，与结论(7)矛盾，排除；

D 选项：C=2018，与结论(7)矛盾，排除；

E 选项：B=2018，与结论(6)矛盾，排除。

故正确答案为 A 选项。

44.【答案】 B

【考点】 稳赢分析法

【命题方向】 综合推理　综合题组

【解析】 由附加条件可知：C=2018，结合条件(3)和(5)可得：B=2018。又由 A≥2018，A≠B 可知，A=2019，所以 1 班的手写笔是在 2019 年购进的。

故正确答案为 B 选项。

45.【答案】 E

【考点】 论证评价

【命题方向】 论证推理　解释

【解析】 E 选项：无法解释，表明粽子有很多形状，但并未解释为什么大多是四面体；

A 选项：可以解释，说明是粽叶的结构决定了粽子的形状；

B 选项：可以解释，说明四面体方便入水煮食；

C 选项：可以解释，说明四面体符合力学结构；

D 选项：可以解释，说明粽子是为了祭祀而做成四面体形状的。

故正确答案为 E 选项。

46.【答案】 E

【考点】 稳赢分析法

【命题方向】 综合推理　分组

【解析】 题干信息：

(1) 甲=乙；

(2) 丙≠丁；

(3) 乙 上海→己 北京；

(4) 戊 北京。

由(4)和“只有一个人去北京”,可知:¬己 北京;结合(3)可得:¬乙 上海;再结合(1)可得:¬甲 上海,由此可知:甲和乙都去了拉萨;丙和丁不能去同一个地方,所以其中一个人去了拉萨,另一个人去了上海。于是可推知:己去了上海。

故正确答案为 E 选项。

47.【答案】 E

【考点】 论证评价

【命题方向】 论证推理 论证方式及漏洞

【解析】 题干信息:题干中“完全正确”和“毫无可取之处”两个选择并非矛盾关系,而是反对关系,不可同真,但可同假,没有必要二选一;

E 选项:“一定”和“不可能”两者也是反对关系,不可同真,但可同假,与题干的漏洞最为类似;

A、C、D 选项:两者是矛盾关系,必一真一假;

B 选项:“有的”和“有的不”是下反对关系,可以同真。

故正确答案为 E 选项。

48.【答案】 A

【考点】 无确定信息破解法

【命题方向】 综合推理 排序

【解析】 此题无确定信息,但有确定范围,所以着手从条件(1)(2)分析,分类假设讨论。

根据(1)可知,孟睿和韩敏中间空两个位置,且由(2)知孟睿不在星期三工作,所以孟睿只能在星期一或星期二工作。

根据(2)可知,星期三只能是庄聪或孔智工作。假设星期三是庄聪工作,若孟睿在星期一工作,则孔智只能在星期六工作;若孟睿在星期二工作,则孔智只能在星期四或星期六工作,此时孔智必定在孟睿之后工作;假设星期三是孔智工作,则孔智必定也在孟睿之后工作。

故正确答案为 A 选项。

49.【答案】 D

【考点】 两大论证形式

【命题方向】 论证推理 支持、加强

【解析】 论据:短视频广告灵活,可调动用户的兴趣;

结论:企业广告用短视频方式呈现,更能吸引用户的目光,增加企业收入。

D 选项:补充正面论据,利用短视频做广告确实比静态海报带来更多收入,可以支持,正确;

A 选项:偷换概念,短视频广告≠个性化宣传,排除;

B 选项:无因有果削弱,没有短视频广告也能带来成功,削弱了题干结论,排除;

C 选项:他因削弱,表明一部分人不喜欢短视频广告,无法支持,排除;

E 选项:两面派,表明使用短视频要适度,无法支持,排除。

故正确答案为 D 选项。

50.【答案】 D

【考点】 稳赢分析法

【命题方向】 综合推理 综合题组(匹配)

【解析】 题干信息：(1) 钱鼠 ∨ 钱兔；

(2) ¬孙龙 ∨ ¬李牛→钱蛇 ∧ 郑羊；

(3) 孙龙→周牛 ∨ 吴兔；

(4) 郑、王的属相是马、羊。

根据条件(1)可知钱的属相是鼠或兔，所以不可能是蛇，根据(2)逆否可得，孙的属相是龙，且李的属相是牛，再根据(3)可推知吴的属相是兔。

故正确答案为 D 选项。

51.【答案】 C

【考点】 稳赢分析法

【命题方向】 综合推理 综合题组(匹配)

【解析】 根据题干信息(4)可知，郑、王的属相不是虎，根据上一题的结果可知孙的属相是龙，李的属相是牛，吴的属相是兔，则他们的属相均不是虎，再由题干可知赵不属虎，那么只有周能属虎。

故正确答案为 C 选项。

52.【答案】 E

【考点】 两大论证形式

【命题方向】 论证推理 支持、加强

【解析】 因：火山喷发；果：全球气温降低。

E 选项：补充论据，具体解释火山喷发如何降低全球气温，可以支持；

A 选项：有因无果削弱，表明火山喷发会使温度升高，无法支持，排除；

B 选项：无关选项，题干论证与“污染”“酸雨”“植物大量死亡”无关，排除；

C 选项：力度较弱，“短期”“火山区”在时间和空间上范围较小，排除；

D 选项：无关选项，题干论证与“火山喷发频率”无关，排除。

故正确答案为 E 选项。

53.【答案】 E

【考点】 稳赢分析法

【命题方向】 综合推理 综合题组(分组)

【解析】 假设满杯红柚促销两天，则其中一天一定为第四天。由于冰鲜柠檬水已经在第三天促销，由条件(2)，第四天与满杯红柚一起促销的不能是冰鲜柠檬水，所以只能是杨枝甘露。如果满杯红柚促销两天，那么杨枝甘露也要跟着满杯红柚促销两天，这与题干信息“任意两天的饮品安排不能完全一样”矛盾。所以满杯红柚不可能促销两天。

故正确答案为 E 选项。

54.【答案】 C

【考点】 稳赢分析法

【命题方向】 综合推理 综合题组(分组)

【解析】 如果杨枝甘露排在第二天，则由(1)可知，芝士莓莓排在第一天。又已知冰鲜柠檬水在第三天，则此时已知的信息是：第一天：芝士莓莓，第二天：杨枝甘露，第三天：冰鲜柠檬水，第四天：多肉葡萄。由(4)可知：芋圆小丸子排在第一天或第二天，由(3)可知满杯红柚会排在第二天或第三天，所以四季奶青肯定排在第四天，与多肉葡萄安排在同一天。

故正确答案为C选项。

55.【答案】 D

【考点】 稳赢分析法

【命题方向】 综合推理　综合题组(分组)

【解析】 本题适合用排除法。由(1)可知杨枝甘露和芝士莓莓不可能安排在任意一天,排除A选项和B选项;由(2)(4)可知,芋圆小丸子不可能在第三天促销,排除C选项;由(5)可知冰鲜柠檬水的位置是固定的,排除E选项。

故正确答案为D选项。

四、写作

56. 论证有效性分析

【参考答案】

1. 类比不当+推断不出:外国与中国国情不同、国民观念不同,不能把中国与外国进行简单类比。而且,即使“成熟的租赁市场能减少购房需求”为真,也不意味着就应该实行“租购同权”。建设成熟的租赁市场除了“租购同权”,也许还有别的途径呢。另外,有了“租购同权”就等同于有了成熟的租赁市场吗?可能未必。既然如此,怎么能断定我们就应该实施“租购同权”,而且“租购同权”有“釜底抽薪”的效果呢?(组合攻击)

2. 条件不充分:租购同权可能有助于解决以上问题,但不是充分措施,不能说有了这个措施就必然有效解决所有问题。

3. 滑坡谬误+论据不成立:一个人接受的教育越多,不能推断出其社会竞争力就越强,也不能推出就带来更多的生活满足感。教育也有普通与优质教育,应试与素质教育之分,也有所学专业是否适应社会发展需求之分,未必一个人接受教育越多就越有社会竞争力。况且,满足感属于心理感受,受教育越多,未必满足感越强。这个连续推断不能保证成立,所以该理由不能成立。所以不能推出租购同权可以增强生活满足感。(滑坡谬误所导致的论据不成立)

4. 以偏概全:学区房“非理性价格从购房转移到租房环节上来”未必能推出住房租金会普遍非理性上涨,更推不出导致从“买不起房”到“租不起房”的结果发生。学区房仅是少部分房屋,它的情况不能认为是“普遍”情况,不能以偏概全。

5. 条件缺失:增加政府的公共服务能力不止包括增加公共配套设施的供给能力,这只是硬件方面,还包括软件方面,如教育、医疗、社会保障、治安等公共服务能力。

6. 推断不出:“不能提前解决所有可能的潜在问题”未必代表“不能实施租购同权制度”,还可以在实施中不断总结和改进,而非要等所有潜在问题都得到解决之后才能实施。

7. 自相矛盾:前文认为实行租购同权已经是必选项(即必须实施),后文认为实施要有前提条件,也就是满足条件后才能实施,显然前后矛盾。(6与7两点可以连击)

【参考范文】

且慢草率下结论

上述材料通过一系列分析,试图说明租购同权是势在必行之举,以及实施过程中需避免诸多问题,但其论证过程并不足以支撑其结论,具体分析如下:

首先,外国与中国国情不同、国民观念不同,不能把中国与外国进行简单类比。而且,即使“成熟的租赁市场能减少购房需求”为真,也不意味着就应该实行“租购同权”。建设成熟的租赁市场除了“租购同权”,是否还有别的途径呢?也许还有。另外,有了“租购同权”就等同于有了成熟的租赁市场吗?可能未必。既然如此,怎么能断定就应该实施“租购同权”,而且“租购同权”有“釜底抽薪”的效果呢?

其次,租购同权可能有助于解决高房价问题,但显然未必是充分条件,不能说有了这个措施就必然有效解决所有问题,解决房价问题还需要解决社会资源分布不均衡等诸多问题,还需要更加根本性的措施。

再次,一个人接受的教育越多,不能推断出其社会竞争力就越强,也不能推出就带来更高的生活满足感。教育也有普通与优质教育,应试与素质教育之分,也有所学专业是否适应社会发展需求之分,未必一个人接受教育越多就越有社会竞争力。况且,满足感属于心理感受,受教育越多,未必满足感越强。这个连续推断不能保证成立,所以该理由不能成立。故不能推出租购同权可以增强生活满足感。

最后,“政府只要提高公共配套设施的供给能力”未必“就会同步增加公共服务能力”。这只是硬件方面的努力,还包括其他软件方面,例如教育、医疗、社会保障、治安等公共服务能力。

综上所述,原文在论证过程中存在较多缺陷,要想证明租购同权必须实行的结论,还需要更加严谨的论证。

57. 论说文

【参考范文】

网红产品,靠流量更要靠质量

网络主播直播带货这种新形式颇为契合当下消费者的口味。然而,不管哪种新模式,诚信经营、货真价实始终是长久经营的必然选择。

在互联网信息过剩的背景下,带货网红成为海量产品的人工鉴别筛选器,以个人信誉和口碑为保证,为自己的粉丝推荐值得购买的商品。这种模式的出现有其背后的必然性和合理性,既顺应了消费者的需要,也推动了互联网经济的发展。

然而,新模式繁荣的背后,也不断爆出产品质量参差不齐、虚假宣传、刷单买热度等问题。只有妥善解决这些问题,才能让网红直播带货这种新模式更好、更长久地发展下去。

出现这些行业乱象,一方面是行业评价机制问题。网红行业竞争加剧,导致主流网红平台的评价机制弊端日益显现。例如,在一些平台上,依托点赞数、销售量等指标对网红进行排序,导致一些公司为了获得更高的曝光度而“刷数据”。另一方面是监管机制问题。有些带货中出现的行为,例如虚假广告,已经涉嫌商业欺诈,需要市场监管部门介入。但由于直播带货新模式发展较快,相应的监管法规、监督机制还亟需加强。

直播带货不应成为商业经营的法外之地。首先,带货网红应当提高商品把控能力,慎重选择合作品牌。商家应规范供应链,在商品质量上下功夫,保障售后服务。其次,直播平台应切实履行平台责任,加大对直播内容的审核力度,确立带货网红与销售商家“黑名单”制度。此外,监管部门应当加大监管力度,加强市场监管,显著提高违法成本,建立健全相关产品生产者、销售者的诚信追溯机制,对严重失信者予以公开曝光。

“网红”产品流行,适应了消费经济转型特点,反映了消费新态势,但只有守住产品质量,网红直播带货的模式才能走得更加长远。

冲刺模拟8套卷(六)

一、问题求解:第1~15小题,每小题3分,共45分。下列每题给出的A、B、C、D、E五个选项中,只有一个选项是最符合题目要求的。

1. 酱油店有标量为7两和2两的两种量筒(1两=50 g),则至少(　　)次可以量出1 kg酱油.

A. 5　　B. 6　　C. 7

D. 8　　E. 9

2. 已知函数 $f(n)=\begin{cases} n^2, n\text{为奇数}, \\ -n^2, n\text{为偶数}, \end{cases}$ 且 $a_n=f(n)+f(n+1)$,则数列 $\{a_n\}$ 的前100项之和为(　　).

A. -100　　B. 0　　C. 50

D. 100　　E. 150

3. 如图,已知 $\angle BAC=90°$,四边形 $ADEF$ 是正方形且边长为1,则 $\frac{1}{AB}+\frac{1}{BC}+\frac{1}{CA}$ 的最大值为(　　).

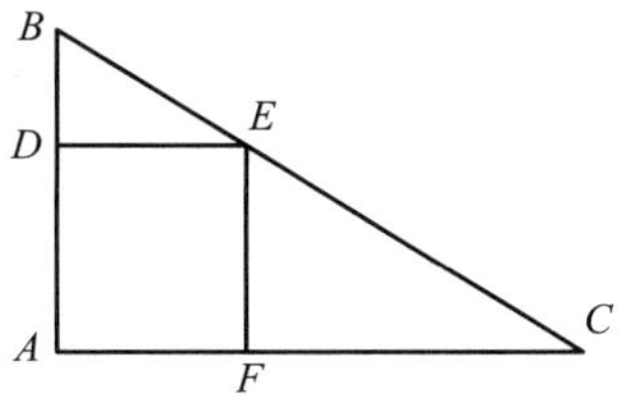

A. $\frac{3}{2}$　　B. $\frac{3\sqrt{2}}{2}$　　C. $1+\sqrt{2}$

D. 2　　E. $1+\frac{\sqrt{2}}{4}$

4. 某电视台综艺频道主办一种有奖过关游戏,该游戏设有两关,只有过了第一关,才能玩第二关,每关最多玩两次,连续两次失败者被淘汰出局.过关者可获奖金,只过第一关获奖金900元,两关全过获奖金3 600元.某同学有幸参与了上述游戏,且该同学每一次过关的概率均为 $\frac{2}{3}$,各次过关与否互不影响.在游戏过程中,该同学不放弃所有机会.若该同学已顺利通过第一关,则他获得3 600元奖金的概率为(　　).

A. $\frac{2}{3}$　　B. $\frac{1}{3}$　　C. $\frac{2}{9}$

D. $\frac{8}{9}$　　E. 以上结论均不正确

5. 若 a,b 是函数 $f(x)=x^2-px+q(p>0,q>0)$ 的两个不同的零点,且 $a,b,-2$ 这三个数可适当排序

后成等差数列，也可适当排序后成等比数列，则 $p+q$ 的值等于（　　）.

A. 6　　B. 7　　C. 8

D. 9　　E. 10

6. 若 AB 是圆 $x^2+(y-3)^2=1$ 的任意一条直径，且 $A(x_1,y_1)$，$B(x_2,y_2)$，O 为坐标原点，则 $x_1x_2+y_1y_2$ 的值为（　　）.

A. 6　　B. 7　　C. 8

D. 6 或者 7　　E. 10

7. 某市“五城同创”活动中，一项绿化工程由甲、乙两工程队承担.已知甲工程队单独完成这项工作需 120 天，甲工程队单独工作 30 天后，乙工程队参与合做，两队又共同工作了 36 天完成.乙工程队单独完成这项工作需要（　　）天.

A. 60　　B. 70　　C. 80

D. 90　　E. 100

8. 全班同学毕业时取得六级证的有 30 人，取得驾照的有 35 人，取得计算机合格证的有 20 人，取得第二学位证的有 15 人，其中只有一张证的有 5 人，只有两张证的有 10 人，有四张证的有 3 人，则只有三张证的有（　　）人.

A. 7　　B. 8　　C. 9

D. 10　　E. 21

9. 小明上午 8 点要到学校上课，可是家里的闹钟早晨 6:10 就停了，他上足发条但忘了对表就急急忙忙上学去了，到学校一看还提前了 10 min.中午 12 点放学，小明回到家一看闹钟才 11 点整.如果小明上学、下学在路上用的时间相同，那么，他家的闹钟停了（　　）min.

A. 30　　B. 40　　C. 50

D. 80　　E. 70

10. 在平面直角坐标系 xOy 中，以点(1, 0)为圆心且与直线 $mx-y-2m-1=0(m\in\mathbf{R})$ 相切的所有圆中，半径最大的圆的标准方程为（　　）.

A. $(x+1)^2+y=2$　　B. $(x-1)^2+y^2=2$　　C. $(x+1)^2+y^2=4$

D. $(x-1)^2+y^2=4$　　E. $(x-1)^2+y^2=1$

11. 如图，在三角形三条边上的 6 个不同的圆内分别填入数字 1,2,3 中的一个.当同一条边上的三个数字都不相同时，不同的填法有（　　）种.

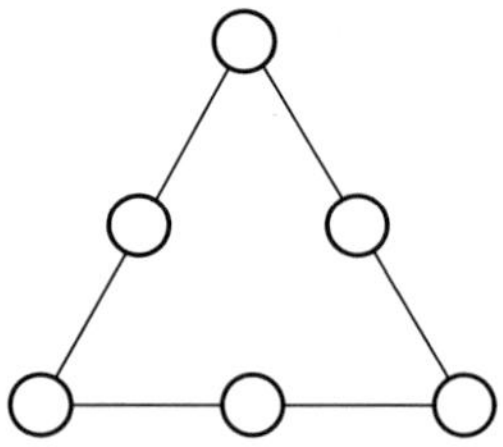

A. 12　　B. 10　　C. 14

D. 6　　E. 36

12. 某工厂一年中各月的收入、支出情况统计如图所示，下列说法中错误的是（　　）.

A. 收入的最高值与最低值的比是 3 : 1

B. 结余最高的月份是 7 月

C. 1 至 2 月收入的变化量与 4 至 5 月收入的变化量相同

D. 前 6 个月的平均收入为 40 万元

E. 每月都有利润

（注:结余=收入-支出）

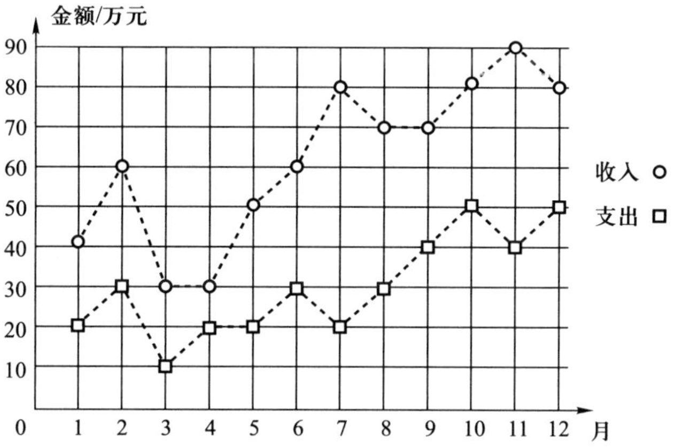

13. 有三个不同的质数,已知它们的平方和为 5 070,则这三个质数的和为(　　).

A. 78　　B. 56　　C. 48

D. 42　　E. 36

14. 如图,已知 $l_1 // l_2 // l_3 // l_4$,$m_1 // m_2 // m_3 // m_4$,$S_{ABCD}=100$,$S_{IJKL}=20$,则 $S_{EFGH}=$(　　).

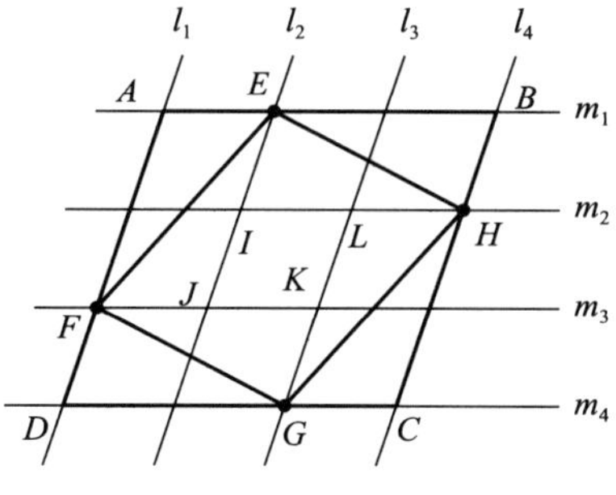

A. 40　　B. 50　　C. 60

D. 70　　E. 80

15. 如图所示,三角形 ABC 的面积是 24,且 $BE=2EC$,D,F 分别是 AB,CD 的中点,那么阴影部分的面积是(　　).

A. 8　　B. 9　　C. 10

D. 11　　E. 12

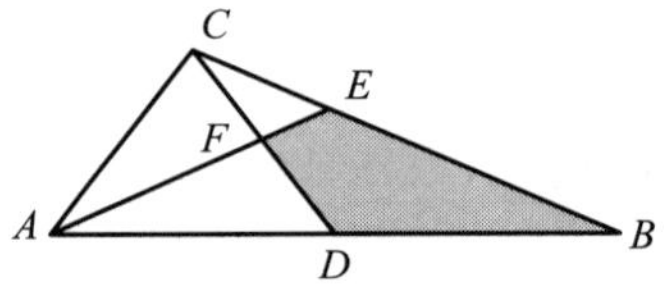

二、条件充分性判断：第 16～25 小题，每小题 3 分，共 30 分。要求判断每题给出的条件(1)和条件(2)能否充分支持题干所陈述的结论。A、B、C、D、E 五个选项为判断结果，只有一个选项是最符合题目要求的。

A. 条件(1)充分，但条件(2)不充分

B. 条件(2)充分，但条件(1)不充分

C. 条件(1)和(2)单独都不充分，但条件(1)和条件(2)联合起来充分

D. 条件(1)充分，条件(2)也充分

E. 条件(1)和(2)单独都不充分，条件(1)和条件(2)联合起来也不充分

16. 某品牌的照相机成本价是每台 500 元，3 月份的销售价为每台 625 元.经市场预测，那么在 5 月份销售该品牌的照相机可获利 8%.

(1) 该商品销售价在 4 月份将降低 20%

(2) 在 5 月份再提高 8%

17. 已知 $|a|\neq|b|$，则 $\dfrac{|a-b|}{|a|-|b|}>1$.

(1) $ab>0$

(2) $ab<0$

18. 已知圆柱体底部半径为 R，高为 h.则 $\dfrac{h}{R}=\sqrt{3}$.

(1) 点 (R,h) 落在圆 $x^2+y^2=1$ 上

(2) 点 (R,h) 到点 $(1,0)$ 的距离为 1

19. 已知实数 a,b,c 满足 $a\neq0$.设 x_1,x_2 是方程 $ax^2+bx+c=0$ 的两个实数根，则平面直线坐标系内两点 $A(x_1,x_2)$，$B(x_2,x_1)$ 之间的距离的最大值为 $3\sqrt{2}$.

(1) $a\geqslant b\geqslant c$

(2) $a+b+c=0$

20. 已知 $f(x)=ax^2+bx+c(a\neq0)$，则方程 $f(f(x))=x$ 无解.

(1) $f(x)=x$ 无解

(2) $y=f(x)$ 与 $y=ax+b$ 相切

21. M 的最小值为 2.

(1) $a>0,b>0,a+b=2,M=ab+\dfrac{1}{ab}$

(2) $M=\left|x-\dfrac{5}{4}\right|+\left|x+\dfrac{3}{4}\right|$

22. 已知 a,b,c 为实数，则 a,b,c 成等比数列.

（1）一元二次方程 $\frac{a}{4}x^2+bx+c=0$ 有两个相等实数根

（2）a,c 为不相等的质数，a,c 的最小公倍数为 b^2

23. 等差数列 $\{a_n\}$ 的前 n 项和为 S_n，则使 $a_n>0$ 的最小正整数 $n=10$.

（1）$a_{11}-a_8=3$

（2）$S_{11}-S_8=3$

24. 某班共 30 人，其中 15 人喜爱篮球运动，则喜爱篮球运动但不喜爱乒乓球运动的人数为 12.

（1）10 人喜爱乒乓球运动

（2）8 人对这两项运动都不喜爱

25. 如图，在一个正方形的四个顶点处，按逆时针方向各写了一个数：2，0，0，1. 然后取各边中点，并在各中点处写上其所在边两端点处的两个数的平均值. 这四个中点构成一个新的正方形，又在这个新的正方形四边中点处写上其所在边两个端点处的两个数的平均值. 连续这样做到第 m 个正方形，则图上写出的所有数的和是 30.

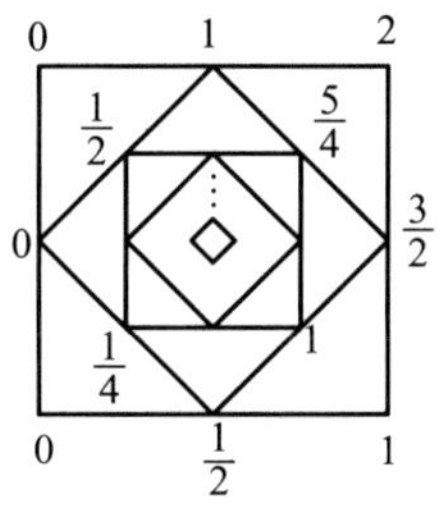

（1）$m=10$

（2）$m=9$

三、逻辑推理：第 26～55 小题，每小题 2 分，共 60 分。下列每题给出的 A、B、C、D、E 五个选项中，只有一个选项是最符合题目要求的。

26. 在某公司年会上，财务部表演节目的人都来自东北；教研部表演节目的人有些来自东北，但是大部分来自南方；其他表演节目的均来自人事部。来自东北的表演节目的人都具有研究生以上学历，来自南方的表演节目的人都具有本科以上学历。李大宝、孟大宝参加了公司年会，李大宝并非来自南方，孟大宝并非来自东北。

以上陈述如果为真，可以得出以下哪项结论？

A. 如果李大宝是财务部的，那么他表演了节目。

B. 李大宝不是财务部的。

C. 孟大宝不是教研部的。

D. 如果孟大宝表演了节目，那么他不是财务部的。

E. 孟大宝不具有研究生以上学历。

27. 招生简章：S 市最好的高中是希尔高中。在每届初三毕业生中，考上希尔高中的学生比例越高，则这所初中学校的教学质量越好。光合初中的初三毕业生中考上希尔高中的学生最多。因此，有理由相信，光合初中就是 S 市教学质量最好的初中学校。

以下哪项如果为真，最能削弱上述招生简章中的论证？

A. 光合初中的老师数量较多,而且还有些是海外博士。

B. 光合初中的学费是 S 市最高的,对此很多家长颇有微词。

C. 光合初中的学生比其他初中学校多得多,尤其有很多学生是在初三时由别的学校转学过来的。

D. 除了希尔高中,S 市的其他高中也是不错的选择。

E. 有些初中毕业生根本不希望考上希尔高中。

28. 以下是一个 4×4 的图形,共有 16 个空格,每个空格中均可填入一个词。要求图形的每行、每列均填入“爱国”“敬业”“诚信”“友善”4 个词,不能重复,也不能遗漏。

①	②	③	④
友善		敬业	
诚信	友善		
			爱国

根据以上信息,依次填入图形中①②③④处的 4 个词应是

A. 爱国、敬业、诚信、友善。 B. 诚信、爱国、敬业、友善。 C. 诚信、友善、爱国、敬业。

D. 友善、爱国、敬业、诚信。 E. 敬业、诚信、爱国、友善。

29. 据科学家统计,蝙蝠身上携带了 4100 多种病毒,而其中,单冠状性病毒就有 500 多种。蝙蝠的平均寿命可达 30 年。经东江省的防疫部门检测,在该省境内接受检疫的蝙蝠中,有 60% 携带亨德拉病毒。但是只有 20 岁以上的蝙蝠才接受检疫。防疫部门的专家因此推测,该省蝙蝠中感染亨德拉病毒的比例,将大大小于 60%。

以下哪项如果为真,将最有力地支持专家的推测?

A. 在东江省境内,20 岁以上的蝙蝠只占蝙蝠总数的不到 5%。

B. 在东江省,感染亨德拉病毒的眼镜蛇约占眼镜蛇总数的 1%。

C. 在与东江省毗邻的西虹省境内,至今没有关于蝙蝠感染亨德拉病毒的疫情报告。

D. 与年龄较大的蝙蝠相比,年龄较小的蝙蝠更容易携带亨德拉病毒。

E. 与年龄较小的蝙蝠相比,年龄较大的蝙蝠更容易携带亨德拉病毒。

30. 世界田径锦标赛是所有田径选手展示自己的舞台。众所周知,大苏是我国的第一飞人,他进入了百米决赛,决赛共有八名选手。有几人猜测他的名次。

第一个人说:大苏肯定是前三名;

第二个人说:大苏不是第四名就是第五名;

第三个人说:大苏肯定不是最后一名;

第四个人说:大苏肯定不是后四名。

最后的结果证明,以上四人中恰有两人说错了。

根据以上信息,关于大苏的名次,以下哪项一定为真?

A. 第二名。 B. 第三名。 C. 第四名。

D. 第五名。 E. 第六名。

31. 东辉国一般译名为迦摩缕波国,位于今南亚东北部,该国有基拉塔人、阿萨姆人和姆霍人,但

由于缺少确凿的证据,他们之间的相互关系一直无法确定。刘教授认为:如果所有基拉塔人都是姆霍人,则所有的阿萨姆人都不是基拉塔人。最新的考古研究证明,刘教授的观点是错误的。

根据以上信息,以下哪项一定为真?

A. 所有阿萨姆人都是姆霍人。

B. 有些阿萨姆人不是姆霍人。

C. 有些基拉塔人不是阿萨姆人。

D. 所有姆霍人都是阿萨姆人。

E. 有些姆霍人是阿萨姆人。

32. 很长一段时间,营养学家普遍认为营养不良是因为摄入的食品中缺乏蛋白质,因此联合国粮农机构将提高食品中的蛋白质含量作为重要事务进行推进。但是近些年科学家的更深入研究发现,营养学家的认识存在错误。

以下除哪项外,均能支持上述科学家的观点?

A. 有些贫困地区的营养不良并不是由食物中缺乏蛋白质导致的,而是由缺乏食物导致的。

B. 近年来,科学家培育蛋白质食物取得可喜成果,小麦蛋白质含量显著增加。

C. 山药和木薯这样的低蛋白质农作物也能满足人类对蛋白质的基本需求。

D. 营养学家对人类蛋白质需求的研究是基于动物实验,而对动物研究会夸大人类对蛋白质的需求。

E. 热量摄入不足,脂肪、肌肉消耗严重才是导致营养不良的决定性因素。

33. 脱发是现代人不小的烦恼,生姜算得上是一种源远流长的防脱生发圣物,无论是古老朴素的生姜擦头,还是在“双十一”大卖的生姜洗发水,都是爱发人员关注的热点。有人认为,抹上生姜汁以后会感觉头皮又热又辣,确实使血液循环加快,促进了生发。

以下哪项如果为真,最能削弱上述观点?

A. 一根头发从长出到脱落会经历成长期、退缩期和休止期,如果头发的正常生长周期被破坏,那么脱发便就此诞生。

B. 头发90%以上的成分是蛋白质,如果缺乏蛋白质,就会影响头发的生长。

C. 姜辣素是导致热辣感觉的主因,其一大作用就是扩张血管,促进血液循环。

D. 生姜的主要活性成分6-姜酚能够引起毛囊真皮乳头细胞的凋亡,反而会抑制毛发生长。

E. 生姜确实有一定的护发效果,但是也会有副作用。

34. 某民间收藏家仿制了圆明园十二生肖铜兽中的丑牛、卯兔、巳蛇、午马、申猴和亥猪,分别放置在圆形展台的六个方位上供人参观。已知,

(1) 丑牛不能与巳蛇相邻;

(2) 卯兔不能和午马相邻;

(3) 申猴不能和巳蛇相邻,也不能和亥猪相邻。

如果午马不能与巳蛇相邻,则下列哪项一定为真?

A. 亥猪和卯兔相邻。　　B. 亥猪和午马相邻。　　C. 亥猪和申猴相邻。

D. 卯兔和巳蛇相邻。　　E. 申猴和丑牛相邻。

35. 在市场价格调整的大环境下,西虹市的原浆啤酒促销活动接连受阻,目前仅有桥东超市和桥

西超市还在搞促销活动。而且,现在有一个传言:只有在桥西超市,才能购买促销的原浆啤酒。

为验证上述传言,某记者采取了下列方式,请问其中哪项是毫无意义的?

Ⅰ. 去桥东超市购买促销的原浆啤酒。

Ⅱ. 去桥西超市购买促销的原浆啤酒。

Ⅲ. 询问近期购买了促销的原浆啤酒的人。

Ⅳ. 询问近期没购买促销的原浆啤酒的人。

A. 仅Ⅰ、Ⅲ。 B. 仅Ⅰ、Ⅳ。 C. 仅Ⅱ、Ⅲ。

D. 仅Ⅱ、Ⅳ。 E. 仅Ⅱ、Ⅲ、Ⅳ。

36. 航天器经过大气层返回地球时,会与大气层摩擦导致温度急剧升高。为使航天器克服“热障”安全返回地球,国外某研究机构在回收微小卫星 EGG 上做了新的技术尝试。EGG 在下降过程中张开由二氧化碳充气扩张而成的半球形隔热减速伞,之后其受到的大气阻力显著增加,开始缓慢进入大气层并顺利落向地球。

以下哪项是上述技术尝试基于的前提?

A. 航天器表层材料需具备耐受超高温的性能。

B. 航天器耐热材料的成本比减速伞成本要高。

C. 航天器落入大气层时过热是下降过程的常见难题。

D. 航天器以较慢速度进入地球可减少摩擦导致的发热。

E. 隔热减速伞不会对大气环境产生破坏。

37. 睡眠不足是引起工作事故的众所周知的原因。许多医生经常连续 24 小时或更长时间不睡觉,然而在同事之间做的常规检查中,这些医生很少被诊断为睡眠不足。因此,没有理由担心习惯性睡眠不足会导致广泛的医疗事故。

对下列哪个问题的回答最有助于评价上面的论述?

A. 诊断为睡眠不足的医生是否同时也表现出其他与睡眠无关的疾病征兆?

B. 医生习惯性睡眠不足是否会严重减弱他判断他人睡眠不足征兆的能力?

C. 除了习惯性睡眠不足之外,是否还有其他的医生本身的因素而导致的工作失误?

D. 在最近接受治疗的人当中,相信医生有时受睡眠不足之苦的人占多大比例?

E. 在医生中睡眠不足的发病率是否比其他医疗工作人员更高?

38. 植物博览会需要挑选一些花卉进行展览,花卉的花期、颜色、品种等特点需要满足以下条件:

(1) 紫罗兰和万寿菊至少挑选一种;

(2) 万寿菊和芍药至多挑选一种;

(3) 如果挑选郁金香,则要同时挑选芍药和马蹄莲;

(4) 在紫罗兰、万寿菊、芍药、郁金香、马蹄莲 5 种花卉中至少要挑选 3 种。

如果上述信息为真,则以下哪项是一定会挑选的?

A. 紫罗兰和郁金香。 B. 万寿菊。 C. 芍药。

D. 郁金香。 E. 马蹄莲。

39. 欧元区经过艰难的谈判,G 国债务危机暂时得到平息,经济重新进入上升通道,但对欧元区的经济产生的负面影响仍在持续。某学者认为:只要 G 国进行改革,就能消除对欧元区的经济的负面影响。

以下哪项如果为真，最能反驳上述学者的观点？

A. 如果 G 国减少福利，或者实现了经济大幅发展，则可以解决债务危机。

B. 如果 G 国的债务危机得到合理解决，就不会对欧元区的经济产生负面影响。

C. 如果 G 国进行改革，就能让经济重新进入上升通道。

D. 如果 G 国让经济重新进入上升通道，那么一定进行了改革。

E. 如果 G 国减少福利，就可以解决债务危机。

40. 玩电脑游戏是否会改变大脑结构呢？对此，研究人员进行了实验。他们把 154 名 14 岁青少年分为两组，其中一组青少年每周玩电脑游戏超过 9 小时，即"频繁玩家"；另外一组玩电脑游戏较少。利用磁共振成像技术进行的大脑扫描显示，"频繁玩家"大脑中的"腹侧纹状体"比其他人要大。由此，研究人员得出结论，玩电脑游戏确实会改变大脑结构。

以下哪项如果为真，最能支持上述结论？

A. "腹侧纹状体"被称为大脑的"激励中心"，与奖励反馈有关，常常在人们得到外界回报时发挥作用，比如赌博赢钱或享受美食的时候。

B. 长期玩游戏的儿童阅读游戏规则更容易，还会对游戏中出现的画面变得敏感，但对周围的事物表现冷漠。

C. 追求新鲜和未知的经历是人和动物基本的行为趋势，选择新的选项可能使进化变得有意义。

D. 通过大范围调查显示，大脑结构不同不会导致部分人更喜欢玩电脑游戏。

E. 与其希望通过玩电脑游戏开发智力，不如通过打乒乓球有效。

41. 绿化部门要从柳树、桃树、桂树、茶树、银杏、面包树这 6 种树木中挑选两种进行栽种，在挑选时注意到了以下情况：

（1）面包树与桃树不能同时栽种；

（2）只有栽种桂树，才能栽种桃树；

（3）若栽种茶树，则也要栽种银杏；

（4）要么栽种柳树，要么栽种茶树；

（5）如果不栽种桃树，则也不栽种柳树；

（6）由于某种原因，桂树不能栽种。

根据上述信息，可以得出以下哪项结论？

A. 栽种柳树、银杏两种。　B. 栽种茶树、面包树两种。　C. 栽种茶树、银杏两种。

D. 栽种桃树、面包树两种。　E. 栽种桃树、银杏两种。

42. 随着医学的发展，很多疾病都有了常规而又行之有效的治疗手段和对症药品。但有些疾病仍然没有对症药品。这些特殊疾病中，既包括癌症等相对常见的疾病，也包括 W 病等罕见的疾病。事实上，制药公司将研发力量用于常见疾病的对症药品研发而不是罕见疾病的药品研发是十分明智的。因为，研发、生产相应的对症药品去治疗患上罕见疾病的病人是一桩赔钱的营生，把生产的药品只卖给少部分人的做法通常无法收回研发成本，这样，制药公司的相应研发、生产最终都将以赔钱而告终。

以下哪项如果为真，最能支持上述论证？

A. 研发治疗罕见疾病药品的过程不会产生任何治疗常见疾病有益的成果。
B. 罕见疾病的患者一般不会有类似高血压等属于常见疾病的并发症。
C. 许多原来研发治疗罕见疾病药品的制药公司最终都选择了放弃。
D. 感染上某一种罕见疾病的病人很少,而且感染上各种罕见疾病的病人总数也不是个很大的数字。
E. 药品的总生产量越大,花在每单位药品上的制造费用就越低。

43. S 高中要从 9 名学生中选出 7 名参加英语比赛。这 9 名学生中,高一年级 4 人,2 名男生 2 名女生;高二年级 3 人,2 名男生 1 名女生;高三年级 2 人,1 名男生 1 名女生。选择时需要遵循以下规则:
(1) 至少要选出 3 名女生参赛;
(2) 任何一个年级的参赛人数不能多于 3 人。
如果高一的 2 名男生都入选,那么以下哪项一定为真?
A. 入选学生中男生比女生多。
B. 入选学生中女生比男生多。
C. 入选学生中高一学生比高二多。
D. 入选学生中高二学生比高三多。
E. 入选学生中女生比高二学生多。

44. 并非所有理想远大的人都不可能受到一些非正能量事件的影响。当然,并非所有的理想远大的人都可能一帆风顺。
如果上述命题为真,那么以下哪项一定为真?
A. 所有理想远大的人必然不会受到一些非正能量事件的影响,有的理想远大的人不可能不一帆风顺。
B. 一些理想远大的人可能受到一些非正能量事件的影响,有的理想远大的人可能不一帆风顺。
C. 一些理想远大的人可能受到所有非正能量事件的影响,有的理想远大的人不可能一帆风顺。
D. 一些理想远大的人可能受到一些非正能量事件的影响,有的理想远大的人不可能一帆风顺。
E. 所有理想远大的人可能不会受到所有非正能量事件的影响,有的理想远大的人一定不一帆风顺。

45~46 题基于以下题干信息:

2023 年世界乒乓球锦标赛上,7 名运动员甲、乙、丙、丁、戊、己、庚依次出场,关于他们的出场顺序,有如下信息:
(1) 男运动员不会连续出场,甲之前有两名男运动员;
(2) 乙和丙均在甲之后出场;
(3) 丁在第 6 位出场。

45. 根据上述信息,以下哪项可能为真?
A. 丙和丁都是男运动员。　B. 甲和乙都是男运动员。　C. 乙和丁都是男运动员。

D. 甲和丙都是男运动员。　　E. 乙和丙都是男运动员。

46. 如果戊在第 3 位出场,则以下哪项一定为真?

A. 己与庚性别不同。　　B. 甲与庚性别不同。　　C. 戊与庚性别不同。

D. 乙与庚性别不同。　　E. 丙与庚性别不同。

47. 王大宝有奥迪、宾利、长城、东风风神、凯迪拉克、林肯 6 辆车,可以停放在由西向东的 1~6 号共 6 个车位中,每辆车停放在一个车位,且必须符合下列条件:

(1) 奥迪在 1 号或 6 号车位;

(2) 长城在 3 号车位;

(3) 东风风神停放的车位在凯迪拉克的西边;

(4) 凯迪拉克与林肯紧挨着,并且在林肯的西边;

(5) 如果凯迪拉克在 5 号车位,则宾利在 1 号车位。

根据以上信息,以下哪项包括了宾利可能停放的所有车位号码?

A. 1 号、2 号。　　B. 1 号、2 号、5 号。　　C. 1 号、2 号、6 号。

D. 1 号、5 号、6 号。　　E. 1 号、2 号、4 号。

48. 政府每年都公布对 S 海域鳕鱼储量的估计数值,这个数值是综合两个独立的调查数据得出的:一个是根据研究考察渔船每年一次的抽样捕捞量做出的;另一个是以上一年商用渔船单位捕捞量(在一公里长的范围撒网停留一小时所捕捞的鳕鱼量)的平均吨位数为基础而得出的。在过去的几十年中,这两项调查所得到的数据是非常近似的。但在最近 10 年中,基于商用渔船单位捕捞量的调查数据明显上升,而基于研究考察渔船抽样捕捞量的调查数据却明显下降。

以下哪项如果为真,最能解释上述两项调查数据差异的不断变化?

A. 商用渔船通常超额捕鱼,并且少报数量。

B. 现在每年动用的研究考察渔船要多于 10 年前。

C. 过去的 10 年中,技术的进步使商用渔船能准确地发现大鱼群的位置。

D. 研究考察渔船只用 30 天的时间采集鳕鱼样本,而商用渔船则全年捕捞。

E. 由于以前过度捕捞,现在渔船很难捕到法律允许的最大捕捞量。

49~50 题基于以下题干信息:

大宝是个时间规划能力比较强的人,每周从周一到周日会提前安排食谱。本周大宝有四种菜品选择,分别是:八珍豆腐、老爆三、坛子肉、罗汉肚,并且遵循以下条件:

(1) 罗汉肚只安排一天,其余几项都各安排两天;

(2) 周一或者吃八珍豆腐,或者吃坛子肉;

(3) 只有周三吃八珍豆腐,周五才会吃老爆三;

(4) 要么周二吃坛子肉,要么周四不吃罗汉肚;

(5) 周二和周六安排同一个菜品。

49. 如果周五吃老爆三,以下哪项一定为真?

A. 周一吃坛子肉。　　B. 周二吃老爆三。　　C. 周六吃老爆三。

D. 周一吃八珍豆腐。　　E. 周日吃坛子肉。

50. 如果周二吃八珍豆腐,则以下除了哪项外都可能为真?

A. 周四没吃罗汉肚。 B. 周五吃罗汉肚。
C. 周五和周日安排同一种菜品。 D. 周一和周四安排同一种菜品。
E. 周五没吃老爆三。

51. 赵、钱、孙、李、周、吴、郑 7 个人是住在同一栋楼(共 7 层)里的邻居,7 人所住楼层各不相同。已知:

(1) 周和赵分别住在第 3 层和第 4 层之一;

(2) 如果钱住在第 1 层,那么李住在第 5 层或者吴住在第 2 层;

(3) 除非钱住在第 1 层并且孙住在第 2 层,否则赵住在第 7 层;

(4) 如果李不住在第 6 层,那么赵不住在第 4 层,并且吴不住在第 6 层。

根据上述信息,可以得出以下哪位住在第 6 层?

A. 钱。 B. 孙。 C. 李。 D. 郑。 E. 吴。

52. 保罗、詹姆斯、约瑟夫是某篮球队的队员,他们分别司职中锋、前锋和后卫之一,在场上他们的号码为 6 号、8 号和 9 号。在某场比赛中,他们发挥出色,贡献了 15 分、17 分和 20 分。已知:

(1) 保罗的得分比前锋多,而前锋的号码比保罗的大;

(2) 詹姆斯在那场比赛中得了 20 分,不过他不是中锋;

(3) 8 号队员司职后卫。

根据以上信息,以下哪项一定为真?

A. 保罗的号码是 8 号。 B. 詹姆斯的号码是 6 号。 C. 詹姆斯是前锋。
D. 约瑟夫是后卫。 E. 约瑟夫的号码是 9 号。

53. 某同学要在连续 6 天(分别编号为第一天,第二天……第六天)内面试 6 家公司:东风、西风、南风、北风、中风和无风,每天只面试一家公司,每家公司只面试一次。面试的时间安排必须符合下列条件:

(1) 面试东风在第一天或第六天;

(2) 面试北风的日子比面试中风的日子早;

(3) 面试中风恰好在面试无风的前一天;

(4) 如果面试西风在第三天,则面试中风在第五天。

如果面试无风恰好在面试东风的前一天,下面哪一个选项必定是真的?

A. 面试西风或者面试南风安排在第一天。
B. 面试南风或者面试北风安排在第三天。
C. 面试西风或者面试北风安排在第二天。
D. 面试南风或者面试北风安排在第四天。
E. 面试南风或者面试北风安排在第二天。

54~55 题基于以下共同题干:

某学校举行探索外太空科技活动,分别研究金星、木星、水星、火星,共有金大宝、木大宝、土大宝、水大宝、火大宝、月大宝 6 位同学参与该活动。每人研究两个星体,每个星体有 3 个人研究,并且研究的星体名称的第一个字与自己的姓氏均不相同。已知如下条件:

(1) 如果金大宝研究水星,那么他也要研究金星;

(2) 如果金大宝和木大宝至少有一个人研究木星,那么月大宝也研究木星;

（3）金大宝和月大宝至多有一个人研究木星，否则月大宝不研究水星；

（4）活动规定水星和火星不能同时研究。

54. 根据上述信息，可以得出以下哪项？

A. 月大宝研究火星。　B. 土大宝研究木星。　C. 水大宝研究金星。

D. 月大宝研究金星。　E. 火大宝研究木星。

55. 如果土大宝和火大宝研究的星体不完全相同，可以得出以下哪项？

A. 火大宝研究金星。　B.月大宝研究水星。　C.水大宝研究金星。

D. 金大宝研究水星。　E. 水大宝研究木星。

四、写作：第 56~57 小题，共 65 分。其中论证有效性分析 30 分，论说文 35 分。

56. 论证有效性分析：分析下述论证中存在的缺陷和漏洞，选择若干要点，写一篇 600 字左右的文章，对该论证的有效性进行分析和评论。（论证有效性分析的一般要点是：概念特别是核心概念的界定和使用是否准确并前后一致，有无各种明显的逻辑错误，论证的论据是否成立并支持结论，结论成立的条件是否充分，等等。）

从 2011 年开始，经济合作与发展组织每年公布一个“幸福生活指数”，其中有一项指标就是工作-生活平衡指数。这个指数倡导的理念是：人除了工作之外，还得有充分的闲暇时间，用于家庭生活、个人兴趣爱好与社交活动，而不应被工作完全捆绑。工作会损害个人健康和增加焦虑，因此必须缩短现有工作时长。

根据一项调查，2017 年深圳、广州、上海、北京居民每天休闲时间很少，分别是 1.94、2.04、2.14和 2.25 小时，可以看出，中国人每天基本没有充分的休闲时间。经济合作与发展组织调查了 36 个国家的人民平均每年工作时间，希腊人每周平均工作 39.27 小时，德国人只有 27.37 小时，同为欧盟成员国，德国比希腊富裕多了；墨西哥人每周平均工作 42.85 小时，美国人只有 34.4 小时，同为北美自由贸易区成员国，美国比墨西哥发达多了。可见，国民享有更多的闲暇时间，会导致国家更加富足。因此，中国也应该效仿德国和美国，调整工作与休闲时间的分配比例，以此助力实现个人富裕与国家发达。

与 20 世纪八九十年代相比，我国经济发展速度趋稳，更追求质量。而国人对生活品质更在意，对休闲娱乐更向往。缩短工作时间、提高劳动质量，远比延长工作时间更有效率，也更有意义。若能如此，中国经济便能走上高质量发展之路。

2018 年发布的《休闲绿皮书：2017—2018 年中国休闲发展报告》指出：只要我国劳动生产率达到一定水平，就可以实行每天工作 9 小时、每周工作 4 天的四天工作制。这样，工作时间少了，休息时间就多了，中国人的休闲程度就提高了，工作效率也会跟着提升，经济活力也会随之加强。因此，我国应该逐步实行四天工作制。

57. 论说文：根据下述材料，写一篇 700 字左右的论说文，题目自拟。

2017 年 3.15 曝光的北京海底捞两家店的食品卫生事件引发了全国关注，不过，网友热议和点赞的焦点却放在了海底捞官方声明的这段话：

“涉事停业的两家门店的干部和职工无需恐慌，你们只需按照制度要求进行整改并承担相应的责任。该类事件的发生，更多是公司深层次的管理问题，主要责任由公司董事会承担。”

这段话被网友概括为“这锅我背，这错我改，员工我养”。

冲刺模拟8套卷（六）答案及解析

一、问题求解

1.【答案】 A

【考点】 不定方程

【解析】 设用7两的量筒 x 次，2两的量筒 y 次，由题意得 $7x+2y=20$. 此为不定方程问题，求得的非负整数解有 $\begin{cases}x=0,\\y=10,\end{cases}$ 或 $\begin{cases}x=2,\\y=3.\end{cases}$ 所以最少次数为 $2+3=5$.

2.【答案】 D

【考点】 数列

【解析】 对任意正整数 k,

$$a_{2k-1}+a_{2k}=[(2k-1)^2-(2k)^2]+[-(2k)^2+(2k+1)^2]=2,$$

故 $\{a_n\}$ 的前100项之和 $S_{100}=2\times50=100$.

综上所述，答案选择D.

3.【答案】 E

【考点】 相似三角形

【解析】 设 $BD=x$，由 $\triangle BDE$ 相似于 $\triangle EFC$，得 $\frac{BD}{DE}=\frac{EF}{FC}\Rightarrow FC=\frac{DE\cdot EF}{BD}=\frac{1}{x}$.

所以 $\frac{1}{AB}+\frac{1}{BC}+\frac{1}{AC}=\frac{1}{AD+DB}+\frac{1}{\sqrt{AB^2+AC^2}}+\frac{1}{AF+FC}=\frac{1}{1+x}+\frac{1}{\sqrt{(1+x)^2+\left(1+\frac{1}{x}\right)^2}}+\frac{1}{1+\frac{1}{x}}$

$$=\left(\frac{1}{1+x}+\frac{1}{1+\frac{1}{x}}\right)+\frac{1}{\sqrt{(1+x)^2+\left(1+\frac{1}{x}\right)^2}}$$

$$=\left(\frac{1}{1+x}+\frac{x}{x+1}\right)+\frac{1}{\sqrt{x^2+\frac{1}{x^2}+2+2\left(x+\frac{1}{x}\right)}}$$

$$=1+\frac{1}{\sqrt{x^2+\frac{1}{x^2}+2+2\left(x+\frac{1}{x}\right)}}.$$

先研究 $x^2+\frac{1}{x^2}+2+2\left(x+\frac{1}{x}\right)$，利用均值不等式，可得 $x^2+\frac{1}{x^2}+2+2\left(x+\frac{1}{x}\right)\geqslant2\sqrt{x^2\cdot\frac{1}{x^2}}+2+2\cdot2\sqrt{x\cdot\frac{1}{x}}$，即 $x^2+\frac{1}{x^2}+2+2\left(x+\frac{1}{x}\right)\geqslant8$，当且仅当 $x=1$ 时，上述不等式取等号. 所以 $1+$

$\dfrac{1}{\sqrt{x^2+\dfrac{1}{x^2}+2+2\left(x+\dfrac{1}{x}\right)}}\leqslant 1+\dfrac{1}{\sqrt{8}}$，即$\dfrac{1}{AB}+\dfrac{1}{BC}+\dfrac{1}{CA}$有最大值 $1+\dfrac{\sqrt{2}}{4}$.

4.【答案】 D

【考点】 独立事件

【解析】 已知该同学已经通过第一关，要获得 3 600 元，只需要通过第二关.

第二关不通过的概率为$\left(1-\dfrac{2}{3}\right)^2=\dfrac{1}{9}$.

所以第二关通过的概率为 $1-\dfrac{1}{9}=\dfrac{8}{9}$.

5.【答案】 D

【考点】 韦达定理

【解析】 由韦达定理，$\begin{cases}a+b=p>0,\\ab=q>0,\end{cases}$所以 a,b 均为正根. 不妨设 $a>b$，$a,b,-2$ 三个数组成的等差数列必然是-2 不在中间，三个数组成的等比数列必然是-2 在中间. 所以可得$\begin{cases}a+(-2)=2b,\\ab=(-2)^2.\end{cases}$解得$\begin{cases}a=4,\\b=1,\end{cases}$或$\begin{cases}a=-2,\\b=-2\end{cases}$（舍去）. 所以$\begin{cases}p=a+b=5,\\q=ab=4,\end{cases}$ $p+q=9$.

6.【答案】 C

【考点】 对称

【解析】 圆心坐标为$(0,3)$，半径为 1. 所以 $|AB|=\sqrt{(x_2-x_1)^2+(y_2-y_1)^2}=2$.

点 A,B 关于圆心对称，所以有$\begin{cases}\dfrac{x_1+x_2}{2}=0,\\\dfrac{y_1+y_2}{2}=3,\end{cases}$则

$$\begin{cases}x_1+x_2=0,\\y_1+y_2=6,\\(x_2-x_1)^2+(y_2-y_1)^2=4,\end{cases}$$

$$\begin{aligned}x_1x_2+y_1y_2&=\frac{(x_1+x_2)^2-(x_1-x_2)^2}{4}+\frac{(y_1+y_2)^2-(y_1-y_2)^2}{4}\\&=\frac{(x_1+x_2)^2+(y_1+y_2)^2}{4}-\frac{(x_1-x_2)^2+(y_1-y_2)^2}{4}=8.\end{aligned}$$

7.【答案】 C

【考点】 工程问题

【解析】

甲	乙	工作量
120	0	1
30+36	36	1

通过比较得出，甲工程队 54 天的工作量与乙工程队 36 天的工作量相当，甲、乙的工作效率比为 2∶3.所以完成整个工作，甲单独完成需要 120 天，乙单独完成需要 80 天.

8.【答案】 E

【考点】 集合问题

【解析】 假设只有三证的有 x 人.则根据集合的运算公式有 $30+35+20+15=1\times5+2\times10+3x+4\times3$.解得 $x=21$.

9.【答案】 D

【考点】 时间计算

【解析】 根据题意可知，小明从上学到放学一共用时是 290 min（11 点减去 6 点 10 分），在校时间为 250 min（8 点到 12 点，再加上提前到的 10 min），所以上下学的路上共用时 $290-250=40$（min），即从家到学校用时 20 min，所以从家出来的时间为 7:30，即他家的闹钟停了 1 h 20 min，即 80 min.

10.【答案】 B

【考点】 直线系

【解析】 直线 $mx-y-2m-1=0(m\in\mathbf{R})$恒过点$(2,-1)$，所以当点$(2,-1)$为切点时，圆半径最大，此时半径 $r=\sqrt{(2-1)^2+(-1)^2}=\sqrt{2}$，故圆的标准方程为$(x-1)^2+y^2=2$.

综上所述，答案选择 B.

11.【答案】 D

【考点】 错排问题

【解析】 左下角的圆中的数可以选择 1，2，3 中的一个，所以是 C_3^1 种选法，底边中间的圆中可以选的数是 C_2^1 种选法，右下角的圆中可以选的数是 C_1^1 种选法，此时底边三个数的选取已经决定了上面 3 个圆内数字的选择.因为左边的第二个圆内的数必须和右下角圆内的数字相同，最高的圆内的数字必须和底边中间的圆内数字相同，右边中间的圆内的数字必须和左下角圆内的数字相同.只有这样，才能够满足同一边上的三个数字都不相同.不同的填法有 $C_3^1C_2^1C_1^1=6$（种）.

12.【答案】 D

【考点】 经济问题

【解析】 前六个月的平均收入：$\dfrac{40+60+30+30+50+60}{6}=45$（万元）.所以 D 选项的描述是错误的.

13.【答案】 A

【考点】 质数与完全平方数

【解析】 设三个质数分别为 a,b,c，则 $a^2+b^2+c^2=5\ 070$，又 5 070 为偶数，故 a,b,c 中必有一个为 2，不妨令 $a=2$，则 $b^2+c^2=5\ 066$.

完全平方数的个位数字只能是 0，1，4，5，6，9，其中只有 1+5 与 0+6 的和为 6，又 b,c 为质数，因此只能是 1+5，个位数字为 5 的质数只有 5，不妨令 $b=5$，则 $c^2=5\ 066-25=5\ 041$，故 $c=71$，所以 $a+b+c=78$.

综上所述，答案选择 A.

14.【答案】 C

【考点】 平面几何

【解析】 $S_{EFGH}=(S_{\triangle EFJ}+S_{\triangle FGK}+S_{\triangle GHL}+S_{\triangle HEI})+S_{IJKL}$

$$=\left(\frac{1}{2}S_{AFJE}+\frac{1}{2}S_{FDGK}+\frac{1}{2}S_{GCHL}+\frac{1}{2}S_{HBEI}\right)+S_{IJKL}$$

$$=\frac{1}{2}(S_{AFJE}+S_{FDGK}+S_{GCHL}+S_{HBEI})+S_{IJKL}$$

$$=\frac{1}{2}(S_{ABCD}-S_{IJLK})+S_{IJKL}$$

$$=60.$$

15.【答案】 C

【考点】 三角形

【解析】 连接 DE.因为 D 是 AB 的中点,则$\triangle ADC$ 与$\triangle CDB$ 的面积相等,$\triangle CDB$ 的面积就是$\triangle ABC$ 的面积的一半:$24\div2=12$.

因为 $BE=2EC$,所以$\triangle DBE$ 的面积是$\triangle DEC$ 的面积的 2 倍,是$\triangle CDB$ 的面积的$\frac{2}{3}$,可以求出$\triangle DBE$ 的面积为 $12\times\frac{2}{3}=8$.

$\triangle DEC$ 的面积是$\triangle CDB$ 面积的$\frac{1}{3}$:$12\div3=4$.

F 是 CD 的中点,$\triangle FDE$ 的面积是$\triangle DEC$ 面积的一半:$4\div2=2$.

阴影部分的面积就是$\triangle DBE$ 与$\triangle FDE$ 的面积之和:$8+2=10$.

综上所述,答案选择 C.

二、条件充分性判断

16.【答案】 C

【考点】 销售问题

【解析】 条件(1)和条件(2)单独判断,明显不充分.联合条件(1)和(2).5 月份的售价:$625\times(1-20\%)\times(1+8\%)$.比成本多出:$\frac{625\times(1-20\%)\times(1+8\%)-500}{500}=8\%$,条件(1)和条件(2)联合起来充分.

17.【答案】 E

【考点】 不等式问题

【解析】 利用特值法进行快速排除,条件(1)中,令 $a=2,b=1$,不满足题干要求.

条件(2)中,令 $a=1,b=-2$,不满足题干要求,条件(1)与条件(2)都不充分,也无法联合,故选 E.

18.【答案】 C

【考点】 空间几何体

【解析】 条件(1),$R^2+h^2=1$.不充分.

条件(2)，$\sqrt{(R-1)^2+(h-0)^2}=1$. 也不充分. 联合条件(1)和(2)，$\begin{cases}\sqrt{(R-1)^2+(h-0)^2}=1,\\R^2+h^2=1\end{cases}\Rightarrow$

$\begin{cases}(R-1)^2+h^2=1,\\R^2+h^2=1.\end{cases}$ 解得 $\begin{cases}R=\dfrac{1}{2},\\h=\dfrac{\sqrt{3}}{2}\end{cases}$ 或 $\begin{cases}R=\dfrac{1}{2},\\h=-\dfrac{\sqrt{3}}{2}\end{cases}$（舍去）.

所以 $\dfrac{h}{R}=\sqrt{3}$. 条件(1)和(2)联合起来充分.

19.【答案】 C

【考点】 二次方程

【解析】 已知 $b^2-4ac\geqslant 0$，$\begin{cases}x_1+x_2=-\dfrac{b}{a},\\x_1x_2=\dfrac{c}{a}.\end{cases}$

设 $d=|AB|=\sqrt{(x_2-x_1)^2+(x_1-x_2)^2}=\sqrt{2(x_1-x_2)^2}=\sqrt{2[(x_1+x_2)^2-4x_1x_2]}$

$=\sqrt{2\cdot\left[\left(-\dfrac{b}{a}\right)^2-\dfrac{4c}{a}\right]}$.

条件(1)，明显不充分.

条件(2)，把 $b=-a-c$ 代入 d 得 $d=\sqrt{2\cdot\left[\left(\dfrac{a+c}{a}\right)^2-\dfrac{4c}{a}\right]}=\sqrt{2\cdot\left(\dfrac{a-c}{a}\right)^2}$，无法确定最大值. 条件(2)也不充分.

考虑条件(1)和条件(2)的联合，$\begin{cases}a\geqslant b\geqslant c,\\a+b+c=0\end{cases}\Rightarrow a$ 必然为正，c 必然为负. 上述两式同时除以 a，

得到 $\begin{cases}1\geqslant\dfrac{b}{a}\geqslant\dfrac{c}{a},\\1+\dfrac{b}{a}+\dfrac{c}{a}=0.\end{cases}$. 设 $m=\dfrac{c}{a}$，则 $\dfrac{b}{a}=-1-m$. 所以 $-2\leqslant m\leqslant-\dfrac{1}{2}$，$d=\sqrt{2\cdot\left(\dfrac{a-c}{a}\right)^2}=\sqrt{2\cdot\left(1-\dfrac{c}{a}\right)^2}$

$=\sqrt{2\cdot(1-m)^2}$.

所以当 $m=-2$ 时，d 有最大值 $\sqrt{2\cdot(1+2)^2}=3\sqrt{2}$.

条件(1)和条件(2)联合起来充分.

20.【答案】 A

【考点】 二次函数

【解析】 条件(1) $f(x)=x$ 无解，即 $f(x)-x=0$ 无解，即 $ax^2+(b-1)x+c=0$ 无解，$\Delta<0$，此函数仍是二次函数. 则当 $a>0$ 时，$y=f(x)-x>0$ 恒成立，即 $f(x)>x$，对于任意实数 x 恒成立. 对于 $f(x)$，则有 $f(f(x))>f(x)>x$ 恒成立，所以 $f(f(x))=x$ 无解. 同理，当 $a<0$ 时，必有 $f(f(x))<f(x)<x$ 恒成立，所以 $f(f(x))=x$ 无解，充分.

对于条件(2)我们可以举出反例，比如 $a=1$，$b=0$.

此时抛物线 $y=f(x)$ 与直线 $y=x$ 相切，存在切点为 (x_0,y_0)，则满足 $f(x_0)=x_0$ 成立，从而 $f(f(x_0))=f(x_0)=x_0$，所以 $f(f(x))=x$ 有解，因此条件(2)不充分.

21.【答案】 D

【考点】 均值定理和绝对值

【解析】 对于条件(1)，$ab\leqslant\left(\frac{a+b}{2}\right)^2=1$，令 $t=ab$，$t\in(0,1]$，

则 $y=t+\frac{1}{t}$ 在 $(0,1]$ 上为减函数，故当 $t=1$ 时，$y_{\min}=2$.

故条件(1)充分.

对于条件(2)，M 的最小值为 $\frac{5}{4}-\left(-\frac{3}{4}\right)=2$.

故条件(2)也充分.

综上所述，答案选择 D.

22.【答案】 B

【考点】 质数

【解析】 条件(1)：由题意知 $\Delta=b^2-ac=0\Rightarrow b^2=ac$，这里存在反例：$b=c=0$，故条件(1)不充分.

条件(2)：a,c 为不相等的质数，所以 a,c 的最小公倍数为 ac，即 $b^2=ac$，且 a,b,c 为非零实数，故条件(2)也充分.

综上所述，答案选择 B.

23.【答案】 C

【考点】 数列

【解析】 条件(1)和(2)均单独不充分，联合条件(1)和(2)可得：

$$\begin{cases}a_{11}-a_8=3d=3,\\ S_{11}-S_8=a_{11}+a_{10}+a_9=3\end{cases}\Rightarrow\begin{cases}a_1=-8,\\ d=1\end{cases}\Rightarrow a_n=-8+n-1=n-9,$$

令 $a_n>0$，解得 $n>9$，因此，使 $a_n>0$ 的最小正整数为 10.

综上所述，答案选择 C.

24.【答案】 C

【考点】 集合问题

【解析】 条件(1)和(2)均单独不充分，联合条件(1)和(2)可得：设两项运动都喜欢的人数为 x 人，则 $(15-x)+x+(10-x)+8=30$，得 $x=3$，则喜爱篮球运动但不喜爱乒乓球运动的人数为 $15-3=12$(人).

综上所述，答案选择 C.

25.【答案】 A

【考点】 正方形

【解析】 根据图形可以得到，每个正方形顶点的四个数字之和一定是 3. 一直做到第 m 个正方形，所有图形的数字之和一定是 $3m$. $3m=30$，解得 $m=10$. 条件(1)充分，条件(2)不充分.

三、逻辑推理

26.【答案】 D

【考点】 假言命题 联言、选言命题

【命题方向】 形式逻辑 正向推理

【解析】 题干信息:(1) 财务部∧表演节目→东北→研究生以上学历;

(2) 有些(教研部∧表演节目)→东北→研究生以上学历;

(3) 大部分(教研部∧表演节目)→南方→本科以上学历;

(4) 李大宝→¬南方;

(5) 孟大宝→¬东北。

根据题干信息可推知:孟大宝→¬东北→¬(财务部∧表演节目)=¬财务部∨¬表演节目。

D 选项:如果孟大宝表演了节目,根据推出的结论可知:表演节目→¬财务部,那么孟大宝一定不是财务部的人。

故正确答案为 D 选项。

27.【答案】 C

【考点】 十大论证模型

【命题方向】 论证推理 削弱、质疑、反驳

【解析】 论据:考上希尔高中的学生比例越高,则这所初中学校的教学质量越好。光合初中的初三毕业生中考上希尔高中的学生最多。

结论:光合初中就是 S 市教学质量最好的初中学校。

C 选项:表明光合初中的学生总量大,特别是初三的学生很多是其他学校转学过来的,那么即使考上希尔高中的毕业生很多,其毕业生中考上希尔高中的学生比例也不一定很高,即光合初中的教学质量不一定是最好的,该项可以削弱。

故正确答案为 C 选项。

28.【答案】 A

【考点】 稳赢分析法

【命题方向】 综合推理 数字相关

【解析】 根据题干的条件,第一列已经有友善和诚信,所以①不可能是友善,也不可能是诚信,排除 B、C、D 选项。如果①是敬业,那么第一列最后一行是爱国,与第四列最后一行矛盾,所以①只能是爱国。

故正确答案为 A 选项。

29.【答案】 E

【考点】 两大论证形式

【命题方向】 论证推理 支持、加强

【解析】 论据:东江省境内接受检疫的蝙蝠中,有 60%携带亨德拉病毒;20 岁以上的蝙蝠才接受检疫。

结论:该省蝙蝠中感染亨德拉病毒的比例将大大小于 60%。

E 选项:建立联系,年龄大的蝙蝠更容易携带病毒,题干信息指出接受检疫的蝙蝠都是 20 岁以上,那么推出全省蝙蝠的感染比例实际上将远远低于 60%就合理了。

故正确答案为 E 选项。

30.【答案】 D

【考点】 稳赢分析法

【命题方向】 综合推理 真话假话题

【解析】 本题属于升级型真话假话题,用打钩的技巧非常便捷,见下表。

	第一名	第二名	第三名	第四名	第五名	第六名	第七名	第八名
第一个人	√	√	√					
第二个人				√	√			
第三个人	√	√	√	√	√	√	√	
第四个人	√	√	√	√				

显然,只有第五名可以确保两人说假话。

故正确答案为 D 选项。

31.【答案】 E

【考点】 假言命题 联言、选言命题

【命题方向】 形式逻辑 正推题型

【解析】 刘教授的观点:所有基拉塔人都是姆霍人→所有的阿萨姆人都不是基拉塔人,其观点错误,则真实的信息是:

所有基拉塔人都是姆霍人,且¬(所有的阿萨姆人都不是基拉塔人),

即: 所有基拉塔人都是姆霍人,有的阿萨姆人也是基拉塔人。

逻辑关系为:有的 萨→基→霍。

根据互换特性可得:有的 萨→霍=有的 霍→ 萨,即有些姆霍人是阿萨姆人。

故正确答案为 E 选项。

32.【答案】 B

【考点】 两大论证形式

【命题方向】 论证推理 支持、加强

【解析】 营养学家观点:营养不良是因为摄入的食物中缺乏蛋白质;

科学家观点:营养不良不是因为摄入的食物中缺乏蛋白质。

B 选项:无关选项,未能说明导致营养不良的原因;

A 选项:举例支持,表明营养不良是由其他原因导致的;

C 选项:举例支持,表明蛋白质含量低的农作物也能满足需求,营养不良不是缺乏蛋白质导致的;

D 选项:削弱反面观点,表明营养学家的结论有偏差,进而支持科学家;

E 选项:举出原因支持,表明营养不良不是由缺乏蛋白质导致的,而是有其他原因。

故正确答案为 B 选项。

33.【答案】 D

【考点】 两大论证形式

【命题方向】　论证推理　削弱、质疑、反驳

【解析】　因:生姜;果:感觉头皮又热又辣,可以促进生发。

D选项:否因削弱,表明生姜非但不会促进生发,反而会抑制毛囊生长,削弱了题干的观点;

A、B选项:无关选项,未提及生姜的作用,排除;

C选项:建立联系支持,表明生姜确实可以促进血液循环,排除;

E选项:两面派,"护发效果"和"副作用"相反,而且二者哪个作用大呢?未知,无法削弱。

故正确答案为D选项。

34.【答案】　D

【考点】　稳赢分析法

【命题方向】　综合推理　排序

【解析】　由(1)(3)以及题干信息可知:巳蛇与丑牛、申猴、午马都不能相邻,所以巳蛇与卯兔和亥猪一定相邻。

故正确答案为D选项。

35.【答案】　D

【考点】　假言命题

【命题方向】　形式逻辑　真假判定

【解析】　题干信息:促销→桥西超市。

要验证该传言是否为真,只需看其矛盾关系是否出现即可。若其矛盾关系为真,则该传言为假;若其矛盾关系为假,则该传言为真。

矛盾关系:促销∧¬桥西超市=促销∧桥东超市。

所以Ⅰ和Ⅲ是有意义的,Ⅱ、Ⅳ无意义。

故正确答案为D选项。

36.【答案】　D

【考点】　两大论证形式

【命题方向】　论证推理　假设、前提

【解析】　论据:EGG在下降过程中张开由二氧化碳充气扩张而成的半球形隔热减速伞,之后其受到的大气阻力显著增加,开始缓慢进入大气层并顺利落向地球;

结论:减速伞技术可以克服航天器"热障",使其安全返回地球。

D选项:建立联系,指出航天器以慢速进入地球会减少摩擦生热,而减速伞技术可以使航天器减慢下降速度,也就是可以起到保护作用,即在慢速与减热之间建立联系,正确;

A选项:无关选项,指出航天器表层材料需具备耐受超高温的性能,与题干中的技术尝试无关,排除;

B选项:无关选项,指出耐热材料与减速伞的成本差异,题干论证过程未涉及成本问题,排除;

C选项:无关选项,指出航天器过热是下降过程中的难题,属于无关选项,排除;

E选项:无关选项,题干是要论证减速伞是否可以使航天器顺利落向地球,与其对环境是否产生破坏无关,排除。

故正确答案为D选项。

37.【答案】 B

【考点】 论证评价

【命题方向】 论证推理　论证方式及漏洞

【解析】 如果医生习惯性睡眠不足会严重减弱他判断他人睡眠不足征兆的能力，那么人们就有理由担心习惯性睡眠不足会导致广泛的医疗事故。否则，人们的这种担心就是多余的。由此可见，B 选项提出的问题的回答最有助于评价题干的论述。

故正确答案为 B 选项。

38.【答案】 E

【考点】 无确定信息破解法

【命题方向】 综合推理　分组

【解析】 题干信息：

(1) 紫罗兰 ∨ 万寿菊；

(2) ¬万寿菊 ∨ ¬芍药；

(3) 郁金香→芍药 ∧ 马蹄莲；

(4) 至少挑选 3 种。

若不选"马蹄莲"，根据(3)则一定有"¬郁金香"。又由于万寿菊、芍药至多能选一种，那么此时会有 3 种不选，与(4)相矛盾，所以"马蹄莲"是一定要选的。

故正确答案为 E 选项。

39.【答案】 D

【考点】 假言命题

【命题方向】 形式逻辑　真假判定

【解析】 题干信息：危机平息 ∧ 经济上升 ∧ 负面影响持续。

学者观点：改革→¬负面影响持续。反驳学者观点即：改革 ∧ 负面影响持续。

D 选项：经济上升→改革，已知"经济上升""负面影响持续"均为真，所以这里可推出"改革 ∧ 负面影响持续"为真。

故正确答案为 D 选项。

40.【答案】 D

【考点】 两大论证形式

【命题方向】 论证推理　支持、加强

【解析】 题干信息：玩电脑游戏（因）会改变大脑结构（果）。

D 选项：无因果倒置，排除了"大脑结构不同导致玩游戏"的可能性，使题干的因果关系更可靠，正确；

A 选项：无关选项，无法建立"电脑游戏"与"大脑结构改变"的关系，排除；

B 选项：无关选项，未涉及"大脑结构改变"，排除；

C 选项：无关选项，无法建立"电脑游戏"与"大脑结构改变"的关系，排除；

E 选项：无效比较，题干并未涉及"乒乓球"，该比较无效。

故正确答案为 D 选项。

41.【答案】 C

【考点】 稳赢分析法

【命题方向】 形式逻辑　正推题型

【解析】 题干信息：

（1）¬(面包树∧桃树)=¬面包树∨¬桃树；

（2）桃树→桂树=¬桂树→¬桃树；

（3）茶树→银杏；

（4）柳树∨茶树；

（5）¬桃树→¬柳树；

（6）¬桂树。

由(6)(2)(5)(4)(3)传递可得:¬桂树→¬桃树→¬柳树→茶树→银杏,推出“茶树”和“银杏”一定栽种,因为只栽种两种,所以不可能是其他情况了。

故正确答案为 C 选项。

42.【答案】 A

【考点】 两大论证形式

【命题方向】 论证推理　支持、加强

【解析】 论据:研发、生产治疗罕见疾病的药品通常无法收回研发成本,制药公司的相应研发、生产最终都将以赔钱而告终；

结论:制药公司将研发力量用于常见疾病的对症药品研发是十分明智的。

A 选项:建立联系,表明研发治疗罕见疾病的药品就只能用于治疗罕见疾病,无法产生其他效益,所以会赔钱,正确；

B 选项:无关选项,题干论证与罕见疾病患者有没有并发症无关,排除；

C 选项:无关选项,只是说明了原来研发治疗罕见疾病药品的制药公司的情况,那么现在进行研发是否会赔钱呢？未知,无法支持,排除；

D 选项:无法支持,因为制药公司研发的药品是对症研发,并不是研发一种药品治疗所有罕见病,所以即使感染上各种罕见病的总人数很多也无法支持题干论证,排除；

E 选项:无关选项,无法建立起论据与结论之间的关系,排除。

故正确答案为 A 选项。

43.【答案】 A

【考点】 稳赢分析法

【命题方向】 综合推理　数字相关

【解析】 题干信息：

（1）高一:4 人,2 男 2 女；

（2）高二:3 人,2 男 1 女；

（3）高三:2 人,1 男 1 女；

（4）女生≥3；

（5）任何年级≤3。

如果高一的 2 名男生入选,根据条件(5)可知,高一最多再入选 1 名女生;结合(4)可知,高二和高三的女生必须入选。所以最终结果为:3 名女生,4 名男生。

故正确答案为 A 选项。

44.【答案】 D

【考点】 模态命题　直言命题

【命题方向】 形式逻辑　加分题型

【解析】 (1) 并非所有理想远大的人都不可能受到一些非正能量事件的影响。

提词+等价转换:并非 都 不 可能 一些=不都不可能一些=有的不不可能一些=有的可能一些=一些可能一些。

B 和 D 选项的前半句正确。

(2) 并非所有的理想远大的人都可能一帆风顺。

提词+等价转换:并非 都 可能=不都可能=有的不可能。

C 和 D 选项的后半句正确。

故正确答案为 D 选项。

45.【答案】 E

【考点】 稳赢分析法

【命题方向】 综合推理　综合题组(排序)

【解析】 由(1)可知,甲之前至少有 3 名运动员;由(2)可知,甲之后至少有 2 名运动员;又由(3)可知,丁在第 6 位,所以甲一定在第 4 位。第 1 位和第 3 位均为男运动员,所以甲不会是男运动员,排除 B 选项和 D 选项;乙和丙分别在第 5 位和第 7 位之一,因为乙和丙都与丁相邻,所以不可能乙和丁都是男运动员,排除 C 选项,也不可能丙和丁都是男运动员,排除 A 选项。

故正确答案为 E 选项。

46.【答案】 A

【考点】 稳赢分析法

【命题方向】 综合推理　综合题组(排序)

【解析】 如果戊在第 3 位,那么己和庚分别是第 1 位和第 2 位之一,性别一定不同。

故正确答案为 A 选项。

47.【答案】 C

【考点】 稳赢分析法

【命题方向】 综合推理　排序

【解析】 根据题干信息(2)可知 3 号位是长城,根据(3)(4)可知林肯、凯迪拉克紧挨着且林肯在右(东),同时东风风神在这两个的左边(西边),那么分类讨论可知:

若奥迪在 1 号位,根据(5)可知林肯在 5 号位,凯迪拉克在 4 号位,宾利在 6 号位;

若奥迪在 6 号位,那么林肯在 5 号位,凯迪拉克在 4 号位,则宾利在 1 号位或 2 号位。

故正确答案为 C 选项。

48.【答案】 C

【考点】 论证评价

【命题方向】 论证推理　解释

【解析】 解释对象:过去的几十年中,商用渔船单位捕捞量的调查数据和基于研究考察渔船抽样捕捞量的调查数据,这两项调查所得到的数据是非常近似的;

近 10 年中，基于商用渔船单位捕捞量的调查数据明显上升，而基于研究考察渔船抽样捕捞量的调查数据却明显下降。

C 选项：可以解释，该项表明商用渔船是因为先进的技术能准确地发现鱼群的位置，使得捕捞量上升；

A 选型：无法解释，与题干中商用渔船捕捞量增加矛盾，排除；

B 选项：无法解释，与考察渔船的数量无关，排除；

D 选项：无法解释，这 30 天的样本是否有代表性呢？未知，排除；

E 选项：无法解释，未体现出考察渔船与商用渔船的差异，排除。

故正确答案为 C 选项。

49.【答案】 D

【考点】 稳赢分析法

【命题方向】 综合推理　综合题组（分组）

【解析】 由周五吃老爆三，结合（3）可得：周三吃八珍豆腐，此时，剩下的几天中需要吃八珍豆腐 1 天，老爆三 1 天，罗汉肚 1 天，坛子肉 2 天，结合（5）可知，周二和周六都吃坛子肉。

再结合（2）可知，周一不吃坛子肉，所以周一吃八珍豆腐。

故正确答案为 D 选项。

50.【答案】 C

【考点】 稳赢分析法

【命题方向】 综合推理　综合题组（分组）

【解析】 由周二吃八珍豆腐，可知周二不吃坛子肉，结合（4）可知，周四不吃罗汉肚，排除 A 选项。

由周二吃八珍豆腐，结合（5）可知，周六也吃八珍豆腐，所以周三不吃八珍豆腐，结合（3）可得（6）周五不吃老爆三，排除 E 选项。再结合（2）可知，周一吃坛子肉。此时还剩下周三、周四、周五和周日四天，余下的菜品有坛子肉 1 天，老爆三 2 天，罗汉肚 1 天。如果周五和周日安排同一种菜品，那么只能是老爆三，但是由（6）可知周五不吃老爆三，所以周五和周日不可能安排同一种菜品。

故正确答案为 C 选项。

51.【答案】 D

【考点】 稳赢分析法

【命题方向】 综合推理　匹配

【解析】 由（1）可知，赵一定不住在第 7 层，结合（3）逆否可得：钱住在第 1 层，孙住在第 2 层，结合（2）和“或”的性质，可推出李住在第 5 层，结合（4）可推出，赵不住在第 4 层，那么一定住在第 3 层，吴不住在第 6 层，所以第 6 层一定是郑。

故正确答案为 D 选项。

52.【答案】 E

【考点】 稳赢分析法

【命题方向】 综合推理　匹配

【解析】 由于“詹姆斯在那场比赛中得了 20 分”，这是最高分了，又“保罗的得分比前锋多”,所以保罗得了 17 分,前锋得了 15 分。詹姆斯不是中锋,也不是前锋,所以詹姆斯是后卫,号码为8 号,得 20 分;这样保罗是中锋,号码为 6 号,得 17 分;剩下的约瑟夫是前锋,号码为 9 号,得 15 分。

故正确答案为 E 选项。

53.【答案】 B

【考点】 稳赢分析法

【命题方向】 综合推理　排序

【解析】 显然中风、无风、东风在第四、五、六天。由于中风不在第五天,由条件(4),西风不能在第三天,只能在第一天或者第二天,所以剩下的南风、北风之一在第三天。

故正确答案为 B 选项。

54.【答案】 A

【考点】 稳赢分析法

【命题方向】 综合推理　综合题组(匹配)

【解析】 由题干信息可知,金大宝不能研究金星,结合(1)可知,金大宝不研究水星,每人研究两个星体,所以金大宝研究木星和火星。结合(2)可得:月大宝研究木星。结合(3)可得:月大宝不研究水星。由于每个星体有 3 个人研究,所以木大宝、土大宝、火大宝研究水星。结合(4)可知,木大宝和土大宝不研究火星,由此可知,水大宝和月大宝研究火星。

故正确答案为 A 选项。

55.【答案】 C

【考点】 稳赢分析法

【命题方向】 综合推理　综合题组(匹配)

【解析】 由土大宝和火大宝研究的星体不完全相同,可知两人在金星和木星中分别研究了其中 1 个,此时木星有 3 人研究,所以水大宝不研究木星,研究金星。

故正确答案为 C 选项。

四、写作

56. 论证有效性分析

【参考答案】

1. 论据不成立:工作未必会损害个人健康和增加焦虑,适当的工作能实现一定的身体锻炼和脑部锻炼,并且有利于个人价值的实现,也会有利于个人健康、缓解个人焦虑。

2. 以偏概全:深圳、广州、上海、北京居民的休闲情况并不能代表所有中国人的休闲情况。

3. 推断不出:不能把相关性当因果性,更不能出现因果倒置。德国、美国更可能是因为富裕发达而人们工作时间短,而非因为工作时间短而富裕发达。(本题回答“因果倒置”亦可)

4. 类比不当:不能把中国与德国、美国简单类比,工作与闲暇时间的合理分配并不是一个固定的模式,而是会因国家不同、文化不同和发展阶段不同而不同。

5. 条件不充分/推断不出:中国经济高质量发展不能仅仅依靠“缩短工作时间、提高劳动质量”,还要依靠体制完善、技术创新和人才资源等其他因素。

6. 条件不充分:是否可实行每天工作 9 小时、每周工作 4 天的四天工作制,除了与劳动生产率水平有关,还与人口结构、企业与国民意愿等等因素有关。

7. 滑坡谬误/混淆概念：连续推断未必成立，休息时间未必意味着休闲程度。休闲不是简单的休息，同时休闲多也未必工作效率提高，更加难以判断经济活力。

【参考范文】

四天工作制真的可以逐步实行吗

论证者对工作时间是否应该缩短进行剖析的过程中，有诸多不足之处，影响了整个论证，具体分析如下：

首先，工作未必会损害个人健康和增加焦虑，该理由不能成立。过度的工作也许会对个人健康不利、增加焦虑，但适当工作对人有益并且有助于个人价值实现。因此，不能以此为论据推断应该缩短工作时长。

其次，"深圳、广州、上海、北京居民"休闲时间少不能推出"中国人没有充分休闲时间"。这些地区只是局部数据，并不能代表全中国。这里有以偏概全之嫌。

再次，希腊与德国、墨西哥与美国的对比情况不能推出"更多的闲暇时间会导致国家更富足"。不能把相关性当因果性，更不能因果倒置。德国、美国更可能是因为富裕发达而人们工作时间短，而非因为工作时间短而富裕发达。

而且，"缩短工作时间、提高劳动质量"便能实现"中国经济高质量发展"吗？恐怕未必，这还要依靠体制完善、技术创新和人才资源等其他因素。仅凭这两点还不能推断"走上高质量发展之路"。

最后，工作时间与休息、休闲、效率和经济活力之间不能作简单推断。休息时间未必意味着休闲程度，休闲不是简单的休息，两者概念不能等同，同时休闲多也未必工作效率提高，更加难以判断经济活力，这个连续推断未必成立。

综上所述，材料对缩短工作时间的探讨中存在诸多漏洞，仍需进一步完善。

57. 论说文

【参考范文】

勇于担当

海底捞的这条回应，之所以得到网友的普遍认可，在于海底捞公司能够勇于承认事实和错误，并勇于承担责任，没有隐瞒、推诿、搪塞。这种勇于担当的品质，难能可贵，也正是当下社会所稀缺的。

担当是不可或缺的品质。不论是哪个时代、哪个领域，都需要面对矛盾敢于迎难而上、面对风险敢于挺身而出、面对失误敢于承担责任的精神，例如淮海战役"斗胆直陈"的粟裕，深圳蛇口工业区创建时敢试敢闯的袁庚，勇当改革者"保护伞"的任仲夷。反观当下，太多的责任性事件的涉事方不愿意承担责任，隐瞒不报，推诿扯皮，甚至用当事人是"临时工"这样的无赖手法推卸责任。这些都是没有担当，不愿也不敢承担责任的表现。

那么，为什么有些人不能挑起担子，不能勇于担当呢？原因在于传统的思想往往是不求有功，但求无过，事不关己，高高挂起，息事宁人，不顾对错。缺乏担当精神将使得个人发展受阻，企业无法取信于民众，国家无法赢得尊敬。

对此，我们务必弘扬担当精神。对于个人而言，在矛盾面前，敢于正视和面对；在错误面前，敢于承担和改进；在风险面前，敢于承受和挑战。对于组织而言，要营造敢于担当的干事创业环境，对敢于担当的人，应该鼓劲、保护；对担当之人遇到困难非议，应当鼓励、宽慰；对退缩逃避之人,应当批评、引导。只有这样,才能切实在社会中、企业中弘扬担当精神。

海底捞事件之所以走红,就是因为我们的社会和大众太需要和期盼这样的担当精神了。这种担当精神,是一种宝贵的社会品质、民族精神。

大事难事见担当,担当需要铁肩膀。勇于担当,敢为人先。

冲刺模拟8套卷（七）

一、问题求解：第1~15小题，每小题3分，共45分。下列每题给出的A、B、C、D、E五个选项中，只有一个选项是最符合题目要求的。

1. 一项工程，甲队独做12天可以完成.甲队先做了3天，再由乙队做2天，则能完成这项工程的$\frac{1}{2}$.现在甲、乙两队合做若干天后，再由乙队单独做.做完后发现两段所用时间相等.则两段一共用了(　　)天.

A. 6　　B. 4　　C. 5　　D. 8　　E. 11

2. 齐王与田忌赛马，田忌的上等马优于齐王的中等马，劣于齐王的上等马，田忌的中等马优于齐王的下等马，劣于齐王的中等马，田忌的下等马劣于齐王的下等马，现从双方的马匹中随机选一匹进行一场比赛，则田忌的马获胜的概率为(　　).

A. $\frac{1}{3}$　　B. $\frac{1}{4}$　　C. $\frac{1}{5}$　　D. $\frac{1}{6}$　　E. 1

3. 关于x的两个一元二次方程$ax^2+3x-2b=0$的两个根和$3x^2-ax+2b=0$的两个根互为倒数，则(　　).

A. $a=b$　　B. $a=-2b$　　C. $a=-b$　　D. $a=2b$　　E. $a=3b$

4. 已知三角形ABC中，$\angle BAC=60°$，$AB=2$，$BC=\sqrt{6}$，AD是角平分线，则$AD=$(　　).

A. 1　　B. 2　　C. 3　　D. 4　　E. 5

5. 设$\triangle ABC$的三边长为a,b,c，满足$b+c=8$，$bc=a^2-12a+52$，则$\triangle ABC$的周长为(　　).

A. 10　　B. 14　　C. 16　　D. 18　　E. 20

6. 如图，甲、乙二人分别在A、B两地同时相向而行，于E处相遇后，甲继续向B地行走，乙则休息了14 min，再继续向A地行走.甲和乙到达B和A后立即折返，仍在E处相遇，已知甲每分钟行走60 m，乙每分钟行走80 m，则A和B两地相距(　　)m.

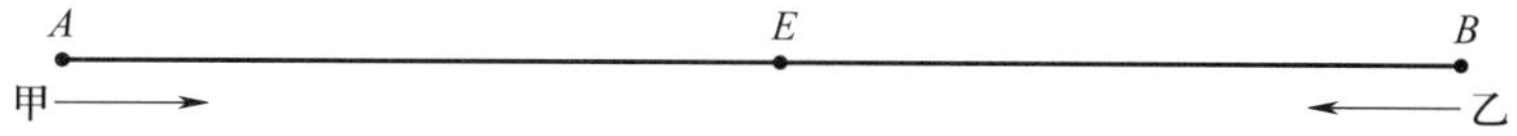

A. 1680　　B. 1502　　C. 1200　　D. 1300　　E. 1256

7. 已知数列$\{a_n\}$满足$a_1=2,a_2=3,a_{n+2}=3a_{n+1}-2a_n$,$n$为正整数,则$\{a_n\}$的第 100 项为(　　).

A. $2^{98}+1$　　B. $2^{99}+1$　　C. $2^{96}+1$

D. $2^{100}+1$　　E. $2^{95}+1$

8. 如图所示,半球内有一内接正方体,正方体的一个面在半球底面圆内,若正方体棱长为$\sqrt{6}$,则半球的表面积和体积分别是(　　).

A. $27\pi,18\pi$　　B. $27\pi,16\pi$　　C. $22\pi,27\pi$

D. $18\pi,27\pi$　　E. $21\pi,18\pi$

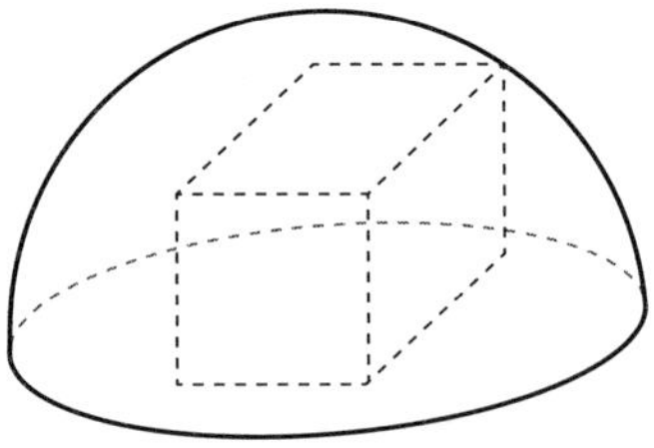

9. 两个平行平面去截半径为 5 的球,若截面面积分别为9π、16π,则这两个平行平面间的距离是(　　).

A. 1　　B. 7　　C. 3 或 4

D. 1 或 7　　E. 1 或 4

10. 已知N是小于 400,且能够被 11 整除的最大的正整数,则N的正约数的个数是(　　).

A. 10　　B. 12　　C. 16

D. 18　　E. 24

11. 如图,图中每一个小四边形都是全等的小正方形,从图中的 12 个点中任取 3 个点作为一组,其中能构成三角形的组数是(　　).

A. 208　　B. 204　　C. 200

D. 196　　E. 190

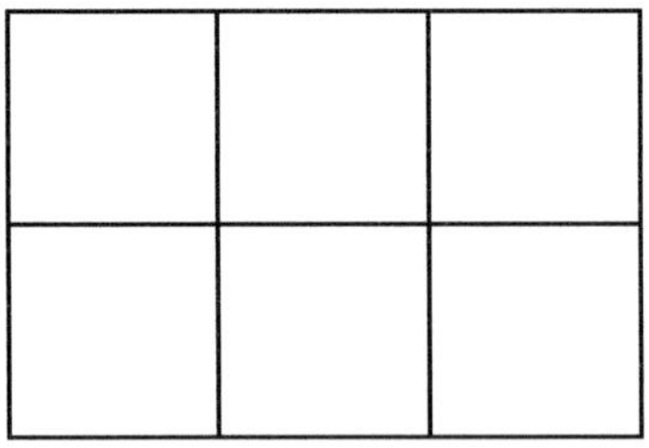

12. 已知$a,b\in\{-1,0,1,2\}$,使得方程$ax^2+2x+b=0$有实数解的有序数对(a,b)的个数为(　　).

A. 10　　B. 11　　C. 12

D. 13　　E. 14

13. $(2x^3+3x^2+4x+1)^5$的展开式中x^2的系数为(　　).

A. 175　　B. 165　　C. 150

D. 135　　E. 125

14. 有红、黄、蓝三种颜色的旗帜各 3 面.在每种颜色的 3 面旗帜上分别标上号码 1,2,3,现随机取 3 面,则 3 面旗帜的颜色与号码均不相同的概率是(　　).

A. $\frac{1}{3}$　　B. $\frac{1}{9}$　　C. $\frac{1}{14}$

D. $\frac{1}{24}$　　E. $\frac{1}{27}$

15. 将 A,B,C,D 这 4 名同学从左至右随机地排成一排，则“A 与 B 相邻且 A 与 C 之间恰好有 1 名同学”的概率是（　　）.

A. $\frac{1}{2}$　　B. $\frac{5}{24}$　　C. $\frac{1}{6}$

D. $\frac{1}{8}$　　E. $\frac{1}{3}$

二、条件充分性判断：第 16～25 小题，每小题 3 分，共 30 分。要求判断每题给出的条件（1）和条件（2）能否充分支持题干所陈述的结论。A、B、C、D、E 五个选项为判断结果，只有一个选项是最符合题目要求的。

A. 条件（1）充分，但条件（2）不充分

B. 条件（2）充分，但条件（1）不充分

C. 条件（1）和（2）单独都不充分，但条件（1）和条件（2）联合起来充分

D. 条件（1）充分，条件（2）也充分

E. 条件（1）和条件（2）单独都不充分，条件（1）和条件（2）联合起来也不充分

16. 已知 x,y 为实数，则能确定 $x+y$ 的最大值和最小值.

（1）$|x+2|+|1-x|=3$

（2）$|y-5|+|1+y|=6$

17. 2014 年的考研人数是 2008 年的考研人数的 a 倍.

（1）从 2008 年到 2014 年，每年考研人数的平均增长率为 $\sqrt[6]{a}-1$

（2）从 2008 年到 2014 年，每年考研人数的平均增长率为 $\sqrt[6]{a}$

18. 设 a,b 为正数，则 $a+b\geqslant 4$.

（1）$\frac{1}{a}+\frac{1}{b}=1$

（2）$ab=4$

19. 已知 x,y 是实数，则能确定 m 的最大值和最小值之和为$\frac{10}{3}$.

（1）$x+y+m=5$

（2）$xy+ym+mx=3$

20. 直线 $l:\frac{x}{a}+\frac{y}{b}=1$ 过点 $P(-2,3)$ 且与 x 轴、y 轴分别交于 A、B 两点，则能确定 $a+b$ 的值.

（1）$2|AP|=|AB|$

（2）P 恰为线段 AB 的中点

21. 有甲、乙、丙三种商品，已知它们的单价之和为 100 元，则能确定这三种商品的单价.

（1）2 件甲商品、3 件乙商品、1 件丙商品的价格之和为 210 元

(2) 3 件甲商品、3 件乙商品、4 件丙商品的价格之和为 320 元

22. 某年级有甲、乙两个班,一次满分为 150 分的考试中,甲班的平均分为 137 分,乙班的平均分为 126 分,则该年级的平均分不低于 130 分.

(1) 甲、乙两班的人数比为 8 : 7

(2) 甲班学生占该年级总人数的 65%

23. 设 a,b 为实数,则 $a\leqslant 3,b\leqslant 6$.

(1) $2a-b\leqslant 0$

(2) $a-b+3\geqslant 0$

24. 某校的象棋比赛采用积分制,胜一局积 3 分,平一局积 1 分,负一局积 0 分,小张共下了 14 局,则能确定他的赛况(即胜、负、平各几局).

(1) 小张最终积 19 分

(2) 小张最终积 20 分

25. 已知函数 $f(x)=\begin{cases}(4-a)x-8, & x\leqslant 6,\\ a^{x-5}, & x>6,\end{cases}$ 则实数 a 的取值范围中只有一个整数.

(1) $\{a_n\}$ 是递增数列

(2) 数列 $\{a_n\}$ 满足 $a_n=f(n)\ (n\in \mathbf{N}^*)$

三、逻辑推理:第 26~55 小题,每小题 2 分,共 60 分。下列每题给出的 A、B、C、D、E 五个选项中,只有一个选项是最符合题目要求的。

26. 所有珍稀动物都应该被保护。有些珍稀动物对人类具有重要的价值。应该被保护的动物无一例外地受到了生物学家的关注。只有得到更多的关注,珍稀动物才能拥有良好的生存环境。只要生存环境得到保护,就可以维护人与动物共同的生命圈。

以下各项都能从题干的断定中推出,除了

A. 有些应该被保护的动物是有价值的。

B. 如果没有得到更多的关注,则珍稀动物不能拥有良好的生存环境。

C. 除非生存环境无法得到保护,否则就可以维护人与动物共同的生命圈。

D. 所有珍稀动物无一例外地受到了生物学家的关注。

E. 在对人类有价值的珍稀动物中,有些没有受到生物学家的关注。

27. 关于财务数据造假的传言损害了某公司的声誉。如果公关部门不试图组织证据澄清这些传言,它们就会传播开来并使消费者丧失对该公司的信心。但如果公关部门努力驳斥这些传言,这种驳斥使怀疑增加的程度比使它减少的程度更大。

如果以上的陈述都是正确的,根据这些陈述,下列哪项一定是正确的?

A. 无利不起早,部分网络推手、"水军"搬弄是非、颠倒黑白,根本原因在于利益驱动。

B. 公关部门无法阻止已经出现的威胁该公司声誉的传言。

C. 向传言宣战,公司必须要做到自净自洁,对大众陈述事实情况。

D. 关于财务造假的传言,对该公司消费者信心的影响没有流言大。

E. 事实和真理总会被更多的人接受,只有正面的声音日益强大,负面的虚假的声音才无藏身之处。

28.《中华人民共和国反家庭暴力法》于 2016 年实施以来,"家暴类"案件成为社会关注的热点,弱势群体不能得到保护成为大家担心的问题。但据 A 省本年度的调查显示,凡正式立案审

理的“家暴类”案件，85%都是以被家暴一方的胜诉结案。这说明，A 省的法院在审理“家暴类”案件中，并没有出现社会舆论所担心的问题。

以下哪项如果为真，将最有力地削弱上述论证？

A. 由于新闻媒介和民众的特殊关注，“家暴类”案件审理的透明度要大大高于其他的案件。

B. 有关部门收到的关于司法审理有问题的投诉，A 省要多于周边省份。

C. 所谓“家暴类”的案件，在法院受理的案件中只占很小的比例。

D. 在家暴类的案件审理中，司法公正不能简单理解为让被家暴者胜诉。

E. 在“家暴类”的案件中，被家暴者如果不掌握能胜诉的确凿证据，一般不会起诉。

29. 陈大宝是非常优秀的数学竞赛选手，在某场国际数学竞赛前，几位老师猜测他的答题情况。

苗老师说：他今天答对的题目不会少于 15 道；

姚老师说：他赛前进行了充分的准备，答对的题目至少有 30 道；

杜老师说：今天的题目偏难、偏怪，所以陈大宝答对的题目不会多于 20 道。

竞赛结果表明，他们中有 2 位老师的猜测是正确的。

根据以上信息，以下哪项可能为真？

A. 陈大宝答对了 12 道。　B. 陈大宝答对了 14 道。　C. 陈大宝答对了 18 道。

D. 陈大宝答对了 22 道。　E. 陈大宝答对了 25 道。

30. 犯罪嫌疑人在作案时会无意识地产生某些小的行为怪癖，这种行为可能是其个人的偏好。因此，在可以确认某些行为属于个人偏好后，这些怪癖能够为侦查破案人员提供这样一种“指纹”——通过对一件“无头案”和另一件已经知道作案者的案件进行比较，来判断“无头案”是否为该犯罪嫌疑人所做。

由于以下哪一项所陈述的原因，可以使上文所描述的用于确定“无头案”犯罪嫌疑人的做法不一定会得出可靠的结论？

A. 除非有其他证据表明“无头案”是由某个已知的犯罪嫌疑人所做，否则不会有人去分析“无头案”和已知作案者的案件之间在行为怪癖上的异同。

B. 就对破案的影响而言，这种行为怪癖远不如搜集证据的作用大。

C. 犯罪嫌疑人在一个案件中可能无意地出现某种行为怪癖，而在另一个案件中又有意地使用它。这两种不同的用法对于破案者来说是无法被区分开的。

D. “无头案”中的行为怪癖确实可能是由一个经常出现这种行为怪癖的犯罪嫌疑人所做，但无法证明这种行为怪癖是这个犯罪嫌疑人所独有。

E. 有鉴别意义的行为怪癖，通常散布在某个犯罪嫌疑人所做的案件当中。所以，在这个犯罪嫌疑人所做的某个案件中很可能没有包括这种怪癖。

31. 甲、乙、丙、丁、戊 5 人报考研究生，后来得知其中有人考上了。

甲说：“如果戊考上了，那么我也一定会考上。”

乙说：“考上的应该是甲或者丁。”

丙说：“考上的如果不是戊，那么一定是乙。”

丁说：“除非乙考上了，否则丁、戊中一定有人考上。”

如果上面 4 人的话中只有 1 人的话是真的，则考上研究生的一定是谁？

A. 仅甲。　B. 仅甲和乙。　C. 仅丙。

D. 仅丙和丁。　　　　　　　　E. 至少有戊。

32～33 题基于以下题干信息：

孙大宝有三天假期，共有① 做蛋糕，② 包饺子，③ 榨果汁，④ 捉螃蟹，⑤ 买锅，⑥ 搬家 6 件事需要在假期做完，每件事都在一天之内做完。已知：

（1）每天所做事情的数量各不相同，并且每天都比前一天做得多；

（2）如果②和③不安排在同一天，则②和④安排在同一天，并且④和⑤不安排在同一天；

（3）如果①⑤⑥至少有两件事安排在同一天，则②③④需要分别安排在三天。

32. 根据上述信息，以下哪项一定为真？

A. ①②③分别安排在三天。　　B. ①③④分别安排在三天。

C. ②③⑥分别安排在三天。　　D. ①⑤⑥分别安排在三天。

E. ②③④分别安排在三天。

33. 根据上述信息，以下哪项一定为假？

A. ②安排在第二天。　　B. ③安排在第二天。　　C. ④安排在第三天。

D. ①安排在第一天。　　E. ⑤安排在第一天。

34. 在目前资金紧张的情况下，分公司火龙公司扩大生产的提议不可取。在计算扩大生产所需的原材料开支时，光考虑到支付多购买的原材料的费用是不够的，同时还要考虑到支付员工加班的工资和机器损耗的成本，由于生产的扩大带来的工作人数、废件数量和机器损耗的增加，势必导致相关费用同时增加。

以下哪项如果为真，将最有力地削弱上述论证？

A. 扩大生产所需的费用，将由分公司和总公司共同负担。

B. 目前的资金状况，绝不至于拮据到连买原材料的费用都难以支付的地步。

C. 火龙公司与金龙公司均为分公司，去年生产扩大 30%，工作人数增加 40%，废件数量增加 3%。

D. 并非所有生产环节都需要人工，并非所有生产都会导致机器的损耗。

E. 当扩大生产达到一个恰当的程度时，将会形成规模经济，大部分生产环节由机器完成，更精准更高效，实现收益的提升。

35. 赵、钱、孙、李、周、吴、郑 7 个人在每星期一到星期日值班，每人只值一天班，每天只有一个人值班。已知：

（1）周和赵在星期三或星期四值班；

（2）如果钱在星期一值班，那么李在星期五值班或者吴在星期二值班；

（3）如果钱不在星期一值班或者孙不在星期二值班，那么赵在星期五值班；

（4）如果李在星期五值班，那么赵不在星期四值班，而且吴不在星期六值班。

根据上述信息，可以得出以下哪位在星期日值班？

A. 钱。　　B. 孙。　　C. 李。

D. 周。　　E. 吴。

36. 科学家们通过对 2.1 万名受试者进行长达 12 年的追踪研究发现，每天有规律地摄入 100 克巧克力的人与不吃巧克力的人相比，患中风的风险降低 11%。研究人员由此推测，经常食用巧克力可以降低中风的风险。

以下哪项如果为真,最能支持上述研究人员的推测?

A. 研究发现,经常食用巧克力可帮助有心脏问题的人降低 25%的死亡率。

B. 研究人员三年后进行了类似的调查研究,结果与上述研究基本一致。

C. 巧克力中的类黄酮这种抗氧化物能改善血管功能和血液循环,帮助血液流动得更顺畅,从而预防中风。

D. 部分得过中风的人经常食用巧克力,这些人的中风症状得到了极大的改善。

E. 白巧克力中的牛奶成分可能会影响类黄酮的吸收,黑巧克力效果更好。

37. 滑雪比赛尿检结果有两种误差:“假阳性”和“假阴性”。其中,“假阳性”判定选手服用了禁药,而实际上他们没有服用;“假阴性”判定选手没有服用禁药,而实际上他们服用了。资深裁判罗宾逊建议,为了更为准确地检查选手是否服用禁药,赛事组委会应采用产生“假阳性”比例最低的尿检方法。

以下哪一项如果是正确的,为上述建议提供了最有力的支持?

A. 所有尿检方法结果为“假阴性”的比例基本相同。

B. “假阳性”比例最低的尿检方法同时也是“真阳性”比例最高的尿检方法。

C. 尿检对滑雪选手没有副作用。

D. 产生“假阳性”比例最低的尿检方法与其他尿检方法一样会产生微小的副作用。

E. 所有尿检方法都不能 100%得到准确结果。

38. 年轮是指树木在一年内生长所产生的一个层,它出现在横断面上好像一个(或几个)轮。从年轮中可以看出很多东西,例如:春夏季气温、水分等环境条件较好,植物生长快,形成的木质部较稀疏,颜色较浅,而秋冬季环境条件较恶劣,木质部较密,颜色较深;树干朝南一面受阳光照射较多,径向生长速度快,因此茎干南面的年轮较宽,背阴朝北的一面,年轮则明显狭窄。科学家发现,过长的霜冻会使生长在温带的落叶树上产生霜冻年轮。最近在南极洲发现的落叶树的化石中没有一个有霜冻年轮。因此,在南极洲,当这些已形成化石的树木生长的时候,不大可能发生过这种霜冻现象。

以上论述依据下面哪项假设?

A. 南极洲的一些非落叶性树木化石上有霜冻年轮。

B. 落叶树比其他树种更容易产生霜冻年轮。

C. 这种有霜冻年轮的树木化石经常被发现。

D. 现在的落叶树比古代南极洲的落叶树对温度的变化更敏感。

E. 形成化石的过程不会改变落叶树的年轮形态。

39. 日本、中国、韩国、巴西、西班牙 5 支足球队进行小组单循环赛。比赛规定:每队胜一场得 3 分,平一场得 1 分,负一场得 0 分;积分前两名出线。比赛结束后发现,没有积分相同的球队,中国队胜了 3 场,另一场负于日本队。

根据以上信息,可得出以下哪项结论?

A. 日本队一定出线。 B. 中国队一定出线。 C. 韩国队一定出线。

D. 巴西队一定出线。 E. 西班牙队一定出线。

40. 某公司要进行年中总结大会,各部门汇报上半年的营业额。大宝预测:如果销售一部营业额上涨,那么销售二部营业额也会上涨;除非销售三部营业额上涨,否则销售二部营业额不会上涨。总经理由此断定:销售一部营业额上涨,但销售四部营业额不会上涨。

根据大宝的预测,以下哪项如果为真,最能对总经理的观点提出质疑?

A. 如果销售三部营业额上涨,那么销售四部营业额也会上涨。

B. 如果销售一部营业额不上涨,那么销售三部营业额也不上涨。

C. 只有销售三部营业额上涨,销售一部营业额才会上涨。

D. 如果销售四部营业额上涨,那么销售三部营业额也会上涨。

E. 如果销售一部营业额上涨,那么销售四部营业额不会上涨。

41. 喝葡萄酒和啤酒比白酒对健康的危害明显要小。喝白酒的人如果戒酒的话,则可以免除对健康的危害,但是如果改喝葡萄酒和啤酒的话,对健康的危害和以前差不多。

如果以上的断定为真,则以下哪项断定最不可能为真?

A. 白酒对所有喝酒的人健康的危害基本相同。

B. 喝葡萄酒和啤酒对所有喝葡萄酒和啤酒的人健康的危害基本相同。

C. 同时喝葡萄酒、啤酒和白酒所受到的健康危害,不大于只喝白酒的危害。

D. 喝葡萄酒和啤酒的人戒酒后如果改喝白酒,则所受到的健康危害比以前大。

E. 喝葡萄酒比喝啤酒对健康的危害要大。

42. 新学期开学,郑大宝、王大宝、冯大宝、陈大宝、蒋大宝、沈大宝、韩大宝来校报道,他们会被分配在 401、402、403 三间宿舍,每人只能分配在一间。已知:

(1) 如果冯大宝和陈大宝至多有一人在 401 宿舍,那么郑大宝和蒋大宝都在 401 宿舍;

(2) 如果郑大宝、沈大宝、韩大宝至少有一人不在 403 宿舍,则蒋大宝在 402 宿舍,并且冯大宝在 403 宿舍。

根据以上信息,可以得出以下哪项?

A. 郑大宝、王大宝都在 401 宿舍。

B. 王大宝、蒋大宝都在 402 宿舍。

C. 王大宝、冯大宝都在 402 宿舍。

D. 陈大宝、冯大宝都在 401 宿舍。

E. 韩大宝、蒋大宝都在 403 宿舍。

43. 眼球经济时代,一些网络媒体为了吸引用户的注意力,常用一些夸张、情色、怪异、歪曲等手法来制作文章标题,给网上舆论甚至整个社会带来了极大的负面影响。某些媒体为了提高点击率,不惜断章取义、转移重点、以偏概全以达到吸引眼球的目的。相反,S 媒体坚决不采用“标题党”的方式,这肯定是因为他们坚持新闻的专业性,反对“标题党”。

以下哪项如果为真,最能支持上述对 S 媒体的论证?

A. 据统计,S 媒体的用户群非常反感“标题党”。

B. S 媒体预计,如果采用“标题党”的方式,点击率和经济收入就会上升,反之,阅读量、传播率和经济效益都会下降。

C. 读者应自觉抵制“标题党”,培养和提升自身的新闻素养,学会识别“标题党”,且不再二次传播“标题党”新闻。

D. A 媒体通过一段时间的尝试之后,也放弃了“标题党”的策略。

E. 随着媒体商业化竞争加剧,受众群、点击量成为不少媒体争抢的资源,许多媒体不得不成为“标题党”。

44. 在同一侧的房号为 1、2、3、4 的四间房里，分别住着来自韩国、法国、英国和德国的四位专家。有一位记者前来采访他们。

(1) 韩国人说：“我的房号大于德国人，且我不会说外语，也无法和邻居交流。”

(2) 法国人说：“我会说德语，但我无法和我的邻居交流。”

(3) 英国人说：“我会说韩语，但我只可以和我的一个邻居交流。”

(4) 德国人说：“我会说我们这四个国家的语言。”

那么，按照房号从小往大排，房间里住的人的国籍依次是

A. 英国　德国　韩国　法国。 B. 法国　英国　德国　韩国。 C. 德国　英国　法国　韩国。

D. 德国　英国　韩国　法国。 E. 以上答案都不对。

45. 随着高考的结束，考生们的心情是有人欢喜有人愁。在考试结束、成绩公布前，不少学生可能会忐忑不安、焦虑烦躁，担心自己的成绩是否能达到录取分数线、是否能考入理想的大学、假如调剂是否要服从、考不好怎么面对亲朋好友……有的考生内心敏感脆弱，面临成绩不如意的时候可能会怀疑人生，做出一些极端行为。有教育专家评论说：高考只是宣布一个学习阶段的结束，难道我们成绩不理想，没有考入心仪的院校，就一蹶不振、闷闷不乐吗？

教育专家的评论最适合用来反驳以下哪项？

A. 即使成绩不理想，没有考入心仪的院校，也可能还是心态阳光、积极向上。

B. 即使一蹶不振、闷闷不乐，也不一定是因为成绩不理想，没有考入心仪的院校。

C. 如果一蹶不振、闷闷不乐，就是因为成绩不理想，没有考入心仪的院校。

D. 只要成绩不理想，没有考入心仪的院校，就一蹶不振、闷闷不乐。

E. 只有成绩不理想，没有考入心仪的院校，才一蹶不振、闷闷不乐。

46. 董事会决定从赵义、钱礼、孙智、李信四人中选择一人或多人进入管理层。

甲说：“如果赵义入选，那么钱礼也要入选。”

乙说：“孙智和李信都应该入选。”

丙说：“只有赵义入选，李信才能入选。”

丁说：“钱礼不能入选，但赵义应该入选。”

最后的结果证明，上述四人的话仅一人为真，则以下哪项是一定错误的？

A. 赵义或钱礼入选了。

B. 除非李信没有入选，否则孙智一定入选了。

C. 钱礼和李信都入选了。

D. 如果孙智入选了，那么赵义也入选了。

E. 赵义和孙智都没入选。

47. 在 20 世纪 80 年代以前，科尔马一直是法国的一个可以让人放下杂念、放空自己、静静心的安宁小镇。从 60 年代早期以来，它已成为法国干白葡萄酒的主要产区，每年 9 月举办为期两周最负盛名的科尔马酒节。在科尔马酒节期间，暴力犯罪和毁坏公物的行为在科尔马也急剧增加了。显然，这些社会问题产生的根源就在于科尔马酒节而导致的繁荣。

下面哪一项如果为真，则对上面的论证给予最强的支持？

A. 对他们的城市成为法国干白葡萄酒的主要产区，科尔马的居民并不怎么感到遗憾。

B. 法国社会学家十分关注暴力犯罪和毁坏公物在科尔马的急剧增加。

C. 在科尔马没有举办酒节之前,小镇的暴力犯罪和毁坏公物行为一直保持着低水平。

D. 非暴力犯罪、吸毒、离婚等现象,在科尔马增加得与暴力犯罪和毁坏公物一样多。

E. 随着全球经济的发展和世界人口的流动,暴力犯罪和毁坏公物的行为越来越多。

48. 某班级正在安排课表,有数学、逻辑、写作、英语、专业课 5 门课程,从周一到周五这 5 天中,每天安排两门不同课程,每门课程每周安排两次。并且要遵循如下规则:

(1) 周一有英语和专业课,周二有数学;

(2) 在周二和周三,或者有逻辑,或者有写作,但是在任意一天都不会既有逻辑又有写作。

若英语和专业课都不在周三,则以下哪项是不可能的?

A. 写作和英语都在周五。 B. 英语在周二或周四。 C. 数学和逻辑都在周五。

D. 数学和逻辑都不在周五。 E. 数学和专业课都不在周五。

49~50 题基于以下题干信息:

在一次网友见面会上,有关赵大宝、钱大宝、孙大宝、李大宝、周大宝的信息如下:

(1) 5 人的星座分别为水瓶座、白羊座、天蝎座、双子座和摩羯座之一(不一定是这个顺序);

(2) 赵大宝仅与 2 人聊过天;

(3) 李大宝仅与 1 人聊过天;

(4) 摩羯座的人与 3 个人聊过天;

(5) 钱大宝不是白羊座,也没跟白羊座的人聊过天;

(6) 天蝎座的人和孙大宝聊过天;

(7) 白羊座、天蝎座和双子座的人一起聊过天。

49. 根据以上信息,请问钱大宝是哪个星座的?

A. 双子座。 B. 白羊座。 C. 天蝎座。

D. 水瓶座。 E. 摩羯座。

50. 根据以上信息,请问孙大宝是哪个星座的?

A. 双子座。 B. 白羊座。 C. 天蝎座。

D. 水瓶座。 E. 摩羯座。

51~52 题基于以下题干信息:

某学校开学选课需要遵循这样的原则:对于毕业班同学来说,除了明确规定必须选的课程之外,其他的课程都是不能选的;对于非毕业班同学来说,除了明确规定不能选的课程以外,其余的课程都是可以选的。

51. 在遵循上述原则的情况之下,为使毕业班同学和非毕业班同学有不同的课程范围进行选择,以下哪项是必须假设的?

A. 毕业班同学比非毕业班同学对课程内容要求更高。

B. 选课规定明确涉及(必须选或不能选)的课程,并不覆盖所有的课程。

C. 非毕业班同学比毕业班同学更愿意上课。

D. 全校的学生必须严格遵循上述选课原则。

E. 明确规定必须选的课程,要少于明确规定不能选的课程。

52. 如果实施上述原则能使毕业班同学和非毕业班同学有不同的课程范围进行选择,则以下各

项断定均不违反这一原则，除了

A. 一门必须选或不能选的课程，不一定是明文规定必须选或不能选的。

B. 有些课程，允许非毕业班同学选，但不允许毕业班同学选。

C. 有些课程，允许毕业班同学选，但不允许非毕业班同学选。

D. 毕业班所选的课程，如果规定必须选，则非毕业班同学也会选。

E. 非毕业班所选的课程，如果规定不能选，则毕业班同学也不能选。

53. 在美国西南地区进行的研究发现，在被观察的口腔溃疡病人中，有五分之一的人在服用 G 药后产生了明显的副作用。一些医生据此认为，应该禁止使用 G 药为治疗口腔溃疡的药物。不过迄今为止，G 药依然是治疗口腔溃疡的速效药中最有效的一种。

以下哪项如果为真，最能削弱上述观点？

A. 在 G 药最常用于治疗口腔溃疡的美国西南地区，由口腔溃疡而导致口腔癌的人数近几年增加了。

B. 在被观察的那些服用 G 药的病人中，许多人以前从未服用过这种药。

C. 尽管 G 药越来越受关注，美国西南地区的许多医生仍然给口腔溃疡患者开这种药。

D. G 药使某些人的口腔溃疡病情加重是因为它能破坏神经功能。

E. 在被观察的那些服用 G 药的病人中，只有胆固醇含量极高的患者服用后才会产生副作用。

54～55 题基于以下题干信息：

在某展会上，“回顾过去”“透视现在”“展望未来”三个板块一共会展出 6 件艺术品，每个板块展出 2 件。每件艺术品是由甲、乙、丙这 3 位艺术家中的一位创作的。艺术品的筛选要遵循以下规则：

（1）每位艺术家可以展览的艺术品不能少于 1 件，也不能超过 3 件；

（2）如果某位艺术家在“透视现在”板块至少有 1 件艺术品展出，那么这位艺术家在“回顾过去”板块展出的艺术品的数量不少于 1 件；

（3）丙在“透视现在”板块展出的艺术品数量要和甲在“展望未来”板块展出的艺术品数量一样；

（4）乙的艺术品不能出现在“展望未来”板块。

54. 如果“透视现在”板块的两件艺术品都是丙创作的，那么下列哪种说法一定为真？

A. 展会用了 1 件甲的艺术品。

B. 展会用了 3 件甲的艺术品。

C. 展会用了 1 件乙的艺术品。

D. 展会用了 2 件乙的艺术品。

E. 展会用了 2 件丙的艺术品。

55. 三个板块中，如果有一个板块的 2 件艺术品都是乙创作的，那么下列哪种说法可能是正确的？

A. “透视现在”板块的 2 件艺术品都是丙创作的。

B. “透视现在”板块的 2 件艺术品分别是甲和丙创作的。

C. “回顾过去”板块的 2 件艺术品都是甲创作的。

D. “回顾过去”板块的 2 件艺术品分别是乙和丙创作的。

E. “展望未来”板块的 2 件艺术品是丙创作的。

四、写作:第 56~57 小题,共 65 分。其中论证有效性分析 30 分,论说文 35 分。

56. 论证有效性分析:分析下述论证中存在的缺陷和漏洞,选择若干要点,写一篇 600 字左右的文章,对该论证的有效性进行分析和评论。(论证有效性分析的一般要点是:概念特别是核心概念的界定和使用是否准确并前后一致,有无各种明显的逻辑错误,论证的论据是否成立并支持结论,结论成立的条件是否充分,等等。)

成功需要有“跨界思维”。现代生活节奏已经达到“日日新,又日新”的程度,各个领域都在大力推崇学科交叉。因此,现实情况告诉我们,过去推崇的“工匠精神”也许已经不再适用当今社会。

首先,“工匠精神”是指专注于一件事。但成功的机会多种多样,就好比买彩票,买十张彩票的中奖机会比买一张彩票高,所以如果各种方向、各种行业都尝试一下,成功的概率显然比只做一件事成功的概率高。

其次,市场上的机会千变万化,常言道“选择比努力更重要”。如果选对了风口方向发展的事业,比如互联网经济、人工智能等,就必定可以取得巨大的收益。但如果拘泥于“工匠精神”而不能获得巨大的收益,那么这种精神就是没有意义的。

事实也证明,那些“百年老店”在日渐激烈的市场竞争环境下经营状况每况愈下,而搞区块链、P2P 的企业正是由于多学科交叉融合而取得成功。这说明,如果只做一件事情,那么就不能拥有开放的视角和创新意识,一个没有开放视角的企业就难以适应千变万化的市场环境。

最后,在多元发展齐头并进的今天,在自动化大普及的时代,那些简单、机械的重复劳动,不需要人力亲自为之,因此“工匠精神”和效率至上的当今社会显得格格不入。但是发展速度越快,越要讲求“工匠精神”体现的踏实和细致。

总而言之,时代决定价值观,“工匠精神”在今天是否利大于弊,值得思考。

57. 论说文:根据下述材料,写一篇 700 字左右的论说文,题目自拟。

“工匠精神”现在已经成为全社会的共识,对国家、对社会的意义不言而喻。不过,在一些人眼中,所谓的“工匠精神”却成了因循守旧的代名词,而且妨碍了发扬和落实“创新精神”。

冲刺模拟8套卷(七)答案及解析

一、问题求解

1.【答案】 A

【考点】 工程问题

【解析】 此题很容易先求乙队的工作效率是:$\left(\frac{1}{2}-\frac{1}{12}\times 3\right)\div 2=\frac{1}{8}$;再由条件“做完后发现两段所用时间相等”的题意,可组合成由两个乙队和一个甲队合做需若干天完成,即可求出相等的时间.

乙队每天完成这项工程的$\left(\frac{1}{2}-\frac{1}{12}\times 3\right)\div 2=\frac{1}{8}$,

则两段时间一共是$1\div\left(\frac{1}{8}\times 2+\frac{1}{12}\right)\times 2=6$(天).

2.【答案】 A

【考点】 古典概率

【解析】 设齐王的上,中,下三个等次的马分别为 a,b,c,田忌的上,中,下三个等次的马分别记为 A,B,C,从双方的马匹中随机选一匹进行一场比赛的所有的可能为 $Aa,Ab,Ac,Ba,Bb,Bc,Ca,Cb,Cc$.

根据题设,其中 Ab,Ac,Bc 是胜局共三种可能.

则田忌获胜的概率为$\frac{3}{9}=\frac{1}{3}$.

故选 A.

3.【答案】 D

【考点】 韦达定理

【解析】 设 x_1,x_2 是 $ax^2+3x-2b=0$ 的两个根.

由已知,$\begin{cases}x_1+x_2=\frac{-3}{a},\\ x_1x_2=-\frac{2b}{a},\\ \frac{1}{x_1}+\frac{1}{x_2}=\frac{a}{3},\\ \frac{1}{x_1}\times\frac{1}{x_2}=\frac{2b}{3},\end{cases}$ 从而$\begin{cases}\frac{3}{2b}=\frac{a}{3},\\ -\frac{a}{2b}=\frac{2b}{3},\end{cases}$

得 $a=-3,b=-\frac{3}{2}$,即 $a=2b$.

4.【答案】 B

【考点】 三角形

【解析】 $\cos 60°=\frac{1}{2}=\frac{4+AC^2-6}{2\cdot 2\cdot AC}$(余弦定理)

$\Leftrightarrow 2AC=AC^2-2$

$\Leftrightarrow AC=\sqrt{3}+1.$

根据角平分线定理,$\begin{cases}\frac{BD}{CD}=\frac{2}{1+\sqrt{3}},\\ BD+CD=\sqrt{6}\end{cases}\Rightarrow\begin{cases}BD=\frac{2\sqrt{2}}{1+\sqrt{3}},\\ CD=\sqrt{2},\end{cases}$

$$AD=\sqrt{AB\cdot AC-BD\cdot CD}=\sqrt{2(1+\sqrt{3})-\frac{2\sqrt{2}}{1+\sqrt{3}}\sqrt{2}}$$

$$=\sqrt{2+2\sqrt{3}-\frac{4}{1+\sqrt{3}}}$$

$$=\sqrt{2+2\sqrt{3}-2(\sqrt{3}-1)}=2.$$

5.【答案】 B

【考点】 求周长

【解析】 因为$(b-c)^2=(b+c)^2-4bc=8^2-4(a^2-12a+52)=-4(a-6)^2\geqslant 0$,
所以 $a=6$,且 $b=c$,又因为 $b+c=8$,则 $b=c=4$,
从而$\triangle ABC$ 的周长为 $a+b+c=14$,答案是 B.

6.【答案】 A

【考点】 相遇问题

【解析】 根据题意,可以设甲和乙第一次相遇用 x min,那么,第一次相遇,甲行了 $60x$ m、乙行了 $80x$ m;第二次相遇,甲走到 B 地,再到 E 处,走了第一次相遇时乙的路程的 2 倍,即走了 $80x\times 2$ m;乙走了 $60x\times 2$ m,但是甲比乙多用了 14 min,根据路程除以速度等于时间,列出方程进行解答即可.

设甲和乙第一次相遇用 x min,那么甲行了 $60x$ m、乙行了 $80x$ m;第二次甲行了 $80x\times 2$ m、乙行了 $60x\times 2$ m;根据甲比乙多行 14 min,可得方程$(80x\times 2)\div 60-(60x\times 2)\div 80=14$,解得 $x=12$;AB 长是 $12\times(60+80)=1680$(m).

7.【答案】 B

【考点】 等差数列与等比数列

【解析】 其特征方程为 $x^2=3x-2$,解得 $x_1=1$,$x_2=2$,令 $a_n=c_1\cdot 1^n+c_2\cdot 2^n$,

由$\begin{cases}a_1=c_1+2c_2=2,\\ a_2=c_1+4c_2=3,\end{cases}$ 得$\begin{cases}c_1=1,\\ c_2=\frac{1}{2},\end{cases}$ 因此 $a_n=1+2^{n-1}$,

所以选 B.

8.【答案】 A

【考点】 球体体积

【解析】 设球体半径为 r，所以 $r^2=(\sqrt{6})^2+(\sqrt{3})^2=9$，则 $r=3$，

故 $S_{半球}=2\pi r^2+\pi r^2=27\pi$，$V_{半球}=\dfrac{1}{2}\times\dfrac{4}{3}\pi r^3=18\pi$.

9.【答案】 D

【考点】 球的面积

【解析】 两个截面分别是半径为 3 和 4 的圆，如下页图所示是与截面垂直的过圆心的截图.

计算出相应的边长(已表示在图中)，容易知道这两个平行平面间的距离是 1 或 7.

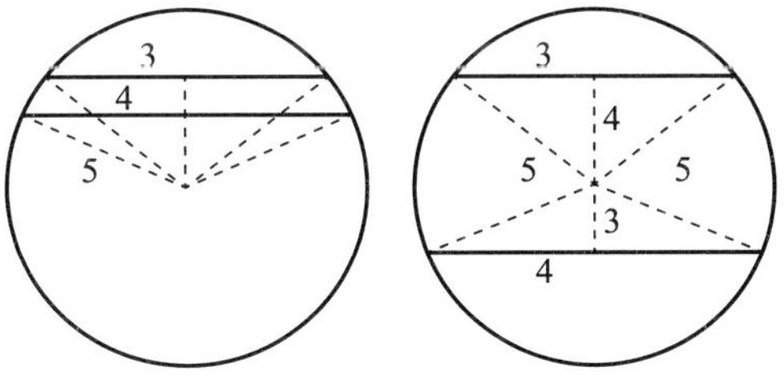

10.【答案】 D

【考点】 组合

【解析】 不难得到 $N=396=2^2\times3^2\times11$.$N$ 的约数由质因数 2,3,11 组合而成.约数 2 的取值个数有 3 种情况,0,1,2;约数 3 的取值个数有 3 种情况,0,1,2;约数 11 的取值个数有 2 种情况,0,1.所以 N 共有 $3\times3\times2=18$(个)正约数.

11.【答案】 C

【考点】 三角形、组合

【解析】 构成三角形的三个点不能在同一条直线上，图中在同条直线上的三个点有 $3\times C_4^3+4\times C_3^3+4$ 组，则满足题意的共有 $C_{12}^3-(3\times C_4^3+4\times C_3^3+4)=200$(组).

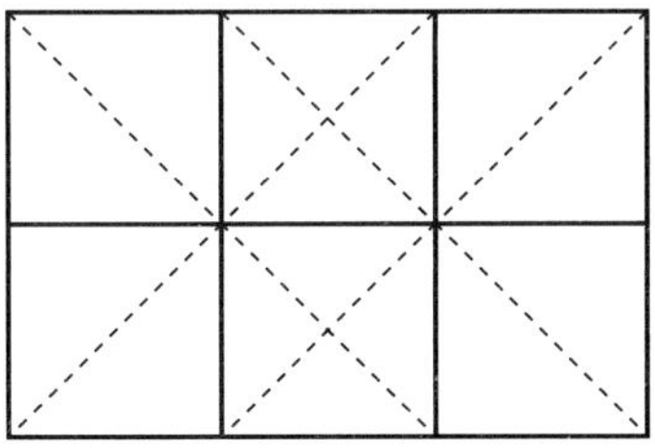

12.【答案】 D

【考点】 直线、穷举法

【解析】 当 $a=0$ 时，方程变为 $2x+b=0$ 一定有实数解，满足这点的实数对有 $(0,-1)$,$(0,0)$,$(0,1)$,$(0,2)$.当 $a\neq0$ 时，方程有实数解$\Leftrightarrow\Delta=2^2-4ab\geqslant0\Leftrightarrow ab\leqslant1$，满足这点的实数对有 9 个，分别是 $(-1,-1)$,$(-1,0)$,$(-1,1)$,$(-1,2)$,$(1,-1)$,$(1,0)$,$(1,1)$,$(2,-1)$,$(2,0)$.

综上，满足题意的实数对共有 13 个.

13.【答案】 A

【考点】 二项式定理

【解析】 $C_5^1\cdot(3x^2)\cdot C_4^4\cdot1^4+C_5^2\cdot(4x)^2\cdot C_3^3\cdot1^3=15x^2+160x^2=175x^2$.

14.【答案】 C

【考点】 古典概型

【解析】 从 9 面旗帜中任取 3 面的基本事件共有 $C_9^3=84$(种),其中它们颜色与号码均不相同的事件有 $A_3^3=3\times2\times1=6$(种),因此随机取 3 面,3 面旗帜的颜色与号码均不相同的概率是 $P=\frac{6}{84}=\frac{1}{14}$,答案为 C.

15.【答案】 B

【考点】 古典概率

【解析】 将 A,B,C,D 这 4 名同学从左至右随机地排成一排,基本事件总数 $n=P_4^4=4\times3\times2\times1=24$,“$A$ 与 B 相邻且 A 与 C 之间恰好有 1 名同学”包含的基本事件有:$ABCD,CBAD,CDAB,DABC,BADC$ 共 5 个,所以“A 与 B 相邻且 A 与 C 之间恰好有 1 名同学”的概率 $p=\frac{5}{24}$.故选 B.

二、条件充分性判断

16.【答案】 C

【考点】 碗底函数

【解析】 条件(1)和条件(2)显然单独不充分.考虑联合,根据绝对值不等式等号成立的条件,$|x+2|+|1-x|=|x+2+1-x|=3$ 知 $(x+2)(1-x)\geqslant0$,即 $-2\leqslant x\leqslant1$;同理,$|y-5|+|1+y|=|5-y+1+y|=6$ 知 $(y-5)(1+y)\leqslant0$,$-1\leqslant y\leqslant5$;故 $x+y$ 的最大值和最小值分别为 6,-3.两条件联合充分.

17.【答案】 A

【考点】 平均增长率

【解析】 对于条件(1),设 2008 年考研人数为 x,则 2014 年考研人数为 $x(1+\sqrt[6]{a}-1)^6=ax$,所以条件(1)充分.对于条件(2),设 2008 年考研人数为 x,则 2014 年考研人数为 $x(1+\sqrt[6]{a})^6$,所以条件(2)不充分.综上,答案为 A.

18.【答案】 D

【考点】 均值不等式

【解析】 对于条件(1),$a+b=(a+b)\left(\frac{1}{a}+\frac{1}{b}\right)=2+\frac{a}{b}+\frac{b}{a}\geqslant2+2\sqrt{\frac{a}{b}\cdot\frac{b}{a}}=4$,充分;对于条件(2),$a+b\geqslant2\sqrt{ab}=4$,充分.两条件单独均充分,选择 D.

19.【答案】 C

【考点】 最值问题

【解析】 显然单独不充分.考虑联合.由题意得 $\begin{cases}x+y=5-m,\\xy=3-m(x+y)=3-m(5-m)=m^2-5m+3,\end{cases}$

所以 x、y 是关于 t 的方程 $t^2-(5-m)t+(m^2-5m+3)=0$ 的两实数根,

所以
$$\Delta=[-(5-m)]^2-4(m^2-5m+3)\geqslant0,$$

即 $3m^2-10m-13\leqslant0$,

解得 $-1\leqslant m\leqslant\frac{13}{3}$.

m 的最大值是$\frac{13}{3}$,m 的最小值是-1.

20.【答案】 B

【考点】 直线方程

【解析】 条件(1),如下图,可以得到有两条直线满足条件(1),却无法确定 $a+b$ 的值.条件(2)中,P 为线段 AB 的中点,设 $A(a,0)$,$B(0,b)$,故得到$\frac{a}{2}=-2$,$\frac{b}{2}=3$,解得 $a=-4$,$b=6$,条件(2)充分,应选 B.

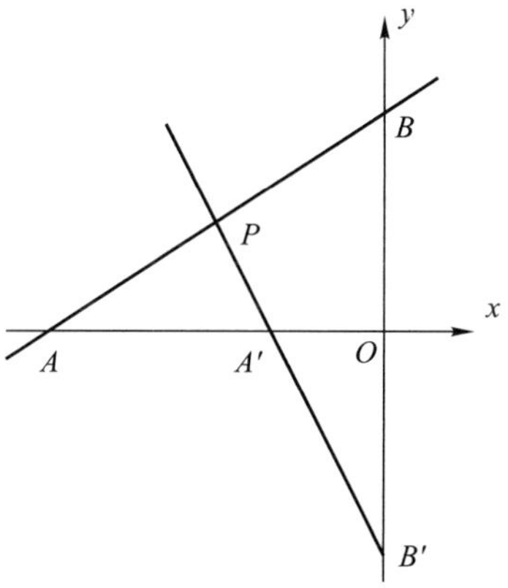

21.【答案】 C

【考点】 价格问题

【解析】 设甲、乙、丙三种商品的单价分别为 x,y,z,由题干可知 $x+y+z=100$,条件(1)可得 $2x+3y+z=210$,条件(2)可得 $3x+3y+4z=320$,要解出 x,y,z 的值,单独考虑条件(1)或者条件(2)无法得到 x,y,z 的值,考虑联合,可得 $x=50$,$y=30$,$z=20$,故联合充分.

22.【答案】 D

【考点】 平均值

【解析】 对于条件(1),该年级的平均分为$\frac{137\times8+126\times7}{15}\approx131.87\geqslant130$,故条件(1)充分;

对于条件(2),该年级的平均分为$\frac{137\times65\%+126\times35\%}{100\%}=133.15\geqslant130$,故条件(2)充分.

23.【答案】 C

【考点】 不等式

【解析】 两条件单独显然不充分,考虑联合,$\begin{cases}2a-b\leqslant0,\\a-b+3\geqslant0,\end{cases}$ 即$\begin{cases}2a-b\leqslant0,\\b-a-3\leqslant0,\end{cases}$ 两不等式相加得到 $a\leqslant3$,同理可得 $b\leqslant6$,故两条件联合充分,选择 C.

24.【答案】 E

【考点】 不定方程

【解析】 设小张胜、平、负的局数分别为 x,y,z.

对于条件(1),有$\begin{cases}x+y+z=14,\\3x+y=19,\end{cases}$ 由 $0\leqslant y\leqslant14$,可得 $3\leqslant x\leqslant6$,

穷举 x 的取值即可，因为 $y=19-3x$，所以

当 $x=3$ 时，$y=10$，$z=1$，满足题意；当 $x=4$ 时，$y=7$，$z=3$，满足题意；

当 $x=5$ 时，$y=4$，$z=5$，满足题意；当 $x=6$ 时，$y=1$，$z=7$，满足题意.

所以，共有 4 种情况，故条件(1)不充分.

对于条件(2)，有 $\begin{cases}x+y+z=14,\\3x+y=20,\end{cases}$ 由 $0\leqslant y\leqslant 14$，可得 $2\leqslant x\leqslant 6$，

穷举 x 的取值即可，当 $x=2$ 时，$y=14$，$z=-2$，不满足题意；

当 $x=3$ 时，$y=11$，$z=0$，满足题意；当 $x=4$ 时，$y=8$，$z=2$，满足题意；

当 $x=5$ 时，$y=5$，$z=4$，满足题意；当 $x=6$ 时，$y=2$，$z=6$，满足题意.

所以，共有 4 种情况，故条件(2)不充分.

25.【答案】 C

【考点】 数列

【解析】 函数 $f(x)=\begin{cases}(4-a)x-8, & x\leqslant 6,\\ a^{x-5}, & x>6,\end{cases}$ 数列 $\{a_n\}$ 满足 $a_n=f(n)\ (n\in\mathbf{N}^*)$，且 $\{a_n\}$ 是递增数列，则

$$\begin{cases}4-a>0,\\1<a,\\6(4-a)-8<a^2,\end{cases}$$

解得 $2<a<4$.

故选 C.

三、逻辑推理

26.【答案】 E

【考点】 直言命题　三段论　假言命题

【命题方向】 形式逻辑　正向推理

【解析】 (1) 珍稀动物→应该被保护；

(2) 有些珍稀动物→有价值；

(3) 应该被保护→生物学家关注；

(4) 拥有良好的生存环境→得到更多关注；

(5) 生存环境得到保护→维护生命圈。

结合(1)(2)(3)可得：(6)有些有价值→珍稀动物→应该被保护→生物学家关注。

E 选项：有些有价值→¬关注，与(6)逻辑关系不一致，不能推出。

A 选项：有些应该被保护→有价值，可由(4)利用互换特性得到。

B 选项：¬关注→¬拥有良好的生活环境，可由(4)逆否得到。

C 选项：生存环境得到保护→维护生命圈，可由(5)得到。

D 选项：珍稀动物→生物学家关注，可由(1)(3)得到。

故正确答案为 E 选项。

27.【答案】 B

【考点】 假言命题

【命题方向】 形式逻辑　正向推理

【解析】 题干信息：

（1）¬反驳→摧毁消费者的信心；

（2）反驳→摧毁消费者的信心。

可以发现反驳或是不反驳都会影响到消费者的信心，影响到该公司的声誉。

故正确答案为 B 选项。

28.【答案】 E

【考点】 十大论证模型

【命题方向】 论证推理　削弱、质疑、反驳

【解析】 论据：A 省本年度的调查显示，凡正式立案审理的“家暴类”案件，85%都是以被家暴一方的胜诉结案；

结论：A 省的法院在审理“家暴类”案件中没有出现“弱势群体不能得到保护”的问题。

E 选项：表明被家暴一方胜诉率高只是由于证据充分，并不能说明“弱势群体得到保护”。

故正确答案为 E 选项。

29.【答案】 C

【考点】 稳赢分析法

【命题方向】 综合推理　数字相关

【解析】 题干信息：苗老师：≥15 道；

姚老师：≥30 道；

杜老师：≤20 道。

C 选项：姚老师猜错了，符合只有一人猜错的结论，正确；

A、B 选项：苗老师和姚老师都猜错了，不符合只有一人猜错的结论，排除；

D、E 选项：姚老师和杜老师都猜错了，不符合只有一人猜错的结论，排除。

故正确答案为 C 选项。

30.【答案】 D

【考点】 两大论证形式

【命题方向】 论证推理　削弱、质疑、反驳

【解析】 题干信息：希望用一种怪癖来确定一个犯罪嫌疑人。

削弱思路：即使发现了这个怪癖，也无法确定犯罪嫌疑人。

D 选项：可以削弱，这种怪癖不一定是某犯罪嫌疑人独有的，也就是这种怪癖可能对应多位犯罪嫌疑人，那么题干中的判断就不准确了，正确；

A 选项：无关选项，不能表明案件是某个已知的犯罪嫌疑人所做，就不会去分析行为怪癖上的异同，与题干论证过程无关，无法削弱，排除；

B 选项：无关选项，“搜集证据的作用”与题干论证无关，排除；

C 选项：支持题干，无论是有意使用还是无意使用，均可由该怪癖判断犯罪嫌疑人，无法削弱；

E 选项：对象错误，题干论证是由已经发现的怪癖来判断犯罪嫌疑人，没有怪癖的案件不是本题的探讨对象，排除。

故正确答案为 D 选项。

31.【答案】 C

【考点】 稳赢分析法

【命题方向】 综合推理　真话假话题

【解析】

第一步： 简化信息	甲：(1) 戊→甲=¬戊∨甲； 乙：(2) 甲∨丁； 丙：(3) ¬戊→乙=戊∨乙； 丁：(4) ¬乙→丁∨戊=乙∨丁∨戊。
第二步： 找到关系	未出现矛盾或反对关系，转换思路，进行假设+归谬。
第三步： 假设归谬	若甲考上了，则(1)(2)都为真，与题干信息矛盾，故真实情况为：¬甲； 若乙考上了，则(3)(4)都为真，与题干信息矛盾，故真实情况为：¬乙； 若丁考上了，则(2)(4)都为真，与题干信息矛盾，故真实情况为：¬丁； 若戊考上了，则(3)(4)都为真，与题干信息矛盾，故真实情况为：¬戊。
第四步： 选出答案	由 5 人中有人考上，考上的人不是甲，不是乙，不是丁，不是戊，所以考上的人是丙。 故正确答案为 C 选项。

32.【答案】 D

【考点】 无确定信息破解法

【命题方向】 综合推理　分组

【解析】 题干信息：(1) 第一天做 1 件，第二天做 2 件，第三天做 3 件；

(2) ②≠③→②=④∧④≠⑤；

(3) ①⑤⑥至少有两件在同一天→②≠③≠④。

如果“①⑤⑥至少有两件在同一天”为真，结合(3)可得：②≠④，再结合(2)逆否可得：②=③，与②≠③矛盾，所以“①⑤⑥至少有两件在同一天”为假，即①⑤⑥分别安排在三天。

故正确答案为 D 选项。

33.【答案】 A

【考点】 稳赢分析法

【命题方向】 综合推理　分组

【解析】 由上题可知，①⑤⑥分别安排在三天，此时第二天还剩 1 件事，第三天还剩 2 件事。

如果②≠③，那么②和④在第三天，③在第二天；如果②=③，那么②和③在第三天，④在第二天。

两种情况中②都在第三天，不可能在第二天。

故正确答案为 A 选项。

34.【答案】 E

【考点】 两大论证形式

【命题方向】 论证推理 削弱、质疑、反驳

【解析】 论据：扩大生产除考虑原材料费用增加外，还要考虑员工加班工资、机器损耗的成本、废件数量增加导致相关费用增加。

结论：目前资金紧张的情况下，火龙公司扩大生产的提议不可取。

E选项：表明扩大生产到合适的程度，就不用很多人力去生产了，那么相应的人力成本也会大大降低，相关的费用不但不会增加，还会降低，从而实现收益提升，那么该提议是可取的。

故正确答案为E选项。

35.【答案】 E

【考点】 稳赢分析法

【命题方向】 综合推理 匹配

【解析】 题干信息：(1) 周、赵占据星期三和星期四；

(2) 钱一→李五∨吴二；

(3) ¬钱一∨¬孙二→赵五；

(4) 李五→¬赵四∧¬吴六。

由条件(1)可知，赵和周占据了星期三和星期四，那么赵不可能在星期五值班，所以结合条件(3)可推知：钱在星期一、孙在星期二值班；再根据条件(2)，可得李在星期五值班；再根据条件(4)推知赵在星期三值班，周在星期四值班，吴在星期日值班，最后只剩郑一人，他只能被安排在星期六值班。

故正确答案为E选项。

36.【答案】 C

【考点】 两大论证形式

【命题方向】 论证推理 支持、加强

【解析】 论据：吃巧克力的人患中风的风险低；

结论：经常食用巧克力可以降低中风的风险。

C选项：建立联系，描述巧克力降低中风风险的原理，正确；

A选项：话题不一致，题干论证与“心脏问题”无关，排除；

B选项：支持力度较弱，三年后的研究结果一致只能增加可靠性，但支持力度相对不足；

D选项：关键动词不一致，题干的动词是“降低风险”，而不是“症状改善”，排除；

E选项：对象不一致，题干是巧克力，而不是白巧克力和黑巧克力的比较，排除。

故正确答案为C选项。

37.【答案】 A

【考点】 两大论证形式

【命题方向】 论证推理 支持、加强

【解析】 题干信息：“假阳性”和“假阴性”都是错误的结果，题干以“假阳性”作为标准提出建议，而如果“假阴性”的差别很大，则上述建议就不成立了。

A选项：排他因加强，指出“假阴性”的差别不大，说明题干的建议是正确的。

故正确答案为A选项。

38.【答案】 E

【考点】 两大论证形式

【命题方向】 论证推理 假设、前提

【解析】 论据：过长的霜冻会产生霜冻年轮，南极洲发现的落叶树的化石中没有霜冻年轮；

结论：在南极洲已形成化石的树木生长时不大可能发生过这种霜冻现象。

最近发现的化石与树木生长时存在巨大的时间差，如果在形成化石的过程中年轮形态发生了改变，那么虽然在化石中没有发现霜冻年轮，仍有可能在以前发生过霜冻现象，E 选项就排除了年轮形态发生改变这种可能性，使题干论证成立；

A、B 选项：无关选项，题干论证的对象为“落叶树”，与“非落叶性树木”“其他树种”无关，排除；

C、D 选项：无关选项，题干论证并未涉及“现在”与“过去”落叶树与温度的关系及比较，排除。

故正确答案为 E 选项。

39.【答案】 B

【考点】 稳赢分析法

【命题方向】 综合推理 排序

【解析】 由题干信息可知，中国 3 胜 1 负，又因为没有积分相同的球队，所以没有其他球队 3 胜 1 负。假设日本胜 4 场，那么中国排名第二，会出线；假设日本胜 2 场，那么中国排名第一，也会出线。所以无论任何情况下，中国队都会出线。

故正确答案为 B 选项。

40.【答案】 A

【考点】 假言命题

【命题方向】 形式逻辑 真假判定

【解析】 大宝：(1) 一部涨→二部涨；(2) ¬三部涨→¬二部涨；

总经理：(3) 一部涨∧¬四部涨。

质疑总经理的观点即：(4) ¬(一部涨∧¬四部涨)＝一部涨→四部涨。

(1)(2)传递可得：一部涨→二部涨→三部涨，要想推出(4)的结论，则需要补充三部涨→四部涨，A 选项符合上述分析。

故正确答案为 A 选项。

41.【答案】 B

【考点】 论证评价

【命题方向】 论证推理 结论

【解析】 题干信息：(1) 只喝白酒比只喝葡萄酒和啤酒对身体的危害更大；

(2) 喝白酒戒掉后再喝葡萄酒和啤酒对身体的危害与之前只喝白酒的危害没有差别。

B 选项：喝葡萄酒和啤酒的人分为两类：① 一直喝葡萄酒和啤酒；② 原来喝白酒，后来改喝葡萄酒和啤酒。由(2)可知，第②类人的危害与白酒一样，所以①②两类人危害不同，②的危害大于①。

故正确答案为 B 选项。

42.【答案】 D

【考点】 无确定信息破解法

【命题方向】 综合推理 分组

【解析】 题干中无确定信息，并且有数量限制“每人只能分配在一间”，故选择假设结合归谬思想进行推理。

若“冯大宝和陈大宝至多有一人在 401 宿舍”为真，可推知郑大宝在 401 宿舍，说明郑大宝不在 403 宿舍，结合(2)可推知蒋大宝在 402 宿舍，冯大宝在 403 宿舍，此时蒋大宝既在 401 宿舍又在 402 宿舍，不符合题干要求，故“冯大宝和陈大宝至多有一人在 401 宿舍”为假，即冯大宝和陈大宝都在 401 宿舍.

故正确答案为 D 选项。

43.【答案】 B

【考点】 两大论证形式

【命题方向】 论证推理　支持、加强

【解析】 论据：“标题党”可以提高点击率、吸引眼球；

结论：S 媒体不采用“标题党”的方式(果)是因为他们反对“标题党”(因)。

A 选项：他因削弱，表明 S 媒体不采用“标题党”是因为其用户群不喜欢，题干因果关系不成立，排除；

B 选项：有因有果、无因无果，表明“标题党”确实可以增加点击率和经济效益，所以 S 媒体的做法是因为反对“标题党”；

C 选项：对象不一致，题干论证与读者无关；

D 选项：对象不一致，力度较弱，A 媒体与 S 媒体是否具有可比性？未知；

E 选项：无关选项，表明很多媒体采用“标题党”的原因，但与题干论证无关。

故正确答案为 B 选项。

44.【答案】 C

【考点】 排除法

【命题方向】 综合推理　匹配

【解析】 由(1)(3)可知，韩国人和英国人不能相邻，否则韩国人就可以和邻居交流了，与(1)的韩国人“无法和邻居交流”矛盾，故排除英国人和韩国人相邻的选项 D。由(1)(4)可知，韩国人和德国人不能相邻，否则韩国人就可以和邻居交流了，与(1)的韩国人“无法和邻居交流”矛盾，故排除德国人和韩国人相邻的选项 A 和 B。将选项 C 的情况代入题干信息完全相符。

故正确答案为 C 选项。

45.【答案】 D

【考点】 假言命题　联言、选言命题

【命题方向】 形式逻辑　真假判定

【解析】 题干信息：成绩不理想 ∧ 没有考入心仪的院校 ∧ ¬一蹶不振、闷闷不乐。

其可以反驳的命题就是它的矛盾关系，矛盾关系为：

成绩不理想 ∧ 没有考入心仪的院校→一蹶不振、闷闷不乐。

D 选项：矛盾，成绩不理想 ∧ 没有考入心仪的院校→一蹶不振、闷闷不乐，正确；

A 选项：不矛盾，成绩不理想 ∧ 没有考入心仪的院校 ∧ 可能¬(一蹶不振、闷闷不乐)，排除；

B 选项：不矛盾，一蹶不振、闷闷不乐 ∧ ¬一定(成绩不理想，没有考入心仪的院校)，排除；

C 选项：不矛盾，一蹶不振、闷闷不乐→成绩不理想 ∧ 没有考入心仪的院校，排除；

E 选项:不矛盾,一蹶不振、闷闷不乐→成绩不理想∧没有考入心仪的院校,排除。

故正确答案为 D 选项。

46.【答案】 B

【考点】 稳赢分析法

【命题方向】 综合推理 真话假话题

【解析】

第一步: 简化信息	甲:赵→钱; 乙:孙∧李; 丙:李→赵; 丁:¬钱∧赵。
第二步: 找到关系	甲与丁矛盾,必一真一假。
第三步: 推知其他	题干断言“仅一人为真”,所以真话一定在甲和丁之间,乙与丙说的是假话。
第四步: 得出情况	由乙为假,可得:¬孙∨¬李; 由丙为假,可得:李∧¬赵; 二者结合可得真实情况为:李、¬赵、¬孙。
第五步: 选出答案	由上述情况无法判断出钱礼是否入选了,但可以尝试对选项进行判断: A 选项:“钱”的情况未知,无法判断; B 选项:李→孙,与真实情况“李∧¬孙”矛盾,一定为假,正确; C 选项:钱∧李,“钱”的情况未知,无法判断; D 选项:孙→赵,与真实情况不矛盾,为真,排除; E 选项:¬赵∧¬孙,与真实情况不矛盾,为真,排除。 故正确答案为 B 选项。

47.【答案】 C

【考点】 两大论证形式

【命题方向】 论证推理 支持、加强

【解析】 题干论证:科尔马酒节(因)导致了暴力犯罪和毁坏公物等社会问题(果)。

C 选项:无因无果,没举办酒节前社会问题处于低水平,举办酒节后社会问题加剧,表明二者确实存在因果关系,正确;

A、B、D 选项:无关选项,居民是否关心、社会学家是否关注、其他社会问题等均与题干论证过程无关,排除;

E 选项:他因削弱,表明社会问题加剧是全球的趋势,与科尔马酒节无关,排除。

故正确答案为 C 选项。

48.【答案】 C

【考点】 稳赢分析法

【命题方向】 综合推理 匹配

【解析】 由题干信息可知，相同的科目不会安排在同一天，同时由(1)可知周一有英语，周二有数学；由(2)可知，逻辑和写作是地位相当的，那么周二逻辑或写作占据一门，周三逻辑或写作占据一门，周二课程可安排数量为零。

根据题干要求可知，周三不安排英语，不安排专业课，那么只能安排数学；另一节英语课可安排在周四或周五，专业课可安排在周一、四、五中任意两天；逻辑与写作任何一天都有可能安排。

故正确答案为 C 选项。

49.【答案】 E

【考点】 稳赢分析法

【命题方向】 综合推理 匹配

【解析】 由(3)(4)(7)可知李大宝不可能是白羊座、天蝎座、双子座、摩羯座，所以李大宝是水瓶座；根据(5)(7)可知钱大宝不可能是白羊座、天蝎座、双子座，也不是水瓶座，所以钱大宝是摩羯座。

故正确答案为 E 选项。

50.【答案】 A

【考点】 稳赢分析法

【命题方向】 综合推理 匹配

【解析】 由上一题知李大宝是水瓶座、钱大宝是摩羯座，故孙大宝不是和 3 个人聊过天的人，钱大宝没有和白羊座的人聊过天，那么和钱大宝聊天的人是天蝎座、双子座、水瓶座，则可知李大宝和钱大宝聊过天。

由于赵大宝只与两人交流过，同时赵大宝是白羊座、天蝎座、双子座其中一个，由(7)说明赵大宝不可能再和其他人聊过天。如果赵大宝是天蝎座或双子座，那么他就会和钱大宝聊过天，所以赵大宝只能是白羊座，由此可推知孙大宝是双子座。

故正确答案为 A 选项。

51.【答案】 B

【考点】 概念

【命题方向】 形式逻辑 加分题型

【解析】 题干信息：

毕业班：除了明确规定必须选的课程之外，其他的课程都是不能选的；

非毕业班：除了明确规定不能选的课程以外，其余的课程都是可以选的。

如果选课规定明确涉及(必须选或不能选)的课程覆盖所有的课程，那么一个课程要么是必须选的，要么是不能选的，情况如下表：

	必须选	不能选
毕业班	√	×
非毕业班	√	×

该原则对毕业班与非毕业班的约束力是相同的，不符合题干的要求，所以必须要假设“选课规定明确涉及（必须选或不能选）的课程，并不覆盖所有的课程”，满足这一假设后情况如下：

	必须选	未涉及	不能选
毕业班	√	×	×
非毕业班	√	√	×

此时，未涉及的课程，对于毕业班是不能选的，对于非毕业班是必须选的，上述原则就对毕业班和非毕业班产生了不同的约束力。

由上述分析可知，B 选项是必须假设的。

故正确答案为 B 选项。

52.【答案】 C

【考点】 概念

【命题方向】 形式逻辑　加分题型

【解析】 题干信息：上述原则能使毕业班同学和非毕业班同学有不同的课程选择，所以情况如下：

	必须选	未涉及	不能选
毕业班	√(1)	×(2)	×(3)
非毕业班	√(4)	√(5)	×(6)

A 选项：课程（5）和（2）必须选或不能选，但并不是明文规定必须选或不能选的，不违反原则；

B 选项：课程（5）允许非毕业班选，但是不允许毕业班同学选，不违反原则；

C 选项：毕业班同学选的课程（1），非毕业班同学也必须选，而不是不能选，违反了原则；

D 选项：毕业班同学选的课程（1），非毕业班同学也要选，不违反原则；

E 选项：明确规定不能选的课程（6），毕业班同学也不能选，不违反原则。

故正确答案为 C 选项。

53.【答案】 E

【考点】 两大论证形式

【命题方向】 论证推理　削弱、质疑、反驳

【解析】 论据：G 药是最有效的治疗口腔溃疡的速效药，但是有五分之一的人服用后产生了副作用；

结论：应该禁止使用 G 药作为治疗口腔溃疡的药物。

E 选项：他因削弱，表明只有特定的病人服用 G 药会产生副作用，所以只要这些病人不服用 G 药即可免除副作用，因此不需要禁止使用其作为治疗口腔治疗的药物，可以削弱，正确；

A 选项：提出正面论据，表明 G 药会给患者造成伤害，有些支持作用，无法削弱，排除；

B 选项：无关选项，以前是否服用过这种药与题干论证无关，排除；

C 选项：无关选项，医生是否仍然给患者开这种药与题干论证无关，排除；

D 选项：建立联系支持，G 药是使患者病情加重的原因，排除。

故正确答案为 E 选项。

54.【答案】 C

【考点】 稳赢分析法

【命题方向】 综合推理　综合题组

【解析】 “透视现在”板块的两件艺术品都是丙创作的，根据条件（1）可知，丙在其他板块最多展出 1 件艺术品；

再根据条件（2）可知丙在“回顾过去”板块有 1 件艺术品；

根据条件（3），甲在“展望未来”板块展出 2 件艺术品；

根据条件（1），“回顾过去”板块剩下的 1 件艺术品的创作者必然是乙。

故正确答案为 C 选项。

55.【答案】 E

【考点】 稳赢分析法

【命题方向】 综合推理　综合题组

【解析】 若“回顾过去”板块的 2 件艺术品都是乙创作的，则其他人必然在“透视现在”板块有艺术品展出，根据条件（2），“回顾过去”板块会有 3 件艺术品，与题干信息不符，因此 2 件艺术品都是乙创作的板块不是“回顾过去”；

根据条件（4），2 件艺术品都是乙创作的是“透视现在”板块；

根据条件（2）和（1），乙在“回顾过去”板块有 1 件艺术品展出；

根据条件（3），丙在“透视现在”板块没有艺术品展出，则甲在“展望未来”板块也没有艺术品展出，甲只能在“回顾过去”板块有 1 件艺术品展出，因此“展望未来”板块的 2 件艺术品的创作者一定是丙。

故正确答案为 E 选项。

四、写作

56. 论证有效性分析

【参考答案】

1. 类比不当：成功的概率不能机械类比彩票中奖概率。成功是多方面因素共同作用的结果，离不开机遇和持之以恒的奋斗。而彩票中奖只是一个随机事件，因此二者不可类比。

2. 推断不出：诚然选对了风口行业或许更容易取得较大收益，但是如果没有抓住机遇，或者没有缜密的筹划、敏锐的眼光以及投入工作的热情，未必就能“躺”风口赚钱从而获得巨大的收益。

3. 推断不出：即使秉持“工匠精神”一时的回报率不高，但也不代表这种精神没有意义。“工匠精神”是敬业的一种精神，无论收益高低与否，各行各业都应该秉持这种精益求精的职业精神。

4. 推断不出：只做一件事情未必就无法拥有开放的视角和创新意识，日复一日的精益求精、熟能生巧才能为创新打下坚实的基础，从而不断创造新工艺，攻克难关，推陈出新。

5. 混淆概念："工匠精神"不是"机械劳动"，二者内在含义不同。"工匠精神"本身就是一种蕴含着敬业、精益、专注、创新等诸多美好品质的精神，而不是简单机械的重复劳动，所以更何谈追求"工匠精神"不符合当今社会"效率至上"的观念呢？恰恰相反，只有具有"工匠精神"的脚踏实地的劳动才是真正有效的劳动。

6. 前后矛盾：本文论述的观点是"工匠精神"已经不再适用当今社会。然而此处却又要讲求"工匠精神"的踏实和细致。那么"工匠精神"究竟是否要推崇？文章没有给出明确的观点，显然前后矛盾。

【参考范文】

"工匠精神"已不再适用吗

原文通过一系列论述，试图说明当今社会"工匠精神"已不再适用。然而该论证存在诸多不足之处，现分析如下：

首先，成功的概率不能机械类比彩票中奖概率。成功是多方面因素共同作用的结果，离不开机遇和持之以恒的奋斗。而彩票中奖只是一个随机事件，因此二者不可简单类比。

其次，选对了风口方向发展的事业推不出必定可以取得巨大的收益。诚然选对了风口行业或许更容易取得较大收益，但是如果没有抓住机遇，或者没有缜密的筹划，敏锐的眼光以及投入工作的热情，未必就能"躺"风口赚钱从而获得巨大的收益。

再次，只做一件事情推不出无法拥有开放的视角和创新意识。相反，正是日复一日的精益求精、熟能生巧才能为创新打下坚实的基石，从而不断创造新工艺，攻克难关，推陈出新。因此，只做一件事情未必无法拥有开放的视角和创新意识。

最后，"工匠精神"不是"机械劳动"，二者内在含义不同。"工匠精神"本身就是一种蕴含着敬业、精益、专注、创新等诸多美好品质的精神，而不是简单机械的重复劳动，所以更何谈"工匠精神"不符合当今社会"效率至上"的观念呢？恰恰相反，只有具有"工匠精神"脚踏实地的劳动才是真正有效率的劳动。

综上所述，原论证存在诸多不妥之处，想要得到令人信服的结论，还需要更加严谨的论证。

57. 论说文

【参考范文】

"匠心"可通"创新"

这段时间，很多媒体都在寻找"大国工匠"，寻找一丝不苟、精益求精、追求极致的态度。不过，在一些人眼中，所谓的"工匠精神"却是因循守旧的代名词。这样的论点，只是着眼于短期利益，并没有看到"匠心"与"创新"的息息相通。

首先，"工匠精神"不但不阻碍创新，还能有助于创新。大量看似重复的劳动或许不免枯燥，却绝非没有意义，而是在探索着各种可能。创新可能有灵光一闪，但意想不到的惊喜，也往往会随着技艺的进步慢慢浮现。"高铁体检师"张华对每种车型多达上百张的电气原理图都了然于胸，凭着这股子"工匠精神"，他改进工装设备、优化作业流程，取得一系列创新成果。正是不放过对每一个细节的把握，才能在"无他，但手熟尔"的高超技艺基础上，实现新的突破与超越。

而且，在新时代"工匠精神"本就包含着创新的"时代要求"。在全球范围，第四次工业革命早已蓄势待发。德国的"工业4.0"、美国的"先进制造业国家战略计划"……在这样的时代，"工匠精神"绝不止于一砖一瓦的手艺，更不意味效率低下的作坊。这样的理解是对"工匠精神"片面、甚至是错误的解读。

其实，追求极致的工艺和追求突破的创新，往往可以相得益彰。“技可进乎道，艺可通乎神。”离开了对一种技艺的不断磨炼，对一个行业的执着坚守，对一个领域的扎实钻研，很多发明、创造也就无从谈起。“器好学，心难修”，摈弃投机取巧、急功近利，拥抱脚踏实地、专注持久，从本质上看，就是对创新最好的“加持”。

当然，要有匠心，而不能有匠气，孔子说：“君子不器”，正是这个道理。既着力“大刀阔斧”的创造，又不忘下“绣花针”的功夫，才能最终小大结合、大小由之，让创新进入一个新的境界。

冲刺模拟 8 套卷（八）

一、问题求解：第 1~15 小题，每小题 3 分，共 45 分。下列每题给出的 A、B、C、D、E 五个选项中，只有一个选项是最符合题目要求的。

1. 现有甲、乙、丙三种食盐水各 200 g，浓度依次为 42%、36%、30%，现在要配制浓度是 34% 的食盐水 420 g，至少要取甲种食盐水（　　）g.

A. 34　　B. 45　　C. 40

D. 19　　E. 28

2. 某大米批发商的报价如下：一次购买不超过 1 000 kg，每千克 2 元；超过 1 000 kg但不超过 3 000 kg，全部九折优惠；超过 3 000 kg，3 000 kg 以内九折，超过部分八折，由于库容原因，李先生第一次购买时付款 1 500 元，第二次购买时付款 5 800 元.若李先生一次购买同样数量的大米，可以节省（　　）.

A. 500 元　　B. 400 元　　C. 300 元

D. 200 元　　E. 100 元

3. 如图，以五边形各顶点为圆心的 5 个圆的半径均为 1，则阴影部分的面积为（　　）.

A. π　　B. $\frac{3}{2}\pi$　　C. 2π

D. $\frac{5\pi}{2}$　　E. $\frac{9\pi}{4}$

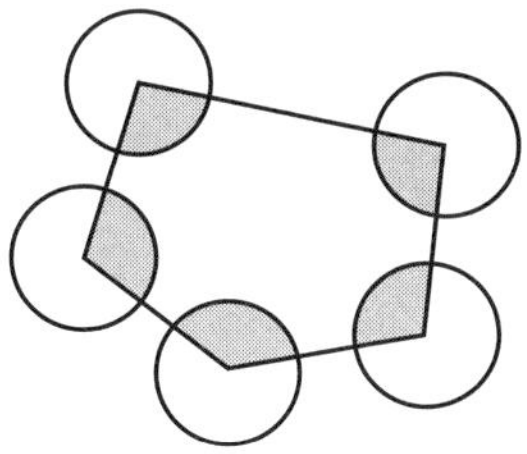

4. 甲、乙、丙三只蚂蚁爬行的速度之比是 8 : 6 : 5，它们沿一个圆圈从同一点同时同向爬行，当它们首次同时回到出发点时，就结束爬行.则蚂蚁甲追上蚂蚁乙一共（　　）次（包括结束时刻）.

A. 4　　B. 6　　C. 7

D. 2　　E. 3

5. 如图所示，正方形 $ABCD$ 的边长为 4，以 BC 为直径的半圆 O 交对角线 BD 于点 E，则阴影部分的面积为（　　）.

A. π　　B. $\frac{3}{2}\pi$　　C. $6-\pi$

D. $2\sqrt{3}-\pi$　　E. $\sqrt{2}+\pi$

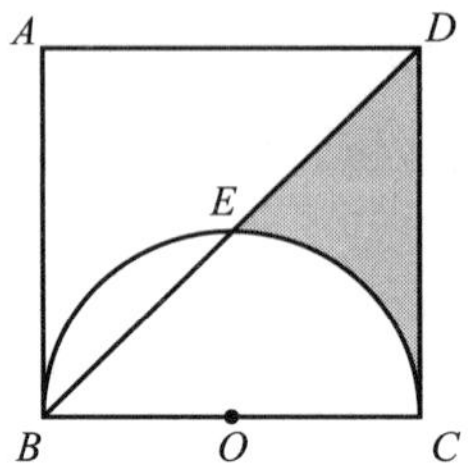

6. 某农户计划种植黄瓜和韭菜，种植面积不超过 50 亩（1 亩 ≈ 666.7 m^2），投入资金不超过 54 万元，假设种植黄瓜和韭菜的产量、成本和售价如下表：

种类	年产量/亩	年种植成本/亩	每吨售价
黄瓜	4 t	1.2 万元	0.55 万元
韭菜	6 t	0.9 万元	0.3 万元

为使一年的种植总利润（总利润 = 总销售收入 − 总种植成本）最大，那么黄瓜的种植面积（单位：亩）为（　　）.

A. 50　　B. 30　　C. 20　　D. 0　　E. 60

7. 某公司规定，门窗每 3 天擦拭一次，绿化植物每 5 天浇一次水，消防设施每 2 天检查一次.如果上述三项工作刚好集中在星期三都完成了，那么下一次三项工作集中在同一天完成是在（　　）.

A. 星期一　　B. 星期二　　C. 星期四　　D. 星期五　　E. 星期六

8. 已知 10 张钱币中有 4 张假币，现在对它们一一检查，则恰在第 5 次检查时查出所有假币的概率为（　　）.

A. $\frac{2}{105}$　　B. $\frac{1}{100}$　　C. $\frac{2}{95}$　　D. $\frac{1}{72}$　　E. $\frac{1}{64}$

9. 已知数列 $\{a_n\}$ 满足 $a_1=2$，且 $\{a_{n+1}-a_n\}$ 是以 4 为首项，2 为公差的等差数列，若 $[x]$ 表示不超过 x 的最大整数，则 $\left[\frac{1}{a_1}+\frac{1}{a_2}+\cdots+\frac{1}{a_{2018}}\right]=$（　　）.

A. 1　　B. 2　　C. 0　　D. −1　　E. −2

10. 从左至右一排共 8 个座位，要安排 5 人入座，要求每个空位两边均有人，则共有安排方案（　　）.

A. 2 880 种　　B. 480 种　　C. 360 种　　D. 240 种　　E. 120 种

11. 已知数列$\{a_n\}$的通项公式为$a_n=|n-13|$,那么满足$a_k+a_{k+1}+\cdots+a_{k+19}=102$的整数$k$的个数为(　　).

A. 2　　B. 3　　C. 4

D. 5　　E. 6

12. 直线$y=x+b$与曲线$x=\sqrt{1-y^2}$恰有一个公共点,则b的取值范围是(　　).

A. $(-1,1]$或$-\sqrt{2}$　　B. $(-1,1]$或$\sqrt{2}$　　C. $(-1,1)$或$-\sqrt{2}$

D. $\pm\sqrt{2}$　　E. $-\sqrt{2}$

13. 一圆柱体与一正方体的高相等,且侧面积也相等,则它们的体积比为(　　).

A. $\frac{\pi}{4}$　　B. $\frac{\pi}{4}$　　C. $\frac{1}{\pi}$

D. $\frac{2}{\pi}$　　E. $\frac{4}{\pi}$

14. 1个水池有若干注水量相同的水龙头,如果所有水龙头同时放水,那么24 min可注满水池.如果开始时全部开放,以后每隔相等的时间关闭1个水龙头,到最后1个水龙头关闭时,恰好注满水池,而且最后1个水龙头放水的时间恰好是第1个水龙头放水时间的5倍,则最后关闭的水龙头的放水时间为(　　)min.

A. 30　　B. 35　　C. 40

D. 45　　E. 50

15. 一个三位自然数百位,十位,个位上的数字依次为a,b,c,当且仅当有两个数字的和等于第三个数字时称为"有缘数"(如213,134等).若$a,b,c\in\{1,2,3,4\}$,且a,b,c互不相同,则这个三位数为"有缘数"的概率是(　　).

A. $\frac{1}{2}$　　B. $\frac{1}{4}$　　C. $\frac{1}{6}$

D. $\frac{1}{8}$　　E. $\frac{1}{7}$

二、条件充分性判断:第16~25小题,每小题3分,共30分。要求判断每题给出的条件(1)和条件(2)能否充分支持题干所陈述的结论。A、B、C、D、E五个选项为判断结果,只有一个选项是最符合题目要求的。

A. 条件(1)充分,但条件(2)不充分

B. 条件(2)充分,但条件(1)不充分

C. 条件(1)和(2)单独都不充分,但条件(1)和条件(2)联合起来充分

D. 条件(1)充分,条件(2)也充分

E. 条件(1)和条件(2)单独都不充分,条件(1)和条件(2)联合起来也不充分

16. 已知a,b,c,d,e为正数,则能确定a,b,c,d,e为等比数列.

(1) $a:b=b:c$

(2) $a=b+c,b=c+d,c=d+e$

17. 甲、乙两名跳高运动员试跳某高度的成功率分别为0.7和0.6,则P的值为0.88.

(1) 甲、乙两人各试跳一次,至少有一人成功的概率为P

(2) 甲试跳三次,第三次才成功的概率为 P

18. 设 $a+b+c=50$,则 a 的值可以确定.

(1) $c=4a-b$

(2) $2a$ 是 b 与 c 的算术平均值

19. $a=2$.

(1) $(a+x)^4$ 的展开式中 x^3 的系数等于 8

(2) 二项式$\left(x-\frac{a}{\sqrt{x}}\right)^6$ $(a>0)$的展开式中 x^3 的系数为 A,常数项为 B,且 $B=4A$

20. 若 $3x-4y+b\geqslant 0$ 恒成立,则 $b\geqslant 10$.

(1) $x^2+y^2=4$

(2) $x^2+y^2=4(y\geqslant 0)$

21. $\frac{a^2}{b}+\frac{b^2}{c}+\frac{c^2}{a}\geqslant 1$.

(1) a,b,c 均为正数

(2) $a+b+c=1$

22. 某艺术培训学校招收了甲、乙、丙三个班共 80 名学生,则乙班人数最多,甲班人数最少.

(1) 乙班人数比丙班人数的一半多 40 人

(2) 甲班人数比乙班人数的 80%少 30 人

23. 如图所示,在三角形 ABC 中,分别以 AC,BC 为边作正方形 $ACFG,BCED$,则三角形 CEF 的面积是 100.

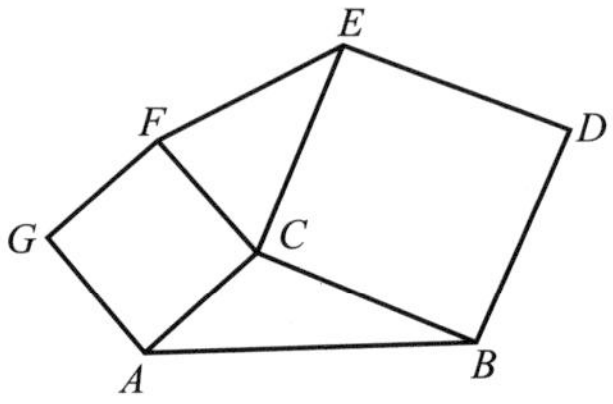

(1) 三角形 ABC 的面积是 100

(2) 三角形 ABC 中:$\angle ACB=90°$

24. 可以确定 x,y 的值.

(1) $|x|-y=10$

(2) $x-|y|=4$

25. $\triangle ABC$ 是等边三角形.

(1) $\triangle ABC$ 的三边 a,b,c 满足 $a^3-a^2b+ab^2+ac^2-b^3-bc^2=0$

(2) $\triangle ABC$ 的三边 a,b,c 满足 $a^4+b^4+c^4-a^2b^2-b^2c^2-a^2c^2=0$

三、逻辑推理:第 26~55 小题,每小题 2 分,共 60 分。下列每题给出的 A、B、C、D、E 五个选项中,只有一个选项是最符合题目要求的。

26. "双 11"落幕,各大电商平台纷纷晒出了成绩单,通过亮眼的数据可以发现,今年消费市场出现了一些新亮点、新变化。消费市场新业态、新模式不断涌现,线上线下加速融合,正在推动传统零售企业数字化转型。只要商家能够既发展线上业务又发展线下业务，就可以推动消费市场不断优化升级；而只有价格合理并且售后有保障的商家才能推动消费市场的不断升级优化。

根据上述信息，可以得出以下哪项？

A. 即使商家既发展线上业务又发展线下业务，也不一定能推动消费市场不断优化升级。

B. 价格合理并且售后有保障的商家一定能推动消费市场不断优化升级。

C. 价格不合理并且售后没有保障的商家一定没有发展线上业务。

D. 发展线上业务的商家如果售后没有保障，则其一定没有发展线下业务。

E. 发展线下业务的商家如果能做到价格合理，则也能发展线上业务。

27. 电视综艺节目既保留了原有文艺形态的艺术价值，又充分发挥了电视创作的特殊艺术功能，可以满足广大观众多方面的艺术审美和休闲娱乐等需求，给观众提供文化娱乐审美享受。某电视综艺节目播出后，节目导演声称该节目达到了当前同类节目的最高水准，因为该节目收视率比同类节目高 2%。

以下哪项如果为真，最能削弱上述论证？

A. 参与该节目的嘉宾对节目评价不一。

B. 观众本身就非常喜欢看电视综艺节目。

C. 该导演的微博有几十万条批评此节目的评论。

D. 节目的水准和收视率并无必然关联。

E. 收视率只是评价节目水准的标准之一，而不是唯一标准。

28. 蜱虫是许多种脊椎动物体表的暂时性寄生虫，是一些人兽共患病的传播媒介和贮存宿主。由于蜱虫在生活史中有更换宿主的现象，所以有人担心由于蜱虫叮咬了 HIV 感染者而叮咬下一位时会将存在蜱虫体内的 HIV 病毒在人和动物之间传播。最近，研究人员指出这样的担心大可不必。

以下哪项如果为真，最能支持研究人员的上述观点？

A. 不是所有 HIV 感染者血液中都含有易感染的 HIV 病毒。

B. 蜱虫不一定会更换宿主，有些蜱虫发育各期都在一个宿主体上。

C. 蜱虫通过食管吸入宿主的血液，这种吸入总是单向的。

D. 蜱虫多寄生在牛、羊、鸡、鸭等家禽、牲畜身上，但它们极少感染 HIV 病毒。

E. 蜱虫通过食管吸入宿主的血液，这种吸入总是双向的。

29. 某晚会安排甲、乙、丙、丁、戊、己、庚共 7 名艺人表演节目。出场顺序需要符合以下条件：

（1）庚在第二位出场，己和庚的出场顺序紧挨着；

（2）甲不会在第一位出场；

（3）乙和丙出场间隔的人数与丁和戊出场间隔的人数相同。

根据上述信息，可以得出以下哪项？

A. 戊第七位出场。　　B. 丁第五位出场。　　C. 丙第四位出场。

D. 乙第三位出场。　　E. 己第一位出场。

30. 我国的名山分布于全国各地，黄山是名山，所以黄山分布于全国各地。

下列哪项中所犯的逻辑错误与上述推理最为相似？

A. 父母酗酒的孩子内心自卑，刘大宝内心自卑，所以刘大宝的父母酗酒。

B. 科教兴国，要振兴祖国，科技是关键，教育是基础。我们有了良好的教育就可以振兴祖国。

C. 北京已成为国内甚至全球首屈一指的人工智能产业人才中心，李大宝不在北京，所以李大宝不是人才。

D. 现在的独生子女娇生惯养，他是独生子女，所以娇生惯养很正常。

E. 老师：学习时不能玩手机；赵大宝：我玩手机的时候从不学习。

31. 在大气层的自然状态下，自由落体会受到空气阻力的干扰。要排除这种干扰，就要创造一种真空环境。在伽利略所处的时代，人们无法用技术手段创造出真空环境。因此，伽利略只能在思维中撇开空气阻力的因素，设想真空中的落体运动，从而得出自由落体定律，推翻了亚里士多德关于落体的结论。

要使伽利略得出的自由落体定律成立，必须以下列哪项为前提？

A. 当时的人们都能进行同样的思维实验。

B. 伽利略的思维实验符合真空状态的运动规律。

C. 伽利略在比萨斜塔通过现实实验进行了验证。

D. 伽利略设想了各种可能性。

E. 亚里士多德没有对落体运动进行更深入的研究。

32. 2022 年 7 月 1 日至 26 日，极端高温天气导致西班牙 1913 人死亡，这一数据大约是 2021 年同期的 4 倍之多 。西班牙的威尔研究员认为，这是人类活动排放了大量温室气体，使全球变暖而付出的代价。

以下哪项如果为真，最能削弱上述论证？

A. 人类发明了很多降温设备来减轻高温天气带来的危害。

B. 人类活动不必然导致全球变暖。

C. P 国和 Q 国这两个国家相比，P 国的气温比 Q 国平均高 15 ℃，但是并没有人因为高温而死亡。

D. 高温天气对人造成的危害，远低于极端低温、自然灾害等。

E. 西班牙等欧洲国家安装空调的费用较高，致使空调普及率极低，并且电价高，拥有空调的家庭用不起，使得居民不得不忍受高温的炙烤。

33. 一些参加过海湾战争的老兵在战后出现了精神压抑、疲劳、头痛、失眠、腹泻等症状，被称为“海湾战争综合征”，主流观点认为最大可能是美军在海湾战争时期使用了大量的贫铀弹所致。近日，一份发表在《科学报告》上的论文引起了专家的关注，该论文对海湾战争参与者展开了持续 30 年的跟踪调查，研究团队对保留的出现“海湾战争综合征”的士兵尿液样本进行检测，发现尿液中所含有的辐射并没有什么异常，对比同一时期没有出现症状的军人，两者尿液中的铀同位素比率也没有什么差异。因此相关研究人员得出结论：“海湾战争综合征”与贫铀弹无关。

以下哪项如果为真，最能削弱研究人员的结论？

A. 没有参与海湾战争的人也会出现精神压抑、疲劳、头痛、失眠、腹泻等症状。

B. 世界上很多国家的专家都在致力于解决贫铀弹的放射性问题。

C. 有数据显示，这些退伍老兵的后代患有先天性缺陷的比率高于正常值。

D. 某地居民向法院起诉，声称该国军队试验贫铀弹，已影响该地居民健康。

E. 贫铀弹以及放射性更低的武器将是专家们在未来重点研究的对象。

34. 要想让参观的人都能看上展览，就必须延长每日的开放时间或者延长展出的日期。由于开放时间已经足够长了，所以，要保证想参观的人都能看上展览，就必须延长展出日期。

以下哪项中的推理形式与上述论证中的结构最类似？

A. 如果地球围绕太阳公转但不围绕自己的轴自转，地球上就没有白天和黑夜。因为事实是地球上有白天和黑夜，所以，或者地球不公转，或者地球既公转又自转。

B. 如果要增加电影院的门票收入，就必须提高票价或者增加观众的座位。由于增加座位不是即刻能做到的，而提高票价又会失去很多观众，所以，电影院的收入可能会减少。

C. 若要安排所有的专家都参加座谈会，就必须定在周六或者周日进行。因某些专家周日另有安排，所以，要保证所有专家都来参加座谈会，座谈会就必须安排在周六进行。

D. 如果运动员在大赛前有胆怯心理，在比赛中即使不受伤，也不会取得好的成绩。由于教练能想办法使运动员克服胆怯心理，因此他们有时能够带伤取得好的成绩。

E. 如果歌手在演唱会上要发挥得好，就必须在演唱前喝菊花茶和冰糖水。由于某些歌手在演唱前没喝冰糖水，所以，这些歌手在演唱会上肯定发挥不好。

35. 头部受伤是摩托车事故中最严重的伤。在使用纳税人的钱医治这类受伤者时，不戴头盔出事故的车手平均所花的医疗费用是戴头盔者的两倍。司法部门已经通过立法规定摩托车骑手必须佩戴头盔，以减少车祸和出事故时头部损伤的程度，从而节省纳税人的钱。所以，为了进一步减少类似的费用，其他地区司法部门也应通过要求摩托车骑手必须佩戴头盔的立法。同样的原因，司法部门也应当要求骑马的骑手佩戴头盔，因为与摩托车事故相比，骑马的骑手比骑摩托车的骑手更易于导致头部损伤。

以下哪项是上述论证所必须假设的？

A. 因骑马而发生的事故所导致的头部损伤上的医疗费用是税收支出的一部分。

B. 在骑马发生的事故中导致严重脑损伤的比率较高是由于马和摩托车的大小不一样。

C. 用于治疗头部损伤的医疗费用高于治疗其他类型的损伤的费用。

D. 如果骑手佩戴头盔，可以避免大多数在骑马或骑摩托车发生事故时所造成的死亡。

E. 在决定是否应该通过一项要求骑马或骑摩托车的骑手戴头盔的立法时，司法部门考虑的首要问题应是公民的安全。

36. 仁达医院以为白内障患者做手术成功率高而著称，成功率达95%以上。刘大宝是一位以专门为青光眼患者做手术而著称的医生。因此，刘大宝不可能是仁达医院的医生。

以下哪项最为确切地指出了上述论证的漏洞？

A. 没有确切地指出刘大宝为白内障患者做手术的成功率。

B. 没有确切地指出刘大宝为青光眼患者做手术的成功率。

C. 刘大宝具有的特征，其所在工作单位不一定具有。

D. 仁达医院所具有的特征，其成员不一定具有。

E. 没有提供仁达医院所统计数据的来源。

37. 某集团2022年启动了共育共建共成长人才培养模式——“双元项目”，旨在培养行业领军人物。据统计，该项目的参与者情况如下：有些参与者拥有海外留学经历，所有拥有海外留学经历的参与者都被创业导师指导过，而来自 A 市的参与者都没被创业导师指导过。

如果以上陈述为真，则以下哪项一定为假？

A. 在该项目的参与者中，有些没有海外留学经历。

B. 有些被创业导师指导过的参与者有海外留学经历。

C. 所有被创业导师指导过的人都是该项目的参与者。

D. 所有该项目的参与者都来自 A 市。

E. 所有 A 市的人都是这个项目的参与者。

38. 据估计，可能有数以百万吨的塑料漂浮在海洋中。但是一项新研究发现，这些塑料有 99%都消失不见了，研究人员认为大部分消失的塑料可能是被海洋生物吃掉了，并随之进入海洋食物链。

下列哪项最能对上述结论的正确与否进行评价？

A. 海洋中除了塑料是否还有其他垃圾？

B. 除了被海洋生物吃掉，漂浮在海洋中的塑料是否会以其他形式消失？

C. 是否能说进入海洋食物链的塑料就是"消失"了？

D. 消失的塑料最可能集中在哪些海域？

E. 这些漂浮在海洋中的塑料是否会对环境造成污染？

39. 某学者在进行动物实验，以探究饮食与寿命的关系。实验中发现，大量减少食物中的热量，并同时增加维生素的含量，可以使实验老鼠的寿命延长一倍；而喂食 40%标准食物量的老鼠的预期寿命是喂食标准食物量的老鼠的两倍。

如果以上信息是正确的，那么以下陈述中，除哪项外都有助于解释喂食比标准食物量少的实验老鼠寿命的延长？

A. 大量减少食物中的热量时对维生素的补充并没有增加饮食中的热量。

B. 由于吃得少，降低了老鼠的新陈代谢速度，也就减少了老鼠的自身消耗。

C. 大量减少热量的摄入使荷尔蒙系统的衰老进程明显延缓了。

D. 比标准食物量吃得少的老鼠的细胞寿命比正常进食的老鼠的细胞寿命长。

E. 低热量的进食延缓了老鼠免疫系统的老化，从而使老鼠免受一些常见疾病的侵扰。

40. 柴大宝、谭大宝得知，共有甲、乙、丙、丁 4 支代表队分获了 15 个项目（分别以序数表示）中的某些奖牌，其中，甲队获得第 1、4、12 项目的奖牌；乙队获得第 2、4、7、8、11 项目的奖牌；丙队获得第 4、5、6、12、13 项目的奖牌；丁队获得第 1、5 项目的奖牌。苍大宝从 4 支代表队获奖的 15 个项目中挑出一个单独告诉了谭大宝，而将获得该项目奖牌的代表队名称单独告诉了柴大宝。苍大宝对他们分别讲完，谭大宝就说："我不知道是哪支代表队获得了这个项目的奖牌。"柴大宝听了，就说："我知道是哪个项目了。"谭大宝马上也说："我也知道是哪支代表队了。"

据此，可以推出苍大宝挑出的代表队和项目分别是

A. 甲队，第 1 项目。　　B. 乙队，第 4 项目。　　C. 丙队，第 12 项目。

D. 丁队，第 5 项目。　　E. 以上答案都不对。

41. 某比赛在一轮又一轮比拼后，有 8 位选手进入决赛，分别是：于大宝、毛大宝、王大宝、赵大宝、张大宝、郭大宝、郑大宝、吴大宝，他们通过淘汰赛决出了冠军。已知：

（1）淘汰赛规则如下：通过抽签决定八强间的对阵关系，胜者进入四强；再通过抽签决定四强间的对阵关系，胜者进入决赛；决赛中胜者是冠军，负者是亚军。

（2）最终的冠军是王大宝，亚军是郑大宝。

（3）在比赛过程中，张大宝击败了郭大宝，但输给了王大宝。

根据以上信息，以下哪项是可能发生的？

A. 毛大宝先后击败了于大宝和吴大宝。

B. 郑大宝先后击败了吴大宝和郭大宝。

C. 于大宝击败了赵大宝，但输给了郑大宝。

D. 王大宝击败了于大宝，但输给了赵大宝。

E. 郭大宝击败了毛大宝，但输给了于大宝。

42. “大象花呗”是阿外马马公司推出的一种类似信用卡的服务，当你在阿外马马旗下购物平台购物的时候，你可以选择用“大象花呗”来支付，还款截止日期为你确认收货的次月 10 日，在这之前你需要还掉你花的钱。若逾期不还，则一般要支付一定的利息。近来，“大象花呗”遭到了很多顾客的指责，他们认为公司向他们的透支部分所收取的利率太高了。事实上，公司收取的利率只比普通的银行给个人贷款的利率高一个百分点。很显然，顾客忽视了“大象花呗”给他们带来的便利，他们可以在“双十一”“618”等购物节货物降价时及时购物。

以下哪项是上文所依赖的前提？

A. 开通“大象花呗”业务是以自愿为原则的。

B. 用户只有在阿外马马旗下的购物平台购物时才能选择“大象花呗”进行支付。

C. 消费者购买的货物价格并不很低，无法使消费者抵消高利率成本并有适当盈利。

D. 若“大象花呗”的贷款利率比银行低或至少与银行持平，就不会引起消费者的指责。

E. 购物折扣省下来的钱至少可以弥补以“大象花呗”付款超出普通银行个人贷款利率的那部分花费。

43. 有研究小组调查显示，在封闭环境中睡觉的人自我感觉睡眠质量不佳，更容易频繁地醒来，于是有人建议就寝时不应该关闭门窗。但是研究小组进一步研究却发现，关闭门窗并不会降低睡眠质量，上述现象的出现是因为睡眠质量差的人更喜欢关闭门窗睡觉。

下面哪一项在论证方式上与上文最为相似？

A. 小白鼠非常适合做医药试验。因为小白鼠和人体的基因极为相似，如果某种医药对小白鼠有效果，那么这种医药极有可能对人类也有同样的效果。

B. 不要干那些犯罪的勾当。如果你干了一次，被发现了，进了监狱，那就会成为一辈子的污点；如果你干了一次，没被发现，那么你会心存侥幸，就会有下次或者下下次，总会被发现，也会进监狱的。因此，永远都不要干那些犯罪的勾当。

C. 黄山的风景集五岳之美于一身。因为黄山有东岳泰山之雄伟，有南岳衡山之秀丽，有西岳华山之险峻，有北岳恒山之挺拔，有中岳嵩山之灵韵，所以，黄山集五岳之美于一身。

D. 早期的意识观点认为，行为和动作是由灵魂引起的。例如，树摇摆并不是由于风吹的缘故，而是因为树的灵魂对风的灵魂的运动做出的和谐反应。

E. 张大宝最近愁容满面、脱发严重、压力很大。询问医生时，医生解释说，不是因为压力大导致脱发严重，而是因为脱发严重造成了巨大的心理压力，从而愁容满面。

44. P 企业和 Q 企业的代表团都没有参加某商业谈判。事前,A 企业和 Q 企业的代表团公开宣布,如果 B 企业的代表团参加了这个谈判,P 企业和 Q 企业的政府将组成强烈反对 B 企业的联盟。与此相应,P 企业的代表团公开宣布,如果 A 企业与 Q 企业代表团都不出席的话,P 企业代表团就一定出席谈判。

如果上面的陈述正确,且所有的代表团都信守其公开声明,则下面哪项也一定正确?

A. A 企业代表团参加了谈判。

B. A 企业代表团没有参加谈判。

C. P 企业政府没有强烈地反对 B 企业。

D. B 企业代表团没有参加谈判。

E. B 企业代表团没有针对是否参加谈判发表过公开声明。

45. 现有糖藕、小鱼锅贴、酥烧饼、梅花糕、糖炒板栗、五香豆 6 种金陵小吃,准备发给甲、乙、丙 3 个班作为下午茶,需要满足以下条件:

(1) 每个班会发放 3 种小吃,只有一个班收到糖炒板栗,且该班没有收到小鱼锅贴;

(2) 如果乙班收到梅花糕,那么也会收到糖炒板栗;

(3) 如果丙班没有收到糖炒板栗,那么乙班会收到糖炒板栗;

(4) 收到酥烧饼的班也会收到糖藕;

(5) 乙班收到的小吃,甲班也会收到。

根据上述信息,可以得出以下哪项?

A. 丙班会收到酥烧饼。 B. 乙班会收到小鱼锅贴。 C. 乙班会收到五香豆。

D. 甲班会收到糖藕。 E. 甲班会收到酥烧饼。

46~47 题基于以下题干信息:

有 7 名员工被指派出国调研:布朗、保罗、马丁、泰勒、米勒、卡特和希尔,其中有 1 人需要分配到法国,有 3 人需要分配到英国,另外 3 人需要分配到美国。这 7 名员工的人事分配必须满足以下条件:

(1) 马丁和希尔必须分配到同一国家;

(2) 布朗和保罗不能分配到同一国家;

(3) 如果卡特分配到美国,则米勒分配到英国;

(4) 布朗必须分配到英国。

46. 如果以下哪项陈述为真,能使 7 名员工的分配得到完全的确定?

A. 泰勒和米勒分配到美国。 B. 保罗和希尔分配到美国。

C. 马丁和希尔分配到美国。 D. 布朗和米勒分配到英国。

E. 泰勒和米勒分配到英国。

47. 以下哪项列出的员工不可能一起分配到美国?

A. 保罗和马丁。 B. 保罗和卡特。 C. 保罗和希尔。

D. 马丁和米勒。 E. 马丁和希尔。

48. 甲班有同学获得了优秀毕业生称号。除非班级中有同学获得优秀毕业生称号,否则这个班级的同学都不能获得纪念勋章。乙班同学可以获得纪念勋章。

如果上述断定为真,则以下哪项不能断定真假?

Ⅰ. 甲班有的同学没有获得优秀毕业生称号。

Ⅱ. 甲班同学能获得纪念勋章。

Ⅲ. 乙班的同学都获得了优秀毕业生称号。

A. 只有Ⅰ。　　B. 只有Ⅱ。　　C. 只有Ⅲ。

D. 只有Ⅱ和Ⅲ。　　E. Ⅰ、Ⅱ和Ⅲ。

49. 聚沙成塔，滴水成泉，我们的每一次行动、每一份爱心，都在改变着生活。某爱心捐赠基金会收到了一笔捐款，是张紫萱、王飞兰、李曼凡、赵沛白中的一人或多人所捐，在询问他们时，四人的回复如下：

张紫萱说：如果我捐款了，那么王飞兰也捐款了；

王飞兰说：张紫萱捐款了；

李曼凡说：赵沛白捐款了；

赵沛白说：除非张紫萱捐款了，否则李曼凡一定捐款了。

已知他们的陈述中只有一句是真实的。

根据以上信息，以下哪项是一定正确的？

A.张紫萱、王飞兰、李曼凡、赵沛白都捐款了。

B. 张紫萱是捐款者，别人不是。

C. 王飞兰是捐款者，别人不是。

D. 李曼凡是捐款者，别人不是。

E. 赵沛白是捐款者，别人不是。

50. 某公司有三个部门：财务部、工程部、质检部，现在要把六幅画挂在三个部门的办公室，这六幅画是：飞鹰、奔马、猛虎、墨竹、初荷、黛山，每个部门都要挂两幅。此外，还要满足以下条件：

（1）墨竹与初荷必须挂在同一个部门；

（2）飞鹰与奔马不能挂在同一个部门；

（3）如果猛虎挂在财务部，那么飞鹰挂在工程部；

（4）如果黛山挂在质检部，那么奔马挂在工程部。

如果初荷挂在了工程部，以下哪项可能为真？

A. 黛山挂在质检部。　　B. 奔马挂在工程部。　　C. 墨竹挂在财务部。

D. 猛虎挂在财务部。　　E. 飞鹰挂在财务部。

51～52 题基于以下题干信息：

下面是一次逻辑判断测试的答题卡，一共有 10 道判断题（正确答案只有✓、×两种），每题 10 分。张、王、赵、李四位同学参与答题，其中张、王、赵三位同学的答题情况和分数如下：

	1	2	3	4	5	6	7	8	9	10	得分
张	✓	×	×	✓	×	×	✓	✓	×	✓	80
王	✓	×	✓	✓	✓	×	✓	✓	✓	✓	70
赵	×	✓	×	×	×	✓	×	✓	×	×	20

51. 根据张、王、赵三位同学的分数情况,可知第 6、7、8 题的答案分别是以下哪项?

A. ✓✓✓　　B. ×✓×　　C. ✓×✓

D. ×××　　E. ×✓✓

52. 如果李同学的分数情况如下,那么第 3、4、5 题的答案分别是以下哪项?

	1	2	3	4	5	6	7	8	9	10	得分
李	×	×	✓	✓	×	×	×	×	✓	×	40

A. ✓✓✓　　B. ×✓×　　C. ✓×✓

D. ×✓✓　　E. ×××

53. 中国人大多是在批评与训斥中长大的,父母、老师、长辈、领导……看你哪一点不顺眼,都能给出指教。话多半不好听,可听者听了多半心悦诚服、心生感激,因为大家想的是良药苦口、忠言逆耳的道理。但是,逆耳的未必都是忠言。有种电话诈骗就是以很凶的方式出现的。电话里的他们就是要批评你、威胁你、吓唬你,一旦你心里打怵了,你就听他们的了;而你听了他们的,你也就上当了。

根据以上陈述,可以推出以下哪项?

A. 有的逆耳之言可能不是忠言。

B. 有的忠言并不逆耳。

C. 有的电话诈骗的声音并不是很凶。

D. 如果你听到逆耳的电话心里不打怵,你就不会上当。

E. 大多数批评与训斥都不会让人心悦诚服。

54~55 题基于以下题干信息:

"六一"儿童节联欢会排练节目,5 个小朋友从左到右站成一排,分别为 1~5 号位置。这 5 个小朋友穿着不同颜色的衣服,其中有 1 个小朋友穿的是红色衣服,并且还知道以下信息:

(1) 达达不在 2 号位置,也没穿银色衣服,穿着蓝色衣服的小朋友紧挨在达达的左边;

(2) 中间 3 个位置都不是花花;

(3) 站在 3 号位置的小朋友穿绿色衣服;

(4) 穿银色衣服的小朋友站在豆豆旁边;

(5) 兰兰右侧(紧邻)的是迪迪,左侧与之紧邻的小朋友穿黄色衣服。

54. 根据上述信息,花花在几号位置?

A. 1。　　B. 2。　　C. 3。

D. 4。　　E. 5。

55. 以下哪项关于 5 个小朋友的说法不正确?

A. 1 号位置的小朋友穿银色衣服。

B. 2 号位置的小朋友是豆豆。

C. 3 号位置的小朋友穿绿色衣服。

D. 5 号位置的小朋友穿黄色衣服。

E. 5 号位置的小朋友穿红色衣服。

四、写作：第56~57小题，共65分。其中论证有效性分析30分，论说文35分。

56. 论证有效性分析：分析下述论证中存在的缺陷和漏洞，选择若干要点，写一篇600字左右的文章，对该论证的有效性进行分析和评论。（论证有效性分析的一般要点是：概念特别是核心概念的界定和使用是否准确并前后一致，有无各种明显的逻辑错误，论证的论据是否成立并支持结论，结论成立的条件是否充分，等等。）

低生育率是许多国家与地区，尤其是发达国家与地区面临的全球性问题。我国同样面临着这个问题。如果我们采取有效措施，例如放开计划生育，发放足够的生育补贴，那么，低生育率问题将能得到有效应对。

自20世纪70年代以来，除了美国的生育率大致还能保持在世代更替水平之外，欧洲、日本与加拿大等发达国家和地区的生育率已稳定在世代更替水平之下，有些国家还是超低生育率。从欧美等国家的经验看，随着一个国家发达程度不断提高，生育率将持续走低。那么，我国生育率低的问题将会越来越严重。生育率低，又意味着人口增长率低。那么，我国人口将出现持续负增长。

当然，目前专家和政府都已经意识到了这个问题，最明显的举措莫过于对计划生育政策的调整。当前，二孩、三孩政策正在逐步放开，可以想见，大众的生育意愿将得到充分释放。而且，这个政策意味着生育完全自由，故而我国日趋严重的老龄化问题在政策引导下将得到部分缓解。

人会对激励做出响应。所以，照理说，只要给予家庭足够的生育补贴，那么生育率不会上不来。然而，自20世纪70年代以来，欧洲各国虽然出台了各种鼓励生育的政策，但生育率也没有回升的明显迹象。这也就意味着鼓励生育政策实际上并不能为生育率做出实际贡献。这就有必要探究一下补贴提振生育无效的机理。

从发生机制看，现收现支的社保制度与举债发福利的做法，正是影响生育率的原因，那么即便有足够的生育补贴也未必使低生育率的情况有所改观。前者是老年人、退休者与上一代消费并强制工作者、年轻人与下一代来买单；后者是现在的人消费，强制将来的人买单。本质上都是生存资源从下一代向上一代转移。生存资源的这种逆向流动，削弱了年轻人、工作者与下一代的资本积累能力及生养子女的能力。这才是现代社会生育率持续走低的主要原因。

57. 论说文：根据下述材料，写一篇700字左右的论说文，题目自拟。

每到母亲节，一早打开朋友圈、微博，到处都是祝福母亲快乐的言语，有的还夹带着和母亲的合影，或转发母爱伟大的故事。有人不禁发问，“这样的朋友圈孝顺，你妈知道吗?”但也有不少网友认为，“这样的表达挺好的”。

冲刺模拟8套卷（八）答案及解析

一、问题求解

1.【答案】 A

【考点】 浓度与配比问题

【解析】 先不取甲只用乙和丙的方式获得34%的食盐水：可见，需要2份36%和1份30%，最多可获得200+100=300(g)，还需要120 g，这样再取甲和丙两种120 g，

要使甲取的最少，可设甲取 x g，丙 y g，则有

$$x+y=120, \frac{x}{y}=\frac{34-30}{42-34},$$

所以 $x=40$.

2.【答案】 C

【考点】 分段付费问题

【解析】 设购买数量为 x kg，所付费用为 y 元，根据题意得 $y=\begin{cases}2x, x\leqslant 1\ 000,\\ 1.8x, 1\ 000<x\leqslant 3\ 000,\\ 5\ 400+1.6(x-3\ 000), x>3\ 000.\end{cases}$

李先生第一次购买时付款1 500元，进行反推，推得落入第一区间中，则李先生第一次购买了750 kg；

在第二次购买时付款5 800元，推得落入第三区间，$5\ 400+1.6(x-3\ 000)=5\ 800$，解得 $x=3\ 250$ (kg)，则总购买量为4 000 kg.

若一次购买，所付费用为 $5\ 400+1.6(4\ 000-3\ 000)=7\ 000$(元)，节省了 $1\ 500+5\ 800-7\ 000=300$(元).此题选C.

3.【答案】 B

【考点】 多边形内角和、割补法

【解析】 所求为5个扇形的面积和，而扇形面积只与半径和圆心角有关，现在半径已知，则只需将圆心角相加，而圆心角之和即五边形内角和，所以，所求为 $\frac{(5-2)\times 180}{360}\times\pi\times 1^2=\frac{3}{2}\pi$.

注意：n 边形的内角和为 $(n-2)\times 180°$.

4.【答案】 D

【考点】 追击

【解析】 甲、乙、丙三只蚂蚁爬行的速度之比是8∶6∶5，那么三只蚂蚁首次同时回到出发点时，甲运动8圈，乙运动6圈，丙运动5圈，两只蚂蚁之间，若其中一只比另一只多跑一圈就应该追上一次，蚂蚁甲比蚂蚁乙多跑2圈，那么蚂蚁甲就应该追上蚂蚁乙 $8-6=2$(次).

5.【答案】 C

【考点】 求面积

【解析】 如图所示，连接 OE，则 $OE=\frac{1}{2}BC=\frac{1}{2}CD$，

故 $OE/\!/DC$，所以 $\angle EOB=\angle DCB=90°$，

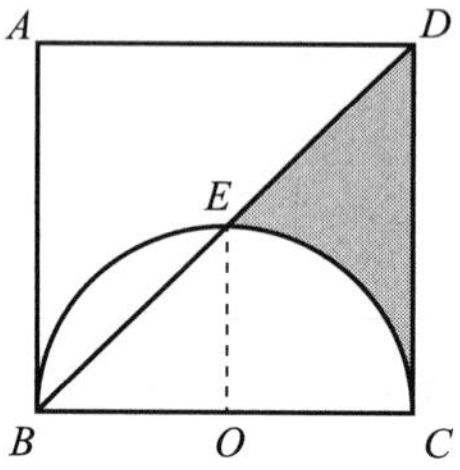

所以 $S_{阴影}=S_{\triangle BCD}-S_{\triangle EOB}-S_{扇形EOC}$

$$=\frac{1}{2}\times4\times4-\frac{1}{2}\times2\times2-\frac{1}{4}\times\pi\times2^2$$

$$=6-\pi.$$

综上所述，答案选择 C.

6.【答案】 B

【考点】 线性规划

【解析】 设黄瓜和韭菜的种植面积分别为 x,y 亩，种植总利润为 z 万元.

由题意可知 $\begin{cases}x+y\leqslant50,\\1.2x+0.9y\leqslant54,\\x\geqslant0,y\geqslant0,\end{cases}$

一年的种植总利润为 $z=0.55\times4x+0.3\times6y-1.2x-0.9y=x+0.9y$.

作出约束条件如图阴影部分，

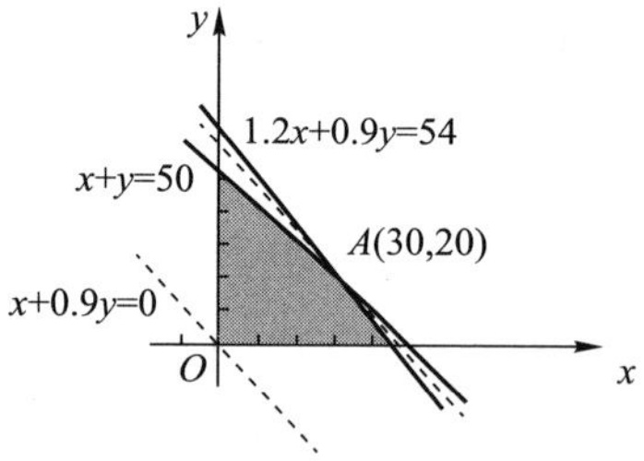

平移直线 $x+0.9y=0$，当过点 $A(30,20)$ 时，一年的种植总利润 z 取最大值.

故选 B.

7.【答案】 D

【考点】 公倍数

【解析】 2,3,5 的最小公倍数是 30，则下一次三项工作集中在同一天完成是在 30 天之后，而 $30\div7=4\cdots2$，余数是 2，故下次三项工作集中在同一天完成是在星期五.

综上所述，答案选择 D.

8.【答案】 A

【考点】 概率问题

【解析】 取出不放回，取五次，则总的方法数为 $N=10\times9\times8\times7\times6$.

10 张钱币有 4 张假币，恰在第 5 次检查时查出所有假币，即前 4 次取出 1 张真币和 3 张假币，第 5 次必然取出的是假币，方法有 $N_1=C_4^1\cdot C_6^1\cdot A_4^4$，则恰在第 5 次检查时查出所有假币的概率为 $P=\frac{N_1}{N}=\frac{2}{105}$.

9.【答案】 C

【考点】 数列

【解析】 $a_{n+1}-a_n=4+2(n-1)=2n+2$,

由累加法可知 $a_n=a_1+4+6+\cdots+2n=\frac{(2+2n)\times n}{2}=n(n+1)$,

所以$\frac{1}{a_n}=\frac{1}{n}-\frac{1}{n+1}$.

所以$\frac{1}{a_1}+\frac{1}{a_2}+\cdots+\frac{1}{a_n}=\left(1-\frac{1}{2}\right)+\left(\frac{1}{2}-\frac{1}{3}\right)+\cdots+\left(\frac{1}{n}-\frac{1}{n+1}\right)=1-\frac{1}{n+1}$.

所以$\left[\frac{1}{a_1}+\frac{1}{a_2}+\cdots+\frac{1}{a_{2\,018}}\right]=\left[1-\frac{1}{2\,019}\right]=0$.

综上所述，答案选择 C.

10.【答案】 B

【考点】 排列组合问题

【解析】 8 个座位中要安排 5 人入座，有 3 个空位，要求每个空位两边均有人，解题步骤如下：

（1）安排三个空位，只有一种方法；

（2）从 5 个人中选 2 人进行捆绑成为一个整体，有 A_5^2 种方法；

（3）与剩余 3 人看作 4 个元素插入到三个空位形成的四个空隙中，有 A_4^4 种方法.

则总的方法数为 $N=A_5^2A_4^4=480$.

11.【答案】 A

【考点】 数列

【解析】 因为 $a_n=|n-13|=\begin{cases}n-13, & n\geqslant13,\\13-n, & 1\leqslant n<13,\end{cases}$ 所以若 $k\geqslant13$，则 $a_k=k-13$，有 $a_k+a_{k+1}+\cdots+a_{k+19}=\frac{k-13+k-13+19}{2}\times20=102$，与 $k\in\mathbf{N}^*$ 矛盾，因此 $1\leqslant k<13$.则

$$\begin{aligned}a_k+a_{k+1}+\cdots+a_{k+19}&=(13-k)+(12-k)+\cdots+0+1+\cdots+(k+6)\\&=\frac{13-k}{2}\times(14-k)+\frac{7+k}{2}\times(k+6)=102,\end{aligned}$$

解得 $k=2$ 或 $k=5$，满足 $a_k+a_{k+1}+\cdots+a_{k+19}$的整数 k 的个数为 2.

综上所述，答案选择 A.

12.【答案】 A

【考点】 位置关系

【解析】 直线 $y=x+b$ 与曲线 $x=\sqrt{1-y^2}$ 恰有一个公共点，

如图所示，显然当 $-1<b\leqslant 1$ 时，直线与曲线恰有一个公共点.

当直线与曲线相切时，$b=-\sqrt{2}$，此时直线与曲线也恰有一个公共点.

故当 $-1<b\leqslant 1$ 或 $b=-\sqrt{2}$ 时，直线与曲线恰有一个公共点.

综上所述，答案选择 A.

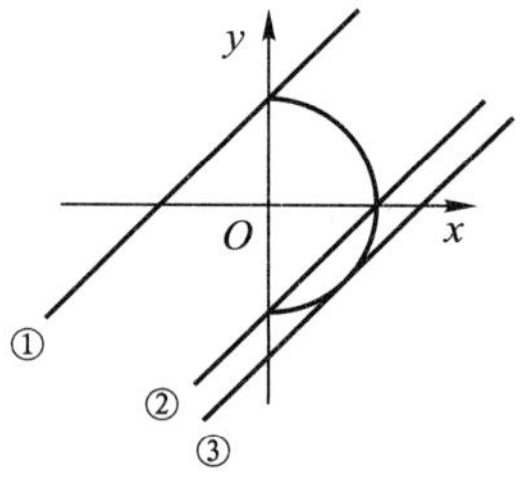

13.【答案】 E

【考点】 空间几何体问题

【解析】 设圆柱体的高为 h，底面半径为 r；正方体的高也为 h，根据题意，它们的侧面积相等，则 $S_{圆侧}=2\pi rh=S_{正侧}=4h^2\Rightarrow\frac{r}{h}=\frac{2}{\pi}$，那么它们的体积之比为 $\frac{V_{圆柱}}{V_{正方体}}=\frac{\pi r^2h}{h^3}=\frac{\pi r^2}{h^2}=\pi\cdot\frac{4}{\pi^2}=\frac{4}{\pi}$.

14.【答案】 C

【考点】 数列

【解析】 设共有 n 个水龙头，每个水龙头开放时间（单位：min）依次为 $x_1,x_2,\cdots,x_n$（其中数列 $\{x_n\}$ 是等差数列），水池的总量为 1，故每个水龙头每分钟放水 $\frac{1}{24n}$，

故 $\frac{x_1+x_2+\cdots+x_n}{24n}=1\Rightarrow S_n=x_1+x_2+\cdots+x_n=24n$，

即 $\frac{(x_1+x_n)n}{2}=24n$，故 $x_1+x_n=48$. 又 $x_n=5x_1$，故 $x_n=40$.

所以最后关闭的水龙头的放水时间为 40 min.

综上所述，答案选择 C.

15.【答案】 A

【考点】 古典概率

【解析】 由 1,2,3 组成的三位自然数为 123,132,213,231,312,321，共 6 个；

同理由 1,2,4 组成的三位自然数共 6 个；

由 1,3,4 组成的三位自然数也是 6 个；

由 2,3,4 组成的三位自然数也是 6 个.

所以共有 6+6+6+6=24（个）.

由 1,2,3 组成的三位自然数，共 6 个“有缘数”.

由 1,3,4 组成的三位自然数，共 6 个“有缘数”.

所以三位数为“有缘数”的概率 $P=\frac{12}{24}=\frac{1}{2}$.

二、条件充分性判断

16.【答案】 C

【考点】 比例与数列

【解析】 由条件(1) $a:b=b:c$,无 e,则条件(1)不充分.

条件(2)也不充分.

将条件(1)与(2)联合起来,

$\frac{a}{b}=\frac{b+c}{b}=\frac{b}{c}=\frac{c+d}{c}\Rightarrow\frac{c}{b}=\frac{d}{c}\Rightarrow c^2=bd$,

$\frac{a}{b}=\frac{b}{c}\Rightarrow b^2=ac$,

$d^2=(b-c)d=bd-cd=c^2-cd=c(c-d)=ce$,

则 $ce=d^2, bd=c^2, ac=b^2$,则 a,b,c,d,e 为等比数列.

综上所述,答案选择 C.

17.【答案】 A

【考点】 独立事件问题

【解析】 甲、乙两名跳高运动员试跳某高度的成功率分别为 0.7 和 0.6.

在条件(1)中,甲、乙两人各试跳一次,至少有一人成功的对立面为两人都失败,两人都失败的概率为 $P_1=0.3\times0.4=0.12$.至少一人成功的概率为 $P=1-P_1=0.88$.条件(1)是充分的.

在条件(2)中,甲试跳三次,第三次才成功的概率为 $P=(1-0.7)^2\times0.7=0.063$.条件(2)不充分.

18.【答案】 D

【考点】 方程组

【解析】 (1) $c=4a-b\Rightarrow a+b+c=a+b+4a-b=5a=50\Rightarrow a=10$,所以条件(1)充分.

(2) $b+c=4a\Rightarrow a+b+c=5a=50\Rightarrow a=10$,所以条件(2)充分.

综上所述,答案选择 D.

19.【答案】 D

【考点】 二项式定理

【解析】 对于条件(1),$(a+x)^4$ 的展开式的通项为 $C_4^r a^{4-r}x^r$,则 x^3 的系数为 $C_4^3 a^{4-3}=4a=8$,那么 $a=2$.故条件(1)充分.

对于条件(2),$\left(x-\frac{a}{\sqrt{x}}\right)^6$ 的展开式的通项为 $C_6^r x^{6-r}\cdot(-ax^{-\frac{1}{2}})^r=C_6^r(-a)^r\cdot x^{6-\frac{3}{2}r}$,则 x^3 的系数为 $C_6^2(-a)^2=15a^2$,常数项为 $C_6^4(-a)^4=15a^4$,故 $15a^4=4\times15a^2(a>0)$,则 $a=2$.故条件(2)充分.

综上所述,答案选择 D.

20.【答案】 D

【考点】 最值问题

【解析】 $3x-4y+b\geqslant 0$ 恒成立，也就是 $3x-4y\geqslant -b$ 恒成立，即 $m=3x-4y$ 的最小值大于等于 $-b$.

方法一：已知圆 $O:(x-x_0)^2+(y-y_0)^2=r^2$，

则线性和 $Ax+By+C$ 的最小值为 $Ax_0+By_0+C-r\sqrt{A^2+B^2}$，

得 $m=3x-4y$ 的最小值为 $0+0-2\sqrt{3^2+(-4)^2}=-10$，

所以 $-10\geqslant -b$，即 $b\geqslant 10$.

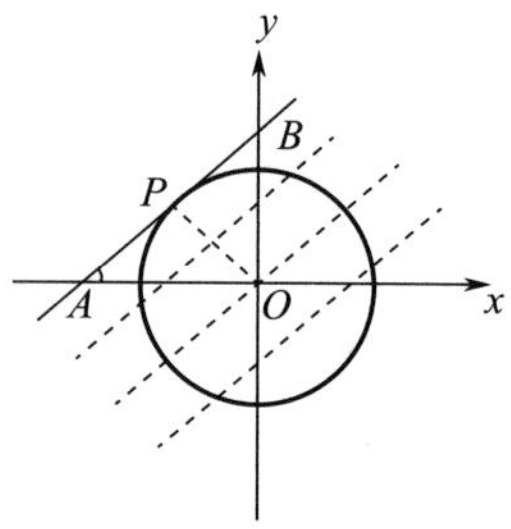

方法二：利用数形结合法，$m=3x-4y\Rightarrow y=\frac{3}{4}x-\frac{m}{4}$，

当 m 取最小值时，直线在 y 轴上的截距取得最大值，

如图所示，当直线与圆在第二象限相切时，

m 取得最小值，直线斜率为 $\frac{3}{4}$，即 $\tan\theta=\frac{3}{4}$，半径 $r=2$，

则 $\frac{PB}{OP}=\frac{3}{4}$，$PB=\frac{3}{2}$，$OB=\sqrt{OP^2+PB^2}=\frac{5}{2}=-\frac{m}{4}\Rightarrow m=-10$，

所以 $-10\geqslant -b$，$b\geqslant 10$，当只有上半个圆时同样充分.

综上所述，答案选择 D.

21.【答案】 C

【考点】 均值定理

【解析】 显然条件(1)不充分，条件(2)举反例 $a=b=0$，$c=1$.

联合条件(1)和条件(2)：

$$\frac{a^2}{b}+b\geqslant 2\sqrt{\frac{a^2}{b}\cdot b}=2a;\ \frac{b^2}{c}+c\geqslant 2\sqrt{\frac{b^2}{c}\cdot c}=2b;\ \frac{c^2}{a}+a\geqslant 2\sqrt{\frac{c^2}{a}\cdot a}=2c,$$

故 $\frac{a^2}{b}+b+\frac{b^2}{c}+c+\frac{c^2}{a}+a\geqslant 2(a+b+c)$，

即 $\frac{a^2}{b}+\frac{b^2}{c}+\frac{c^2}{a}\geqslant 1$，当且仅当 $a=b=c$ 时取等号，故联合充分.

综上所述，答案选择 C.

22.【答案】 C

【考点】 百分率问题

【解析】 设甲班学生 x 人，乙班学生 y 人，丙班学生 z 人，条件(1)和条件(2)显然单独不充分，联合后 $\begin{cases}y=0.5z+40,\\x=0.8y-30,\\x+y+z=80,\end{cases}$ 解得 $\begin{cases}x=10,\\y=50,\\z=20,\end{cases}$ 可以判断乙班人数最多，甲班人数最少.选 C.

23.【答案】 A

【考点】 三角形

【解析】 三角形的面积 $S=\frac{1}{2}ab\sin C$，

所以 $S_{\triangle CEF}=\frac{1}{2}\cdot CE\cdot CF\cdot\sin\angle ECF$.

由条件(1)，$S_{\triangle ABC}=\frac{1}{2}\cdot AC\cdot BC\cdot \sin\angle ACB=100$，

又 $AC=CF, BC=CE, \angle ACB+\angle ECF=180°$，$\sin\angle ECF=\sin\angle ACB$，

所以 $S_{\triangle CEF}=S_{\triangle ABC}=100$，条件(1)充分.

条件(2)无法推出结论，故条件(2)不充分.

综上所述，答案选择 A.

24.【答案】 C

【考点】 绝对值

【解析】 显然单独条件(1)与条件(2)均不充分.

联合条件(1)与条件(2)：

若 $x>0, y>0$，则$\begin{cases}x-y=10,\\ x-y=4,\end{cases}$方程无解；

若 $x>0, y<0$，则$\begin{cases}x-y=10,\\ x+y=4,\end{cases}\Rightarrow\begin{cases}x=7,\\ y=-3;\end{cases}$

若 $x<0, y>0$，则$\begin{cases}-x-y=10,\\ x-y=4,\end{cases}\Rightarrow\begin{cases}x=-3,\\ y=-7\end{cases}$（舍）；

若 $x<0, y<0$，则$\begin{cases}-x-y=10,\\ x+y=4,\end{cases}$无解.

故 $x=7, y=-3$，x, y 的值可以确定.

综上所述，答案选择 C.

25.【答案】 B

【考点】 乘法公式

【解析】 条件(1)：

$$\begin{aligned}a^3-a^2b+ab^2+ac^2-b^3-bc^2&=(a^3-b^3)-(a^2b-ab^2)+(ac^2-bc^2)\\&=(a-b)(a^2+ab+b^2)-ab(a-b)+c^2(a-b)\\&=(a-b)(a^2+b^2+c^2)=0,\end{aligned}$$

所以 $a=b$ 或 $a=b=c=0$(舍)，故条件(1)不充分.

条件(2)：

$$\begin{aligned}&2(a^4+b^4+c^4-a^2b^2-b^2c^2-a^2c^2)\\&=(a^4-2a^2b^2+b^4)+(a^4-2a^2c^2+c^4)+(b^4-2b^2c^2+c^4)\\&=(a^2-b^2)^2+(a^2-c^2)^2+(b^2-c^2)^2=0,\end{aligned}$$

所以 $a^2=b^2=c^2$，又 a, b, c 为三角形的三边，故 $a=b=c$，条件(2)充分.

综上所述，答案选择 B.

三、逻辑推理

26.【答案】 D

【考点】 假言命题　联言、选言命题

【命题方向】 形式逻辑　正推题型

【解析】 题干信息：

(1) 线上∧线下→推动优化升级；

（2）推动优化升级→价格合理∧售后保障。

传递可得：

（3）线上∧线下→推动优化升级→价格合理∧售后保障=¬价格合理∨¬售后保障→¬线上∨¬线下。

D 选项：由“¬售后保障”可得：¬线上∨¬线下，结合“线上”可推知：¬线下，正确。

故正确答案为 D 选项。

27.【答案】 D

【考点】 两大论证形式

【命题方向】 论证推理 削弱、质疑、反驳

【解析】 论据：该节目收视率比同类节目高 2%；

结论：节目达到了当前同类节目的最高水准。

D 选项：割裂关系，表明节目的水准和收视率无必然关联，由论据推不出结论，可以削弱；

A 选项：无法削弱，嘉宾的评价与节目的水准无必然联系，排除；

B 选项：无法削弱，只是表明观众喜欢看电视综艺节目，观众是否喜欢这个节目和节目的水准无必然的联系，排除；

C 选项：无法削弱，微博评论与节目的水准无必然联系，无法削弱，排除；

E 选项：干扰选项，虽然不是唯一标准，但也可能是一个相当重要的标准，所以题干论证可能仍然成立，无法削弱。

故正确答案为 D 选项。

28.【答案】 C

【考点】 两大论证形式

【命题方向】 论证推理 支持、加强

【解析】 研究人员观点：蜱虫叮咬了 HIV 感染者再叮咬下一位时不会传播 HIV 病毒。

C 选项：补充论据支持，表明蜱虫吸血叮咬是单向的，即使上一位宿主是 HIV 感染者，也不会将病毒传播给下一位，支持了研究人员的观点；

A 选项：力度较弱，不都=有的不，范围不确定，排除；

B 选项：力度较弱，不一定、有些，可能程度、范围不确定，排除；

D 选项：无关选项，题干的论证是建立在上一位叮咬者是 HIV 感染者的基础上，排除；

E 选项：他因削弱，表明由于吸血的双向性，确实会传播 HIV 病毒，排除。

故正确答案为 C 选项。

29.【答案】 E

【考点】 排除法

【命题方向】 综合推理 排序

【解析】 由(3)可知，乙和丙的位置无法确定，排除 C、D 选项；丁和戊的位置也无法确定，排除 A、B 选项。

故正确答案为 E 选项。

30.【答案】 D

【考点】 概念

【命题方向】 形式逻辑　结构相似

【解析】 题干推理过程为：名山→全国各地，黄山→名山，所以，黄山→全国各地。其中第一个“名山”是集合概念，表明所有名山整体具有分布于全国各地的特征；第二个“名山”是非集合概念，具体指明黄山这一座山，所以前后两个“名山”含义不同，属于集合概念与非集合概念偷换的错误。

A选项：推不出，父母酗酒→孩子自卑，由“刘大宝内心自卑”无法推出“刘大宝的父母酗酒”，属于“推不出”的漏洞，与题干漏洞不相似，排除；

B选项：充分必要条件误用，兴国→教育，“教育”是必要条件，不是“充分条件”，由“教育”无法推出“兴国”，与题干漏洞不相似，排除；

C选项：推不出，北京→人才中心，由“李大宝不在北京”无法推出“李大宝不是人才”，属于“推不出”的漏洞，与题干漏洞不相似；

D选项：集合概念与非集合概念偷换，独生子女→娇生惯养，他→独生子女，所以他→娇生惯养，其中第一个“独生子女”是集合概念，表明独生子女这个整体具有娇生惯养的特点，第二个“独生子女”是非集合概念，具体指“他”这一个个体，属于集合概念与非集合概念偷换的漏洞，与题干逻辑错误相似，正确；

E选项：偷换概念（$A\neq A$），第一个“学习”是指学习的时间段，第二个“学习”是指学习的动作或状态，二者意思不一样，属于偷换概念的逻辑漏洞，与题干漏洞不相似，排除。

故正确答案为D选项。

31.【答案】 B

【考点】 两大论证形式

【命题方向】 论证推理　假设、前提

【解析】 论据：伽利略只能在思维中撇开空气阻力的因素，设想真空中的落体运动；

结论：得出自由落体定律。

B选项：建立联系，如果B选项不成立，伽利略的思维实验不符合真空状态的运动规律，还存在空气垂直阻力、不定向风等其他因素，那么题干的论证就无法成立，说明这是必须要假设的，正确；

A选项：假设过强，“当时的人们都”范围过大，排除；

C、D、E选项：无关选项，“现实实验”“设想了各种可能性”“亚里士多德”均与题干论证无关，排除。

故正确答案为B选项。

32.【答案】 E

【考点】 两大论证形式

【命题方向】 论证推理　削弱、质疑、反驳

【解析】 论据：极端高温天气所导致的死亡人数是上一年同期的4倍；

结论：人类活动排放大量温室气体所致。

E选项，指出他因，并不是因为全球变暖导致更多人死亡，而是由于空调安装费用和电价高导致更多人死亡；

A选项：无关选项，未涉及题干的因果关系，排除；

B 选项:力度较弱,不必然=可能不,排除;

C 选项:力度较弱,P 国和 Q 国这两个国家是否具有代表性呢?未知,排除;

D 选项:无关选项,题干中未涉及极端低温、自然灾害等信息,排除。

故正确答案为 E 选项。

33.【答案】 C

【考点】 两大论证形式

【命题方向】 论证推理 削弱、质疑、反驳

【解析】 论据:对退伍老兵的尿液未检测出异常;

结论:"海湾战争综合征"与贫铀弹无关。

C 选项:新增反面论据削弱,表明虽然目前还没有发现贫铀弹带来的负面影响,但退伍老兵的后代表现出了与其他人的差异,说明贫铀弹对人类的健康还是有影响,可以削弱;

A 选项:主语错误,题干论证与"没有参与海湾战争的人"无关,排除;

B 选项:无关选项,题干论证与"致力于解决贫轴弹的放射性问题"无关,排除;

D 选项:力度较弱,"某地居民"范围较小,而且该"声称"是否属实呢?未知,无法削弱;

E 选项:无关选项,排除。

故正确答案为 C 选项。

34.【答案】 C

【考点】 假言命题

【命题方向】 形式逻辑 结构相似

【解析】 题干论证结构:看上展览(A)→延长时间(B)或延长日期(C);

时间足够长(¬B);

所以,看上展览(A)→延长日期(C)。

C 选项:参加座谈会(A)→周六(B)或周日(C);

周日另有安排(¬C);

所以,参加座谈会(A)→周六(B)。

"或"的关系不受前后顺序的影响,即 B 或 C=C 或 B,所以 C 选项与题干论证结构一致,正确。

其他选项与题干结构均不相似,排除。

故正确答案为 C 选项。

35.【答案】 A

【考点】 两大论证形式

【命题方向】 论证推理 假设、前提

【解析】 因:骑摩托车的骑手佩戴头盔可以节省纳税人的钱;

果:骑马的骑手也应佩戴头盔。

A 选项:建立联系,如果 A 选项不成立,因骑马而发生的事故所导致的头部损伤上的医疗费用不是税收支出的一部分,那么就根本不会节省纳税人的钱了,题干的推理也就不成立了。

故正确答案为 A 选项。

36.【答案】 D

【考点】 论证评价

【命题方向】 论证推理　论证方式及漏洞

【解析】 仁达医院以白内障手术成功率高而著称，这是仁达医院整体所具备的特点；刘大宝以治青光眼疾病而著称，这是刘大宝个体所具备的特点。题干的结论错误地要求整体所具备的特点个体也要具备，这就是题干论证的漏洞：整体具有的特点部分不一定具有。

故正确答案为 D 选项。

37.【答案】 D

【考点】 直言命题　三段论

【命题方向】 形式逻辑　正推题型

【解析】 题干信息：有些 参与者→海外留学→指导过→¬ A 市。

D 选项：一定为假，“都”与题干信息“有的不”矛盾，正确；

A 选项：真假不确定，有些 参与者→¬海外留学，与题干信息不矛盾，排除；

B 选项：一定为真，有些 指导过→海外留学，可以由题干信息推出，为真，排除；

C 选项：真假不确定，指导过→参与者，与题干信息不矛盾，排除；

E 选项：真假不确定，A 市参与者，与题干信息不矛盾，排除。

故正确答案为 D 选项。

38.【答案】 B

【考点】 论证评价

【命题方向】 论证推理　论证方式及漏洞

【解析】 题干论证认为大部分的塑料被海洋生物吃掉了，所以消失了。

要评价这一因果关系是否成立，就要探讨是否存在其他使海洋中的塑料消失的方法。如果存在，那么题干中的因果关系不一定成立；如果不存在，那么题干中的因果关系成立。

故正确答案为 B 选项。

39.【答案】 A

【考点】 论证评价

【命题方向】 论证推理　解释

【解析】 需解释的现象：喂食比标准食物量少的实验老鼠寿命较长。

A 选项：无法解释，需解释的对象并不涉及“维生素”，排除；

B 选项：可以解释，喂食量少，新陈代谢速度慢，消耗少，所以寿命长；

C 选项：可以解释，喂食量少延缓了荷尔蒙系统的衰老进程，所以寿命长；

D 选项：可以解释，喂食量少的老鼠细胞寿命长，动物是由细胞构成的，细胞寿命长使老鼠寿命长；

E 选项：可以解释，喂食量少的老鼠可以免受一些常见疾病的侵扰，患病少，所以寿命长。

故正确答案为 A 选项。

40.【答案】 B

【考点】 稳赢分析法

【命题方向】 综合推理　匹配

【解析】 谭大宝只知道是 15 个项目中的一个，但不知道是哪支代表队获得了这个项目的奖

牌,说明谭大宝知道的项目是有重复的,排除第 2、6、7、8、11、13 项;

柴大宝知道代表队的名称,排除了上面 6 个项目之后就可以确定是哪支代表队,说明该队在排除了这 6 个项目后只获得了一个项目的奖牌,只有乙队符合这个特征。

故正确答案为 B 选项。

41.【答案】 C

【考点】 稳赢分析法

【命题方向】 综合推理 匹配

【解析】 由题干信息(2)可知,王大宝所有对决全胜,郑大宝只输给了王大宝,其他对决是全胜的,所以可以排除 A、D;由(3)可知,郭大宝在第一局就输了,和他对决的是张大宝,所以郭大宝不可能和其他人再对决,所以排除 B、E。

故正确答案为 C 选项。

42.【答案】 E

【考点】 两大论证形式

【命题方向】 论证推理 假设、前提

【解析】 论据:阿外马马公司收取的利率只比普通银行给个人贷款的利率高一个百分点,但可以使顾客在货物降价时及时购物;

结论:"大象花呗"不应该受到指责。

E 选项:必须假设,表明所付利率不多于享受的优惠,顾客至少没有损失,是必须要有的假设,正确;

A 选项:无关选项,是否自愿与题干论证过程无关,排除;

B 选项:无关选项,所付利率与享受的优惠孰多孰少未知,顾客的指责是否成立未知,不是必需的前提,排除;

C 选项:他因削弱,表明所付利率多于享受的优惠,削弱了题干的论证,排除;

D 选项:无关选项,题干论证是将所付利率与享受的优惠进行比较,而不是仅论证利率问题,排除。

故正确答案为 E 选项。

43.【答案】 E

【考点】 论证评价

【命题方向】 论证推理 论证方式及漏洞

【解析】 论据:在封闭环境中睡觉的人自我感觉睡眠质量不佳,但关闭门窗并不会降低睡眠质量;

结论:其实是睡眠质量差的人更喜欢关闭门窗睡觉。

题干的论证过程为因果倒置。

E 选项:不是因为压力大导致脱发严重,其实是脱发严重造成了巨大的心理压力。该论证是因果倒置,与题干相似,正确。

A 选项:类比推理,由小白鼠类推到人,与题干论证不相似,排除。

B 选项:二难推理,无论被发现还是没被发现,都没有好结果,所以还是别干那些犯罪的勾当了。与题干论证不相似,排除。

C选项：归纳论证，由特殊到一般，表明黄山集中的五岳之美。与题干论证不相似，排除。

D选项：举例论证，陈述一个因果关系，并举例说明，与题干论证不相似，排除。

故正确答案为E选项。

44.【答案】 A

【考点】 假言命题 联言、选言命题

【命题方向】 形式逻辑 正推题型

【解析】 题干信息：

(1) $\neg P \wedge \neg Q$;

(2) $\neg A \wedge \neg Q \rightarrow P$。

对(2)逆否：$\neg P \rightarrow A \vee Q$，根据(1)又知"Q"没有出现，那么只能"A"出现。

故正确答案为A选项。

45.【答案】 D

【考点】 稳赢分析法

【命题方向】 综合推理 分组

【解析】 由(5)结合(1)可知，如果乙班收到糖炒板栗，那么甲班也会收到糖炒板栗，与(1)只有一个班收到糖炒板栗矛盾，所以乙班没有收到糖炒板栗。结合(2)逆否可得：乙班没有收到梅花糕。

结合(3)可知，丙班收到糖炒板栗，结合(1)可知，甲班没有收到糖炒板栗，丙班没有收到小鱼锅贴。

因为每个班收到3种小吃，如果乙班没有收到糖藕，结合(4)可知，乙班也没有收到酥烧饼，此时乙班没收到的小吃有4种，与需要收到3种小吃矛盾，所以乙班一定收到糖藕，结合(5)可得：甲班也会收到糖藕。

故正确答案为D选项。

46.【答案】 A

【考点】 稳赢分析法

【命题方向】 综合推理 综合题组(分组)

【解析】 已知布朗分配到英国。若A为真，则马丁和希尔显然只能分配到英国；米勒没去英国，由条件(3)知卡特不能去美国，则只能去法国，所以保罗只能去美国。

故正确答案为A选项。

47.【答案】 B

【考点】 稳赢分析法

【命题方向】 综合推理 综合题组(分组)

【解析】 假设保罗和卡特一同去美国，由条件(3)，米勒要去英国，这样美国有2人(保罗和卡特)，英国有2人(布朗和米勒)，则马丁和希尔无法被分配在同一个国家，所以以上假设不可能为真。

故正确答案为B选项。

48.【答案】 E

【考点】 直言命题 假言命题

【命题方向】 形式逻辑 真假判定

【解析】 题干信息：

(1) 有的甲班→优毕；

(2) ¬有同学优毕→¬勋章；

(3) 乙班→勋章。

结合(2)(3)可得：

(4) 乙班→勋章→有同学优毕。

Ⅰ选项：由(1)无法推知其真假。

Ⅱ选项：由题干信息无法确定甲班同学是否可以获得纪念勋章。

Ⅲ选项：由(4)可知，有些乙班同学获得优秀毕业生称号，无法推知Ⅲ的真假。

故正确答案为 E 选项。

49.【答案】 C

【考点】 稳赢分析法

【命题方向】 综合推理 真话假话题

【解析】

第一步： 简化信息	(1) 张→王=¬张∨王； (2) 张； (3) 赵； (4) ¬张→李=张∨李。
第二步： 找到关系	未出现矛盾或反对关系，转换思路，进行假设+归谬。
第三步： 假设归谬	若“张”为真，那么(2)和(4)都为真，不符合只有一真的事实，所以真实情况为“¬张”。
第四步： 选出答案	由“¬张”为真，可知(1)为真，所以(2)(3)(4)为假，真实情况为：¬张、王、¬李、¬赵。 故正确答案为 C 选项。

50.【答案】 E

【考点】 稳赢分析法

【命题方向】 综合推理 分组

【解析】 由条件(1)，墨竹也要在工程部，所以选项 C 错误；此时，工程部的两幅已经明确，所以选项 B 错误；既然奔马不在工程部，由条件(4)知选项 A 错误；飞鹰也不能在工程部，由条件(3)知猛虎不能在财务部，所以选项 D 错误。

故正确答案为 E 选项。

51.【答案】 B

【考点】 稳赢分析法

【命题方向】 综合推理 匹配

【解析】 观察张和王两个人的答题情况，除了 3、5、9 三道题答案不同之外，其他七道题都一样，但是两人的得分相差 10 分，说明这三道题中张答对了 2 道，王答对了 1 道，剩下的七道题两人各答错了 1 道。

观察张和赵的答题情况，两人 3、5、9 三道题答案相同，但是赵只得了 20 分，说明赵答对的两道就在 3、5、9 三道题之中，那么剩下的 7 道题都答错了。

由上可知，目前可推出的答案为以下情况：

题号	1	2	3	4	5	6	7	8	9	10
答案	√	×		√		×	√	×		√

故正确答案为 B 选项。

52.【答案】 D

【考点】 稳赢分析法

【命题方向】 综合推理　匹配

【解析】 根据目前已知的题目答案以及李的答题情况，2、4、6、8 四道题都答对了，得分为 40 分，说明其他题目都答错了，由此可知题目的答案为：

题号	1	2	3	4	5	6	7	8	9	10
答案	√	×	×	√	√	×	√	×	×	√

故正确答案为 D 选项。

53.【答案】 A

【考点】 直言命题　模态命题

【命题方向】 形式逻辑　加分题型

【解析】 题干信息：逆耳的未必都是忠言。

未必都 = 不必然都 = 可能不都 = 可能有的不 = 有的可能不。

故正确答案为 A 选项。

54.【答案】 A

【考点】 稳赢分析法

【命题方向】 综合推理　综合题组（排序）

【解析】 由（1）可知，达达不在 2 号位，也不在 1 号位；3 号位穿绿色衣服，而达达左边紧邻的小朋友穿蓝色衣服，可知达达不在 4 号位。所以达达只能在 3 号位或 5 号位。

由（2）可知花花在 1 号位或 5 号位。如果花花在 5 号位，那么达达在 3 号位，此时条件（5）中的小朋友组合无处安放，与题干信息矛盾。所以花花在 1 号位。

故正确答案为 A 选项。

55.【答案】 D

【考点】 稳赢分析法

【命题方向】 综合推理　综合题组（排序）

【解析】 花花不在 2 号位，由（1）可知，达达不在 2 号位，由（5）可知，迪迪也不在 2 号位。那么，只有豆豆和兰兰有可能在 2 号位。

如果兰兰在 2 号位,那么根据(5),1 号位是黄色衣服,2 号位是兰兰,3 号位是迪迪,再根据(1)可知,4 号位是豆豆穿蓝色衣服,5 号位是达达,结合(4)可知豆豆与穿银色衣服的小朋友相邻,3 号位是绿色衣服不是银色衣服,那么只能 5 号位是银色衣服。此时,达达穿银色衣服与条件(1)矛盾。所以兰兰不会在 2 号位。

可以确定豆豆在 2 号位,1 号位是花花穿银色衣服,2 号位是豆豆穿黄色衣服,3 号位是兰兰穿绿色衣服,4 号位是迪迪穿蓝色衣服,5 号位是达达穿红色衣服。

故正确答案为 D 选项。

四、写作

56. 论证有效性分析

【参考答案】

1. 类比不当:欧美与中国文化、观念、经济等诸多方面均有较大差异,不宜简单类比发达国家经验。

2. 概念混淆/论据不成立:“生育率”与“人口增长率”概念不同,不能混淆。人口增长率是由人口变动而引起人口增长的比率。生育率是指生育后代的家庭占总家庭数的比率。人口增长未必都来自生育,也跟移民、战争、迁徙等有关。因此,该论据不成立,不能推断我国人口将持续负增长。

3. 推断不出:放开二孩、三孩政策未必推出生育意愿将得到充分释放。前者是公共政策,后者是个人意愿。放开二孩、三孩政策对提升生育意愿有帮助,但生育意愿是否充分释放还与生育者的生活压力、经济条件和个人观念有关,未必推出得到充分释放。

4. 论据不成立:放开二孩、三孩政策不意味着生育完全自由。生育完全自由有多重含义,哪怕仅就数量而言,放开二孩、三孩政策也只是允许生第二个、第三个孩子,而非想生多少个都可以,进而也就不能以此作为推断的依据。

5. 条件不充分:生育率不仅与生育补贴相关,还与个人意愿、文化传统、经济条件与社会环境等都有关联。

6. 以偏概全:欧洲鼓励生育政策没有提升生育率水平不能代表鼓励生育政策无效。

7. 前后矛盾:前面说只要给予家庭足够的生育补贴,生育率就能得到提高;而此处认为生育率还与现收现支的社保制度与举债发福利的做法有关,即便有足够的生育补贴也不能使低生育率的情况有所改观。

【参考范文】

生育补贴可以提高生育率吗

上述材料通过一系列分析,试图说只要给予足够的生育补贴就可以提高生育率这一论证,但其论证过程并不足以支撑其结论,具体分析如下:

首先,“生育率”与“人口增长率”概念不同,不能混淆。人口增长率是由人口变动而引起人口增长的比率。生育率是指生育后代的家庭占总家庭数的比率。人口增长未必都来自生育,也跟移民、战争、迁徙等有关。因此,该论据不成立,不能推断我国人口将持续负增长。

其次,“放开二孩、三孩政策”不意味着“生育意愿将得到充分释放”。前者是公共政策,后者是个人意愿,其还与生育者的生活压力、经济条件和个人观念有关。而且,放开二孩、三孩政策不意味着生育完全自由。该政策只是允许生第二个、第三个孩子,而非想生多少个都可以,进而也就不能以此作为推断的依据。

再次，欧洲鼓励生育政策没有提升生育率水平并不能说明鼓励生育政策无效。此处有以偏概全之嫌，不宜从欧洲就早下结论。由于各地区政治、经济和社会环境不同，欧洲鼓励生育政策效果不佳不能代表世界范围内都没有效果。

最后，前文说只要给予家庭足够的生育补贴，生育率就能得到提高；而后又认为生育率还与现收现支的社保制度与举债发福利的做法有关，即便有足够的生育补贴也不能使低生育率的情况有所改观。两种观点自相矛盾。

综上所述，原文在论证过程中存在较多缺陷，其有效性尚待进一步加强。

57. 论说文

【参考范文】

别让孝心只留在“朋友圈”

每年母亲节，微信朋友圈等各大社交媒体都被人们表达和展示对母亲的祝福刷屏。晒孝心是我们表达对母亲感恩与祝福的具有时代特色的方式之一，但是别让孝心只留在朋友圈。晒孝心，更要有孝行。

只“晒”不“行”，徒有其表。孝顺不是“假大空”的喊口号，感恩之情也不仅仅是体现在网络上的只言片语，而是要切实落实到行动上。如果只有形式而忽略本质，“朋友圈式孝顺”只是为了晒给别人看，那么就是博人眼球的虚荣，严重违背了“母亲节”的本意。别把母亲节过成一场“秀”，而要让温情真正回归到母亲的心里。

朋友圈式孝顺刷屏，晒孝心现象泛滥，与当下社会发展有密切关联。一是全社会重视节日文化的气氛越来越浓厚，所以表达母亲节感恩的消息越来越多，这本身值得肯定。二是现在外出工作、到大城市打拼的年轻人较多，子女和父母相隔甚远，因此有些选择“云孝顺”的方式聊表尽孝之心。

其实，只要是真孝顺，高调晒也好，低调做也罢，都是值得肯定的。但是，我们应该思考，既然可以发朋友圈晒给朋友，为什么不能直接打电话打给父母？既然可以在朋友圈写诗编段子，为什么不能把这些段子真的说给爸妈听？朋友圈晒孝敬，到底是想孝顺，还是想给外人表现自己孝顺？到底是爱爸妈，还是爱惜自己的形象、人设？到底是真心流露对父母的爱，还是在某一天跟风走个过场？这些也该真心想一想。

当然，除了呼吁让朋友圈孝顺真正走入生活，我们也可以从制度层面鼓励促进。从社会层面，国家不妨考虑出台更多有针对性的政策，逐步完善落实探亲假、带薪休假等制度，让“常回家看看”不再难。而为人子女，也可以尽可能创造条件，多回家陪陪父母。子女的陪伴才是父母最喜欢的“祝福”。

母亲节是感恩母亲的日子，但是孝顺母亲却不仅仅在这一天。让子女对父母的关怀成为一种生活的常态，让“朋友圈”里的感恩之情真正送到父母心里。

考生信息条形码
粘贴位置

试卷条形码
粘贴位置

56.

100

200

300

400

500

考生姓名：________

续56题作答

600

700

57.

100

200

300

考生信息条形码
粘贴位置

试卷条形码
粘贴位置

56.

100

200

300

400

500

考生姓名：______

续56题作答

600

700

57.

100

200

300

考生信息条形码
粘贴位置

试卷条形码
粘贴位置

56.

100

200

300

400

500

考生姓名：

续56题作答

600

700

57.

100

200

300

考生信息条形码
粘贴位置

试卷条形码
粘贴位置

56.

100

200

300

400

500

考生姓名：________

续56题作答

600

700

57.

100

200

300

考生信息条形码
粘贴位置

试卷条形码
粘贴位置

56.

100

200

300

400

500

考生姓名：________________

续56题作答

600

700

57.

100

200

300

考生信息条形码
粘贴位置

试卷条形码
粘贴位置

56.

100

200

300

400

500

考生姓名：________

续56题作答

600

700

57.

100

200

300

考生信息条形码
粘贴位置

试卷条形码
粘贴位置

56.

100

200

300

400

500

考生姓名：________

续56题作答

600

700

57.

100

200

300

考生信息条形码
粘贴位置

试卷条形码
粘贴位置

56.

100

200

300

400

500

考生姓名：________

续56题作答

600

700

57.

100

200

300

续57题作答

400

500

600

700

800

全国硕士研究生招生考试管理类综合能力
试题答题卡（199）

报 考 单 位

考 生 姓 名

考 生 编 号（左 对 齐）

[0]	[0]	[0]	[0]	[0]	[0]	[0]	[0]	[0]	[0]	[0]	[0]	[0]	[0]	[0]
[1]	[1]	[1]	[1]	[1]	[1]	[1]	[1]	[1]	[1]	[1]	[1]	[1]	[1]	[1]
[2]	[2]	[2]	[2]	[2]	[2]	[2]	[2]	[2]	[2]	[2]	[2]	[2]	[2]	[2]
[3]	[3]	[3]	[3]	[3]	[3]	[3]	[3]	[3]	[3]	[3]	[3]	[3]	[3]	[3]
[4]	[4]	[4]	[4]	[4]	[4]	[4]	[4]	[4]	[4]	[4]	[4]	[4]	[4]	[4]
[5]	[5]	[5]	[5]	[5]	[5]	[5]	[5]	[5]	[5]	[5]	[5]	[5]	[5]	[5]
[6]	[6]	[6]	[6]	[6]	[6]	[6]	[6]	[6]	[6]	[6]	[6]	[6]	[6]	[6]
[7]	[7]	[7]	[7]	[7]	[7]	[7]	[7]	[7]	[7]	[7]	[7]	[7]	[7]	[7]
[8]	[8]	[8]	[8]	[8]	[8]	[8]	[8]	[8]	[8]	[8]	[8]	[8]	[8]	[8]
[9]	[9]	[9]	[9]	[9]	[9]	[9]	[9]	[9]	[9]	[9]	[9]	[9]	[9]	[9]

注意事项

1. 填（书）写部分必须使用黑色字迹签字笔书写，字迹工整、笔迹清楚；涂写部分必须使用2B铅笔填涂。
2. 选择题的答案必须涂写在答题卡相应题号的选项上，非选择题的答案必须书写在答题卡指定位置的边框区域内。超出答题卡区域书写的答案无效；在草稿纸、试题册上答题无效。
3. 保持答题卡整洁、不要折叠。严禁在答题卡上做任何标记，否则按无效答卷处理。
4. 考生须把试题册上的“试卷条形码”粘贴条取下，粘贴在答题卡的“试卷条形码粘贴位置”框中。

正确填涂 ▬　　错误填涂

缺考标记	缺考 ▭	缺考考生信息由监考员填写，并用2B铅笔填涂缺考标记，加盖缺考章时，请勿遮盖信息点。

选 择 题 答 题 区 域

1. [A] [B] [C] [D] [E]
2. [A] [B] [C] [D] [E]
3. [A] [B] [C] [D] [E]
4. [A] [B] [C] [D] [E]
5. [A] [B] [C] [D] [E]

6. [A] [B] [C] [D] [E]
7. [A] [B] [C] [D] [E]
8. [A] [B] [C] [D] [E]
9. [A] [B] [C] [D] [E]
10. [A] [B] [C] [D] [E]

11. [A] [B] [C] [D] [E]
12. [A] [B] [C] [D] [E]
13. [A] [B] [C] [D] [E]
14. [A] [B] [C] [D] [E]
15. [A] [B] [C] [D] [E]

16. [A] [B] [C] [D] [E]
17. [A] [B] [C] [D] [E]
18. [A] [B] [C] [D] [E]
19. [A] [B] [C] [D] [E]
20. [A] [B] [C] [D] [E]

21. [A] [B] [C] [D] [E]
22. [A] [B] [C] [D] [E]
23. [A] [B] [C] [D] [E]
24. [A] [B] [C] [D] [E]
25. [A] [B] [C] [D] [E]

26. [A] [B] [C] [D] [E]
27. [A] [B] [C] [D] [E]
28. [A] [B] [C] [D] [E]
29. [A] [B] [C] [D] [E]
30. [A] [B] [C] [D] [E]

31. [A] [B] [C] [D] [E]
32. [A] [B] [C] [D] [E]
33. [A] [B] [C] [D] [E]
34. [A] [B] [C] [D] [E]
35. [A] [B] [C] [D] [E]

36. [A] [B] [C] [D] [E]
37. [A] [B] [C] [D] [E]
38. [A] [B] [C] [D] [E]
39. [A] [B] [C] [D] [E]
40. [A] [B] [C] [D] [E]

41. [A] [B] [C] [D] [E]
42. [A] [B] [C] [D] [E]
43. [A] [B] [C] [D] [E]
44. [A] [B] [C] [D] [E]
45. [A] [B] [C] [D] [E]

46. [A] [B] [C] [D] [E]
47. [A] [B] [C] [D] [E]
48. [A] [B] [C] [D] [E]
49. [A] [B] [C] [D] [E]
50. [A] [B] [C] [D] [E]

51. [A] [B] [C] [D] [E]
52. [A] [B] [C] [D] [E]
53. [A] [B] [C] [D] [E]
54. [A] [B] [C] [D] [E]
55. [A] [B] [C] [D] [E]

阴影部分请勿作答或做任何标记

续57题作答

400

500

600

700

800

全国硕士研究生招生考试管理类综合能力
试题答题卡（199）

报考单位

考生姓名

考生编号（左对齐）

[0]	[0]	[0]	[0]	[0]	[0]	[0]	[0]	[0]	[0]	[0]	[0]	[0]	[0]	[0]
[1]	[1]	[1]	[1]	[1]	[1]	[1]	[1]	[1]	[1]	[1]	[1]	[1]	[1]	[1]
[2]	[2]	[2]	[2]	[2]	[2]	[2]	[2]	[2]	[2]	[2]	[2]	[2]	[2]	[2]
[3]	[3]	[3]	[3]	[3]	[3]	[3]	[3]	[3]	[3]	[3]	[3]	[3]	[3]	[3]
[4]	[4]	[4]	[4]	[4]	[4]	[4]	[4]	[4]	[4]	[4]	[4]	[4]	[4]	[4]
[5]	[5]	[5]	[5]	[5]	[5]	[5]	[5]	[5]	[5]	[5]	[5]	[5]	[5]	[5]
[6]	[6]	[6]	[6]	[6]	[6]	[6]	[6]	[6]	[6]	[6]	[6]	[6]	[6]	[6]
[7]	[7]	[7]	[7]	[7]	[7]	[7]	[7]	[7]	[7]	[7]	[7]	[7]	[7]	[7]
[8]	[8]	[8]	[8]	[8]	[8]	[8]	[8]	[8]	[8]	[8]	[8]	[8]	[8]	[8]
[9]	[9]	[9]	[9]	[9]	[9]	[9]	[9]	[9]	[9]	[9]	[9]	[9]	[9]	[9]

注意事项

1. 填（书）写部分必须使用黑色字迹签字笔书写，字迹工整、笔迹清楚；涂写部分必须使用2B铅笔填涂。
2. 选择题的答案必须涂写在答题卡相应题号的选项上，非选择题的答案必须书写在答题卡指定位置的边框区域内。超出答题卡区域书写的答案无效；在草稿纸、试题册上答题无效。
3. 保持答题卡整洁、不要折叠。严禁在答题卡上做任何标记，否则按无效答卷处理。
4. 考生须把试题册上的“试卷条形码”粘贴条取下，粘贴在答题卡的“试卷条形码粘贴位置”框中。

正确填涂　▬　　错误填涂　☑ ☒ ⧅ ● ○ ▬

缺考标记	缺考 ▭	缺考考生信息由监考员填写，并用2B铅笔填涂缺考标记，加盖缺考章时，请勿遮盖信息点。

选择题答题区域

1. [A] [B] [C] [D] [E]	16. [A] [B] [C] [D] [E]	31. [A] [B] [C] [D] [E]	46. [A] [B] [C] [D] [E]
2. [A] [B] [C] [D] [E]	17. [A] [B] [C] [D] [E]	32. [A] [B] [C] [D] [E]	47. [A] [B] [C] [D] [E]
3. [A] [B] [C] [D] [E]	18. [A] [B] [C] [D] [E]	33. [A] [B] [C] [D] [E]	48. [A] [B] [C] [D] [E]
4. [A] [B] [C] [D] [E]	19. [A] [B] [C] [D] [E]	34. [A] [B] [C] [D] [E]	49. [A] [B] [C] [D] [E]
5. [A] [B] [C] [D] [E]	20. [A] [B] [C] [D] [E]	35. [A] [B] [C] [D] [E]	50. [A] [B] [C] [D] [E]
6. [A] [B] [C] [D] [E]	21. [A] [B] [C] [D] [E]	36. [A] [B] [C] [D] [E]	51. [A] [B] [C] [D] [E]
7. [A] [B] [C] [D] [E]	22. [A] [B] [C] [D] [E]	37. [A] [B] [C] [D] [E]	52. [A] [B] [C] [D] [E]
8. [A] [B] [C] [D] [E]	23. [A] [B] [C] [D] [E]	38. [A] [B] [C] [D] [E]	53. [A] [B] [C] [D] [E]
9. [A] [B] [C] [D] [E]	24. [A] [B] [C] [D] [E]	39. [A] [B] [C] [D] [E]	54. [A] [B] [C] [D] [E]
10. [A] [B] [C] [D] [E]	25. [A] [B] [C] [D] [E]	40. [A] [B] [C] [D] [E]	55. [A] [B] [C] [D] [E]
11. [A] [B] [C] [D] [E]	26. [A] [B] [C] [D] [E]	41. [A] [B] [C] [D] [E]	
12. [A] [B] [C] [D] [E]	27. [A] [B] [C] [D] [E]	42. [A] [B] [C] [D] [E]	
13. [A] [B] [C] [D] [E]	28. [A] [B] [C] [D] [E]	43. [A] [B] [C] [D] [E]	
14. [A] [B] [C] [D] [E]	29. [A] [B] [C] [D] [E]	44. [A] [B] [C] [D] [E]	
15. [A] [B] [C] [D] [E]	30. [A] [B] [C] [D] [E]	45. [A] [B] [C] [D] [E]	

阴影部分请勿作答或做任何标记

续57题作答

400

500

600

700

800

全国硕士研究生招生考试管理类综合能力
试题答题卡（199）

报 考 单 位

考 生 姓 名

考 生 编 号（左 对 齐）

[0]	[0]	[0]	[0]	[0]	[0]	[0]	[0]	[0]	[0]	[0]	[0]	[0]	[0]	[0]
[1]	[1]	[1]	[1]	[1]	[1]	[1]	[1]	[1]	[1]	[1]	[1]	[1]	[1]	[1]
[2]	[2]	[2]	[2]	[2]	[2]	[2]	[2]	[2]	[2]	[2]	[2]	[2]	[2]	[2]
[3]	[3]	[3]	[3]	[3]	[3]	[3]	[3]	[3]	[3]	[3]	[3]	[3]	[3]	[3]
[4]	[4]	[4]	[4]	[4]	[4]	[4]	[4]	[4]	[4]	[4]	[4]	[4]	[4]	[4]
[5]	[5]	[5]	[5]	[5]	[5]	[5]	[5]	[5]	[5]	[5]	[5]	[5]	[5]	[5]
[6]	[6]	[6]	[6]	[6]	[6]	[6]	[6]	[6]	[6]	[6]	[6]	[6]	[6]	[6]
[7]	[7]	[7]	[7]	[7]	[7]	[7]	[7]	[7]	[7]	[7]	[7]	[7]	[7]	[7]
[8]	[8]	[8]	[8]	[8]	[8]	[8]	[8]	[8]	[8]	[8]	[8]	[8]	[8]	[8]
[9]	[9]	[9]	[9]	[9]	[9]	[9]	[9]	[9]	[9]	[9]	[9]	[9]	[9]	[9]

注意事项

1. 填（书）写部分必须使用黑色字迹签字笔书写，字迹工整、笔迹清楚；涂写部分必须使用2B铅笔填涂。
2. 选择题的答案必须涂写在答题卡相应题号的选项上，非选择题的答案必须书写在答题卡指定位置的边框区域内。超出答题卡区域书写的答案无效；在草稿纸、试题册上答题无效。
3. 保持答题卡整洁、不要折叠。严禁在答题卡上做任何标记，否则按无效答卷处理。
4. 考生须把试题册上的“试卷条形码”粘贴条取下，粘贴在答题卡的“试卷条形码粘贴位置”框中。

正确填涂　　错误填涂

缺考标记	缺考	缺考考生信息由监考员填写，并用2B铅笔填涂缺考标记，加盖缺考章时，请勿遮盖信息点。

选 择 题 答 题 区 域

1. [A] [B] [C] [D] [E]
2. [A] [B] [C] [D] [E]
3. [A] [B] [C] [D] [E]
4. [A] [B] [C] [D] [E]
5. [A] [B] [C] [D] [E]
6. [A] [B] [C] [D] [E]
7. [A] [B] [C] [D] [E]
8. [A] [B] [C] [D] [E]
9. [A] [B] [C] [D] [E]
10. [A] [B] [C] [D] [E]
11. [A] [B] [C] [D] [E]
12. [A] [B] [C] [D] [E]
13. [A] [B] [C] [D] [E]
14. [A] [B] [C] [D] [E]
15. [A] [B] [C] [D] [E]
16. [A] [B] [C] [D] [E]
17. [A] [B] [C] [D] [E]
18. [A] [B] [C] [D] [E]
19. [A] [B] [C] [D] [E]
20. [A] [B] [C] [D] [E]
21. [A] [B] [C] [D] [E]
22. [A] [B] [C] [D] [E]
23. [A] [B] [C] [D] [E]
24. [A] [B] [C] [D] [E]
25. [A] [B] [C] [D] [E]
26. [A] [B] [C] [D] [E]
27. [A] [B] [C] [D] [E]
28. [A] [B] [C] [D] [E]
29. [A] [B] [C] [D] [E]
30. [A] [B] [C] [D] [E]
31. [A] [B] [C] [D] [E]
32. [A] [B] [C] [D] [E]
33. [A] [B] [C] [D] [E]
34. [A] [B] [C] [D] [E]
35. [A] [B] [C] [D] [E]
36. [A] [B] [C] [D] [E]
37. [A] [B] [C] [D] [E]
38. [A] [B] [C] [D] [E]
39. [A] [B] [C] [D] [E]
40. [A] [B] [C] [D] [E]
41. [A] [B] [C] [D] [E]
42. [A] [B] [C] [D] [E]
43. [A] [B] [C] [D] [E]
44. [A] [B] [C] [D] [E]
45. [A] [B] [C] [D] [E]
46. [A] [B] [C] [D] [E]
47. [A] [B] [C] [D] [E]
48. [A] [B] [C] [D] [E]
49. [A] [B] [C] [D] [E]
50. [A] [B] [C] [D] [E]
51. [A] [B] [C] [D] [E]
52. [A] [B] [C] [D] [E]
53. [A] [B] [C] [D] [E]
54. [A] [B] [C] [D] [E]
55. [A] [B] [C] [D] [E]

阴影部分请勿作答或做任何标记

续57题作答

400

500

600

700

800

全国硕士研究生招生考试管理类综合能力
试题答题卡（199）

报考单位

考生姓名

考生编号（左对齐）

[0]	[0]	[0]	[0]	[0]	[0]	[0]	[0]	[0]	[0]	[0]	[0]	[0]	[0]	[0]
[1]	[1]	[1]	[1]	[1]	[1]	[1]	[1]	[1]	[1]	[1]	[1]	[1]	[1]	[1]
[2]	[2]	[2]	[2]	[2]	[2]	[2]	[2]	[2]	[2]	[2]	[2]	[2]	[2]	[2]
[3]	[3]	[3]	[3]	[3]	[3]	[3]	[3]	[3]	[3]	[3]	[3]	[3]	[3]	[3]
[4]	[4]	[4]	[4]	[4]	[4]	[4]	[4]	[4]	[4]	[4]	[4]	[4]	[4]	[4]
[5]	[5]	[5]	[5]	[5]	[5]	[5]	[5]	[5]	[5]	[5]	[5]	[5]	[5]	[5]
[6]	[6]	[6]	[6]	[6]	[6]	[6]	[6]	[6]	[6]	[6]	[6]	[6]	[6]	[6]
[7]	[7]	[7]	[7]	[7]	[7]	[7]	[7]	[7]	[7]	[7]	[7]	[7]	[7]	[7]
[8]	[8]	[8]	[8]	[8]	[8]	[8]	[8]	[8]	[8]	[8]	[8]	[8]	[8]	[8]
[9]	[9]	[9]	[9]	[9]	[9]	[9]	[9]	[9]	[9]	[9]	[9]	[9]	[9]	[9]

注意事项

1. 填（书）写部分必须使用黑色字迹签字笔书写，字迹工整、笔迹清楚；涂写部分必须使用2B铅笔填涂。
2. 选择题的答案必须涂写在答题卡相应题号的选项上，非选择题的答案必须书写在答题卡指定位置的边框区域内。超出答题卡区域书写的答案无效；在草稿纸、试题册上答题无效。
3. 保持答题卡整洁、不要折叠。严禁在答题卡上做任何标记，否则按无效答卷处理。
4. 考生须把试题册上的“试卷条形码”粘贴条取下，粘贴在答题卡的“试卷条形码粘贴位置”框中。

正确填涂　　错误填涂

缺考标记	缺考	缺考考生信息由监考员填写，并用2B铅笔填涂缺考标记，加盖缺考章时，请勿遮盖信息点。

选择题答题区域

1. [A] [B] [C] [D] [E]
2. [A] [B] [C] [D] [E]
3. [A] [B] [C] [D] [E]
4. [A] [B] [C] [D] [E]
5. [A] [B] [C] [D] [E]
6. [A] [B] [C] [D] [E]
7. [A] [B] [C] [D] [E]
8. [A] [B] [C] [D] [E]
9. [A] [B] [C] [D] [E]
10. [A] [B] [C] [D] [E]
11. [A] [B] [C] [D] [E]
12. [A] [B] [C] [D] [E]
13. [A] [B] [C] [D] [E]
14. [A] [B] [C] [D] [E]
15. [A] [B] [C] [D] [E]
16. [A] [B] [C] [D] [E]
17. [A] [B] [C] [D] [E]
18. [A] [B] [C] [D] [E]
19. [A] [B] [C] [D] [E]
20. [A] [B] [C] [D] [E]
21. [A] [B] [C] [D] [E]
22. [A] [B] [C] [D] [E]
23. [A] [B] [C] [D] [E]
24. [A] [B] [C] [D] [E]
25. [A] [B] [C] [D] [E]
26. [A] [B] [C] [D] [E]
27. [A] [B] [C] [D] [E]
28. [A] [B] [C] [D] [E]
29. [A] [B] [C] [D] [E]
30. [A] [B] [C] [D] [E]
31. [A] [B] [C] [D] [E]
32. [A] [B] [C] [D] [E]
33. [A] [B] [C] [D] [E]
34. [A] [B] [C] [D] [E]
35. [A] [B] [C] [D] [E]
36. [A] [B] [C] [D] [E]
37. [A] [B] [C] [D] [E]
38. [A] [B] [C] [D] [E]
39. [A] [B] [C] [D] [E]
40. [A] [B] [C] [D] [E]
41. [A] [B] [C] [D] [E]
42. [A] [B] [C] [D] [E]
43. [A] [B] [C] [D] [E]
44. [A] [B] [C] [D] [E]
45. [A] [B] [C] [D] [E]
46. [A] [B] [C] [D] [E]
47. [A] [B] [C] [D] [E]
48. [A] [B] [C] [D] [E]
49. [A] [B] [C] [D] [E]
50. [A] [B] [C] [D] [E]
51. [A] [B] [C] [D] [E]
52. [A] [B] [C] [D] [E]
53. [A] [B] [C] [D] [E]
54. [A] [B] [C] [D] [E]
55. [A] [B] [C] [D] [E]

阴影部分请勿作答或做任何标记

续57题作答

400

500

600

700

800

全国硕士研究生招生考试管理类综合能力
试题答题卡（199）

报考单位

考生姓名

考生编号（左对齐）

[0]	[0]	[0]	[0]	[0]	[0]	[0]	[0]	[0]	[0]	[0]	[0]	[0]	[0]	[0]
[1]	[1]	[1]	[1]	[1]	[1]	[1]	[1]	[1]	[1]	[1]	[1]	[1]	[1]	[1]
[2]	[2]	[2]	[2]	[2]	[2]	[2]	[2]	[2]	[2]	[2]	[2]	[2]	[2]	[2]
[3]	[3]	[3]	[3]	[3]	[3]	[3]	[3]	[3]	[3]	[3]	[3]	[3]	[3]	[3]
[4]	[4]	[4]	[4]	[4]	[4]	[4]	[4]	[4]	[4]	[4]	[4]	[4]	[4]	[4]
[5]	[5]	[5]	[5]	[5]	[5]	[5]	[5]	[5]	[5]	[5]	[5]	[5]	[5]	[5]
[6]	[6]	[6]	[6]	[6]	[6]	[6]	[6]	[6]	[6]	[6]	[6]	[6]	[6]	[6]
[7]	[7]	[7]	[7]	[7]	[7]	[7]	[7]	[7]	[7]	[7]	[7]	[7]	[7]	[7]
[8]	[8]	[8]	[8]	[8]	[8]	[8]	[8]	[8]	[8]	[8]	[8]	[8]	[8]	[8]
[9]	[9]	[9]	[9]	[9]	[9]	[9]	[9]	[9]	[9]	[9]	[9]	[9]	[9]	[9]

注意事项

1. 填（书）写部分必须使用黑色字迹签字笔书写，字迹工整、笔迹清楚；涂写部分必须使用2B铅笔填涂。
2. 选择题的答案必须涂写在答题卡相应题号的选项上，非选择题的答案必须书写在答题卡指定位置的边框区域内。超出答题卡区域书写的答案无效；在草稿纸、试题册上答题无效。
3. 保持答题卡整洁、不要折叠。严禁在答题卡上做任何标记，否则按无效答卷处理。
4. 考生须把试题册上的“试卷条形码”粘贴条取下，粘贴在答题卡的“试卷条形码粘贴位置”框中。

正确填涂 ▬　　错误填涂

缺考标记	缺考	缺考考生信息由监考员填写，并用2B铅笔填涂缺考标记，加盖缺考章时，请勿遮盖信息点。

选择题答题区域

1. [A] [B] [C] [D] [E]
2. [A] [B] [C] [D] [E]
3. [A] [B] [C] [D] [E]
4. [A] [B] [C] [D] [E]
5. [A] [B] [C] [D] [E]
6. [A] [B] [C] [D] [E]
7. [A] [B] [C] [D] [E]
8. [A] [B] [C] [D] [E]
9. [A] [B] [C] [D] [E]
10. [A] [B] [C] [D] [E]
11. [A] [B] [C] [D] [E]
12. [A] [B] [C] [D] [E]
13. [A] [B] [C] [D] [E]
14. [A] [B] [C] [D] [E]
15. [A] [B] [C] [D] [E]
16. [A] [B] [C] [D] [E]
17. [A] [B] [C] [D] [E]
18. [A] [B] [C] [D] [E]
19. [A] [B] [C] [D] [E]
20. [A] [B] [C] [D] [E]
21. [A] [B] [C] [D] [E]
22. [A] [B] [C] [D] [E]
23. [A] [B] [C] [D] [E]
24. [A] [B] [C] [D] [E]
25. [A] [B] [C] [D] [E]
26. [A] [B] [C] [D] [E]
27. [A] [B] [C] [D] [E]
28. [A] [B] [C] [D] [E]
29. [A] [B] [C] [D] [E]
30. [A] [B] [C] [D] [E]
31. [A] [B] [C] [D] [E]
32. [A] [B] [C] [D] [E]
33. [A] [B] [C] [D] [E]
34. [A] [B] [C] [D] [E]
35. [A] [B] [C] [D] [E]
36. [A] [B] [C] [D] [E]
37. [A] [B] [C] [D] [E]
38. [A] [B] [C] [D] [E]
39. [A] [B] [C] [D] [E]
40. [A] [B] [C] [D] [E]
41. [A] [B] [C] [D] [E]
42. [A] [B] [C] [D] [E]
43. [A] [B] [C] [D] [E]
44. [A] [B] [C] [D] [E]
45. [A] [B] [C] [D] [E]
46. [A] [B] [C] [D] [E]
47. [A] [B] [C] [D] [E]
48. [A] [B] [C] [D] [E]
49. [A] [B] [C] [D] [E]
50. [A] [B] [C] [D] [E]
51. [A] [B] [C] [D] [E]
52. [A] [B] [C] [D] [E]
53. [A] [B] [C] [D] [E]
54. [A] [B] [C] [D] [E]
55. [A] [B] [C] [D] [E]

阴影部分请勿作答或做任何标记

续57题作答

400

500

600

700

800

全国硕士研究生招生考试管理类综合能力
试题答题卡（199）

报考单位

考生姓名

考生编号（左对齐）

[0]	[0]	[0]	[0]	[0]	[0]	[0]	[0]	[0]	[0]	[0]	[0]	[0]	[0]	[0]
[1]	[1]	[1]	[1]	[1]	[1]	[1]	[1]	[1]	[1]	[1]	[1]	[1]	[1]	[1]
[2]	[2]	[2]	[2]	[2]	[2]	[2]	[2]	[2]	[2]	[2]	[2]	[2]	[2]	[2]
[3]	[3]	[3]	[3]	[3]	[3]	[3]	[3]	[3]	[3]	[3]	[3]	[3]	[3]	[3]
[4]	[4]	[4]	[4]	[4]	[4]	[4]	[4]	[4]	[4]	[4]	[4]	[4]	[4]	[4]
[5]	[5]	[5]	[5]	[5]	[5]	[5]	[5]	[5]	[5]	[5]	[5]	[5]	[5]	[5]
[6]	[6]	[6]	[6]	[6]	[6]	[6]	[6]	[6]	[6]	[6]	[6]	[6]	[6]	[6]
[7]	[7]	[7]	[7]	[7]	[7]	[7]	[7]	[7]	[7]	[7]	[7]	[7]	[7]	[7]
[8]	[8]	[8]	[8]	[8]	[8]	[8]	[8]	[8]	[8]	[8]	[8]	[8]	[8]	[8]
[9]	[9]	[9]	[9]	[9]	[9]	[9]	[9]	[9]	[9]	[9]	[9]	[9]	[9]	[9]

注意事项

1. 填（书）写部分必须使用黑色字迹签字笔书写，字迹工整、笔迹清楚；涂写部分必须使用2B铅笔填涂。
2. 选择题的答案必须涂写在答题卡相应题号的选项上，非选择题的答案必须书写在答题卡指定位置的边框区域内。超出答题卡区域书写的答案无效；在草稿纸、试题册上答题无效。
3. 保持答题卡整洁、不要折叠。严禁在答题卡上做任何标记，否则按无效答卷处理。
4. 考生须把试题册上的"试卷条形码"粘贴条取下，粘贴在答题卡的"试卷条形码粘贴位置"框中。

正确填涂 ▬　　错误填涂 ☑ ☒ ⧅ ● ○ ━

缺考标记	缺考 ▭	缺考考生信息由监考员填写，并用2B铅笔填涂缺考标记，加盖缺考章时，请勿遮盖信息点。

选择题答题区域

1. [A] [B] [C] [D] [E]
2. [A] [B] [C] [D] [E]
3. [A] [B] [C] [D] [E]
4. [A] [B] [C] [D] [E]
5. [A] [B] [C] [D] [E]
6. [A] [B] [C] [D] [E]
7. [A] [B] [C] [D] [E]
8. [A] [B] [C] [D] [E]
9. [A] [B] [C] [D] [E]
10. [A] [B] [C] [D] [E]
11. [A] [B] [C] [D] [E]
12. [A] [B] [C] [D] [E]
13. [A] [B] [C] [D] [E]
14. [A] [B] [C] [D] [E]
15. [A] [B] [C] [D] [E]
16. [A] [B] [C] [D] [E]
17. [A] [B] [C] [D] [E]
18. [A] [B] [C] [D] [E]
19. [A] [B] [C] [D] [E]
20. [A] [B] [C] [D] [E]
21. [A] [B] [C] [D] [E]
22. [A] [B] [C] [D] [E]
23. [A] [B] [C] [D] [E]
24. [A] [B] [C] [D] [E]
25. [A] [B] [C] [D] [E]
26. [A] [B] [C] [D] [E]
27. [A] [B] [C] [D] [E]
28. [A] [B] [C] [D] [E]
29. [A] [B] [C] [D] [E]
30. [A] [B] [C] [D] [E]
31. [A] [B] [C] [D] [E]
32. [A] [B] [C] [D] [E]
33. [A] [B] [C] [D] [E]
34. [A] [B] [C] [D] [E]
35. [A] [B] [C] [D] [E]
36. [A] [B] [C] [D] [E]
37. [A] [B] [C] [D] [E]
38. [A] [B] [C] [D] [E]
39. [A] [B] [C] [D] [E]
40. [A] [B] [C] [D] [E]
41. [A] [B] [C] [D] [E]
42. [A] [B] [C] [D] [E]
43. [A] [B] [C] [D] [E]
44. [A] [B] [C] [D] [E]
45. [A] [B] [C] [D] [E]
46. [A] [B] [C] [D] [E]
47. [A] [B] [C] [D] [E]
48. [A] [B] [C] [D] [E]
49. [A] [B] [C] [D] [E]
50. [A] [B] [C] [D] [E]
51. [A] [B] [C] [D] [E]
52. [A] [B] [C] [D] [E]
53. [A] [B] [C] [D] [E]
54. [A] [B] [C] [D] [E]
55. [A] [B] [C] [D] [E]

阴影部分请勿作答或做任何标记

续57题作答

400

500

600

700

800

全国硕士研究生招生考试管理类综合能力
试题答题卡（199）

报考单位

考生姓名

考生编号（左对齐）

[0]	[0]	[0]	[0]	[0]	[0]	[0]	[0]	[0]	[0]	[0]	[0]	[0]	[0]	[0]
[1]	[1]	[1]	[1]	[1]	[1]	[1]	[1]	[1]	[1]	[1]	[1]	[1]	[1]	[1]
[2]	[2]	[2]	[2]	[2]	[2]	[2]	[2]	[2]	[2]	[2]	[2]	[2]	[2]	[2]
[3]	[3]	[3]	[3]	[3]	[3]	[3]	[3]	[3]	[3]	[3]	[3]	[3]	[3]	[3]
[4]	[4]	[4]	[4]	[4]	[4]	[4]	[4]	[4]	[4]	[4]	[4]	[4]	[4]	[4]
[5]	[5]	[5]	[5]	[5]	[5]	[5]	[5]	[5]	[5]	[5]	[5]	[5]	[5]	[5]
[6]	[6]	[6]	[6]	[6]	[6]	[6]	[6]	[6]	[6]	[6]	[6]	[6]	[6]	[6]
[7]	[7]	[7]	[7]	[7]	[7]	[7]	[7]	[7]	[7]	[7]	[7]	[7]	[7]	[7]
[8]	[8]	[8]	[8]	[8]	[8]	[8]	[8]	[8]	[8]	[8]	[8]	[8]	[8]	[8]
[9]	[9]	[9]	[9]	[9]	[9]	[9]	[9]	[9]	[9]	[9]	[9]	[9]	[9]	[9]

注意事项

1. 填（书）写部分必须使用黑色字迹签字笔书写，字迹工整、笔迹清楚；涂写部分必须使用2B铅笔填涂。
2. 选择题的答案必须涂写在答题卡相应题号的选项上，非选择题的答案必须书写在答题卡指定位置的边框区域内。超出答题卡区域书写的答案无效；在草稿纸、试题册上答题无效。
3. 保持答题卡整洁、不要折叠。严禁在答题卡上做任何标记，否则按无效答卷处理。
4. 考生须把试题册上的"试卷条形码"粘贴条取下，粘贴在答题卡的"试卷条形码粘贴位置"框中。

正确填涂 ▬　　错误填涂

缺考标记	缺考 ▭	缺考考生信息由监考员填写，并用2B铅笔填涂缺考标记，加盖缺考章时，请勿遮盖信息点。

选择题答题区域

1. [A] [B] [C] [D] [E]
2. [A] [B] [C] [D] [E]
3. [A] [B] [C] [D] [E]
4. [A] [B] [C] [D] [E]
5. [A] [B] [C] [D] [E]
6. [A] [B] [C] [D] [E]
7. [A] [B] [C] [D] [E]
8. [A] [B] [C] [D] [E]
9. [A] [B] [C] [D] [E]
10. [A] [B] [C] [D] [E]
11. [A] [B] [C] [D] [E]
12. [A] [B] [C] [D] [E]
13. [A] [B] [C] [D] [E]
14. [A] [B] [C] [D] [E]
15. [A] [B] [C] [D] [E]
16. [A] [B] [C] [D] [E]
17. [A] [B] [C] [D] [E]
18. [A] [B] [C] [D] [E]
19. [A] [B] [C] [D] [E]
20. [A] [B] [C] [D] [E]
21. [A] [B] [C] [D] [E]
22. [A] [B] [C] [D] [E]
23. [A] [B] [C] [D] [E]
24. [A] [B] [C] [D] [E]
25. [A] [B] [C] [D] [E]
26. [A] [B] [C] [D] [E]
27. [A] [B] [C] [D] [E]
28. [A] [B] [C] [D] [E]
29. [A] [B] [C] [D] [E]
30. [A] [B] [C] [D] [E]
31. [A] [B] [C] [D] [E]
32. [A] [B] [C] [D] [E]
33. [A] [B] [C] [D] [E]
34. [A] [B] [C] [D] [E]
35. [A] [B] [C] [D] [E]
36. [A] [B] [C] [D] [E]
37. [A] [B] [C] [D] [E]
38. [A] [B] [C] [D] [E]
39. [A] [B] [C] [D] [E]
40. [A] [B] [C] [D] [E]
41. [A] [B] [C] [D] [E]
42. [A] [B] [C] [D] [E]
43. [A] [B] [C] [D] [E]
44. [A] [B] [C] [D] [E]
45. [A] [B] [C] [D] [E]
46. [A] [B] [C] [D] [E]
47. [A] [B] [C] [D] [E]
48. [A] [B] [C] [D] [E]
49. [A] [B] [C] [D] [E]
50. [A] [B] [C] [D] [E]
51. [A] [B] [C] [D] [E]
52. [A] [B] [C] [D] [E]
53. [A] [B] [C] [D] [E]
54. [A] [B] [C] [D] [E]
55. [A] [B] [C] [D] [E]

阴影部分请勿作答或做任何标记

续57题作答

400

500

600

700

800

全国硕士研究生招生考试管理类综合能力
试题答题卡（199）

报考单位

考生姓名

考生编号（左对齐）

[0]	[0]	[0]	[0]	[0]	[0]	[0]	[0]	[0]	[0]	[0]	[0]	[0]	[0]	[0]
[1]	[1]	[1]	[1]	[1]	[1]	[1]	[1]	[1]	[1]	[1]	[1]	[1]	[1]	[1]
[2]	[2]	[2]	[2]	[2]	[2]	[2]	[2]	[2]	[2]	[2]	[2]	[2]	[2]	[2]
[3]	[3]	[3]	[3]	[3]	[3]	[3]	[3]	[3]	[3]	[3]	[3]	[3]	[3]	[3]
[4]	[4]	[4]	[4]	[4]	[4]	[4]	[4]	[4]	[4]	[4]	[4]	[4]	[4]	[4]
[5]	[5]	[5]	[5]	[5]	[5]	[5]	[5]	[5]	[5]	[5]	[5]	[5]	[5]	[5]
[6]	[6]	[6]	[6]	[6]	[6]	[6]	[6]	[6]	[6]	[6]	[6]	[6]	[6]	[6]
[7]	[7]	[7]	[7]	[7]	[7]	[7]	[7]	[7]	[7]	[7]	[7]	[7]	[7]	[7]
[8]	[8]	[8]	[8]	[8]	[8]	[8]	[8]	[8]	[8]	[8]	[8]	[8]	[8]	[8]
[9]	[9]	[9]	[9]	[9]	[9]	[9]	[9]	[9]	[9]	[9]	[9]	[9]	[9]	[9]

注意事项

1. 填（书）写部分必须使用黑色字迹签字笔书写，字迹工整、笔迹清楚；涂写部分必须使用2B铅笔填涂。
2. 选择题的答案必须涂写在答题卡相应题号的选项上，非选择题的答案必须书写在答题卡指定位置的边框区域内。超出答题卡区域书写的答案无效；在草稿纸、试题册上答题无效。
3. 保持答题卡整洁、不要折叠。严禁在答题卡上做任何标记，否则按无效答卷处理。
4. 考生须把试题册上的“试卷条形码”粘贴条取下，粘贴在答题卡的“试卷条形码粘贴位置”框中。

正确填涂　　错误填涂

缺考标记	缺考	缺考考生信息由监考员填写，并用2B铅笔填涂缺考标记，加盖缺考章时，请勿遮盖信息点。

选择题答题区域

1. [A] [B] [C] [D] [E]
2. [A] [B] [C] [D] [E]
3. [A] [B] [C] [D] [E]
4. [A] [B] [C] [D] [E]
5. [A] [B] [C] [D] [E]
6. [A] [B] [C] [D] [E]
7. [A] [B] [C] [D] [E]
8. [A] [B] [C] [D] [E]
9. [A] [B] [C] [D] [E]
10. [A] [B] [C] [D] [E]
11. [A] [B] [C] [D] [E]
12. [A] [B] [C] [D] [E]
13. [A] [B] [C] [D] [E]
14. [A] [B] [C] [D] [E]
15. [A] [B] [C] [D] [E]
16. [A] [B] [C] [D] [E]
17. [A] [B] [C] [D] [E]
18. [A] [B] [C] [D] [E]
19. [A] [B] [C] [D] [E]
20. [A] [B] [C] [D] [E]
21. [A] [B] [C] [D] [E]
22. [A] [B] [C] [D] [E]
23. [A] [B] [C] [D] [E]
24. [A] [B] [C] [D] [E]
25. [A] [B] [C] [D] [E]
26. [A] [B] [C] [D] [E]
27. [A] [B] [C] [D] [E]
28. [A] [B] [C] [D] [E]
29. [A] [B] [C] [D] [E]
30. [A] [B] [C] [D] [E]
31. [A] [B] [C] [D] [E]
32. [A] [B] [C] [D] [E]
33. [A] [B] [C] [D] [E]
34. [A] [B] [C] [D] [E]
35. [A] [B] [C] [D] [E]
36. [A] [B] [C] [D] [E]
37. [A] [B] [C] [D] [E]
38. [A] [B] [C] [D] [E]
39. [A] [B] [C] [D] [E]
40. [A] [B] [C] [D] [E]
41. [A] [B] [C] [D] [E]
42. [A] [B] [C] [D] [E]
43. [A] [B] [C] [D] [E]
44. [A] [B] [C] [D] [E]
45. [A] [B] [C] [D] [E]
46. [A] [B] [C] [D] [E]
47. [A] [B] [C] [D] [E]
48. [A] [B] [C] [D] [E]
49. [A] [B] [C] [D] [E]
50. [A] [B] [C] [D] [E]
51. [A] [B] [C] [D] [E]
52. [A] [B] [C] [D] [E]
53. [A] [B] [C] [D] [E]
54. [A] [B] [C] [D] [E]
55. [A] [B] [C] [D] [E]

阴影部分请勿作答或做任何标记